L'EXAMEN PSYCHOLOGIQUE D'UN ENFANT

PSYCHOLOGIE ET SCIENCES HUMAINES

Louis Corman

l'examen
psychologique
d'un enfant

Troisième édition

DESSART ET MARDAGA, EDITEURS
2, GALERIE DES PRINCES, BRUXELLES

DU MEME AUTEUR

PSYCHO-PATHOLOGIE DE LA RIVALITE FRATERNELLE
Dessart, 1970.

L'EDUCATION DANS LA CONFIANCE. Stock, 1943.

NOUVEAU MANUEL DE MORPHO-PSYCHOLOGIE Stock, 1967.

LE TEST P.N., tome I Manuel. P.U.F., 1961.

LE TEST DU DESSIN DE FAMILLE DANS LA PRATIQUE
MEDICO-PEDAGOGIQUE. P.U.F., 1964.

LE GRIBOUILLIS, un test de personnalité profonde. P.U.F., 1966.

D/1976/0024/9

INTRODUCTION

L'ENFANT TOTAL DANS LA SITUATION TOTALE

L'examen psychologique d'un enfant? L'entreprise peut au premier abord paraître facile. Ne fait-elle point partie de ce domaine banal d'investigation qui est le travail quotidien des psychologues et des orienteurs?

Cependant, quand on le considère dans toute son importance, cet examen psychologique est une entreprise difficile, en ce qu'il requiert de celui qui le pratique beaucoup de science et beaucoup d'art.

LA SCIENCE PSYCHOLOGIQUE

Il y faut premièrement une connaissance approfondie de la psychologie de l'âme enfantine, d'une psychologie non pas statique, mais dynamique, qui suive le mouvement évolutif des différentes phases du développement et soit capable de décrire les états d'équilibre mouvants qui définissent chacune de ces phases dans leurs efforts d'adaptation à une réalité elle-même changeante.

Dans l'enfance, en effet, tout est en devenir, et on ne peut parler de choses faites, mais de choses qui se font. Tout s'y exprime en termes de progression ou de régression.

Si l'on décompose par l'analyse la vie psychique en éléments distincts, qu'on suppose fixes et indépendants les uns des autres, et devant constituer par leur assemblage la personnalité, comme le faisait naguère la psychologie classique lorsqu'elle affirmait l'existence de « facultés », et comme le fait aujourd'hui, avec une rigueur scientifique plus grande, l'analyse factorielle — on ne pourra bien saisir, à travers le schéma qu'on en donne, la véritable réalité psychologique.

Car celle-ci est essentiellement dynamique. Elle n'est pas comparable à une mosaïque de formes juxtaposées, mais à un *champ de forces* en interaction incessante, dont nous n'avons pas tant à estimer les valeurs absolues que les valeurs relatives, autrement dit le point d'équilibre et la résultante sous la forme d'une tendance dominante qui oriente toute la personnalité dans une direction déterminée.

Il faut reconnaître toutefois que la conception analytique règne encore dans bien des secteurs de la psychologie, en vertu de la règle, impérative pour beaucoup de psychologues, qu'il n'est de science que du mesurable et que, pour faire des mesures, il faut disposer d'éléments définis et stables. On va donc s'efforcer de décrire l'intelligence comme opérant à l'aide de « facultés » distinctes ou, de façon plus moderne, à l'aide de « facteurs »; de même on va décomposer la personnalité en un certain nombre de « traits » indépendants. Pour une plus grande facilité, on supposera en outre, suivant la conception cartésienne, que la vie mentale et la vie corporelle n'appartiennent pas au même domaine d'étude et doivent être considérées indépendamment l'une de l'autre. Rien n'est plus tentant pour notre esprit épris de clarté, quand il poursuit une recherche, que d'isoler de la sorte un des facteurs en cause: une fonction de l'intelligence, un trait du caractère, pour l'étudier plus à loisir. Mais ce sont là pures recherches de laboratoire. Lorsqu'on œuvre dans la réalité vivante, une telle méthode ne peut conduire qu'à des échecs.

L'être humain est en effet une synthèse d'activités en étroite coopération mutuelle. La vie corporelle et la vie psychique s'entrepénètrent sans cesse. Les diverses « fonctions » de l'intelligence sont en collaboration intime, et l'on a pu dire que notre esprit est à l'œuvre tout entier dans la moindre de ses opérations, par exemple dans la plus simple perception. De même, les « traits » de la personnalité ne sont pas isolables les uns des autres et interfèrent constamment.

Le psychologue se doit donc — comme nous le ferons voir en détail — d'étudier l'*enfant dans sa totalité.*

Dans le même sens, il devra se refuser, en dépit de leur simplicité commode, à ces conceptions trop étroites dans leur fanatisme qui postulent l'origine unilatérale des traits de la personnalité; soit que, comme le font les constitutionalistes, on veuille limiter cette origine aux dispositions innées, tenant pour négligeable ce qui est acquis par la suite; soit que, comme les généticiens, on ne veuille attribuer cette origine qu'aux influences post-natales, comme si l'être vivant était à la naissance une cire vierge.

En réalité, l'enfant *devient ce qu'il est,* c'est-à-dire qu'au fur et à mesure qu'il grandit, il développe les diverses virtualités qui existaient en lui à la naissance, encore qu'inapparentes. Mais d'autre part aussi *il devient ce qu'il regarde,* c'est-à-dire qu'il se modèle sur son environnement et reçoit la marque de tous les événements importants de sa vie. Aucun être en effet n'est isolé dans la nature; chacun est en relation permanente avec le milieu physique et avec le milieu humain qui l'entourent, et une bonne part de ses comportements sont des adaptations à ces milieux, lesquels agissent sur lui, et sur lesquels en retour il agit aussi.

C'est dire que le psychologue ne doit pas seulement étudier l'enfant dans la totalité de son être, comme on l'a vu, mais encore *l'étudier dans sa situation totale.*

La psychologie courante, avec sa division en chapitres distincts, ne prépare guère ses adeptes à cette *apprécia-*

tion synthétique de l'enfant. Il faut, comme nous le ferons voir en détail, remonter à ces sources d'où émanent toutes les puissances de l'être, tant corporelles que psychiques et qui, dans leur jaillissement créateur, engendrent les multiples fonctions par lesquelles se manifeste l'activité vitale. L'on verra au Livre II que la considération du double mouvement de la vie, qui s'exprime dans *l'instinct d'expansion* et *l'instinct de conservation,* permet d'édifier cette psychologie dynamique et synthétique dont nous avons besoin.

Soulignons dès à présent que, par rapport à la conception classique, cette psychologie — que nous appellerons dans cet ouvrage *la psychologie de l'expansion vitale* — apparaît comme décentrée, en ce sens que la première place y est accordée, non aux processus mentaux rationnels, mais à ces sources profondes de la vie psychique qui émanent de notre corps et qui forment ce qu'on peut appeler avec NIETZSCHE (sans aucun abus de langage, comme nous le prouverons) *la grande raison du corps.*

Si l'on a jusqu'ici méconnu en psychologie l'importance primordiale de cette grande raison du corps, — de ce que le physiologiste anglais CANNON appelle de son côté *la sagesse du corps,* cette sagesse qui gouverne les fonctions les plus essentielles de la vie, — c'est qu'on n'accordait de valeur qu'aux processus conscients, à la raison consciente. Mais le centre de gravité de la psychologie s'est déplacé depuis que la psychanalyse, en nous ouvrant l'accès des régions les plus obscures de l'âme, nous a enseigné à mettre au premier plan *la raison inconsciente.* Il ne nous est plus possible aujourd'hui de méconnaître le rôle capital que joue l'inconscient dans notre vie psychique, non seulement dans la vie affective des tendances et des sentiments, mais encore dans l'activité de l'intelligence et dans les créations de l'esprit (chapitre 2 du Livre II).

Cette sagesse du corps, grâce à laquelle se réalise notre adaptation au monde, nous pouvons en pénétrer les secrets en apprenant à déchiffrer le langage des structures corporelles. La croissance et le degré de maturité des organes s'inscrivent en effet dans les formes visibles du corps et, par le truchement des fonctions, une correspondance s'établit, à chaque étape de l'existence, entre la morphologie et la vie psychique. Cette correspondance est le fondement de la *méthode morpho-psychologique* de diagnostic de la personnalité, méthode qui offre l'inappréciable avantage de nous faire connaître les aptitudes actuelles de chaque individu, tout en nous révélant en même temps les structures de base, celles qui sont innées en lui et qui aspirent à la réalisation.

Comme on le verra, *la psychologie de l'expansion vitale* a les mêmes fondements scientifiques que la *Morpho-psychologie*, avec cette conséquence que l'étude des formes, particulièrement celle des formes du visage, est un des moyens d'approche les plus sûrs de cette psychologie nouvelle (chapitre 4 du Livre II).

L'ART DU PSYCHOLOGUE

Quand on possède cette science de la psychologie de l'âme enfantine que nous avons résumée dans la formule: *l'enfant total dans la situation totale,* il reste à l'appliquer à chaque cas particulier. C'est une tâche difficile, car il ne s'agit pas tant de vérifier si l'enfant qu'on examine correspond ou non à un des types standard définis par la science, que de l'*apprécier dans son originalité propre,* dans cette composition particulière de tendances et de traits psychologiques qui fait qu'il est lui-même et pas un autre, qu'il a ses problèmes propres, auxquels il s'est efforcé d'apporter ses solutions personnelles.

Pour réussir dans cette tâche, le psychologue a d'abord besoin, on l'a vu, d'une connaissance approfondie de la psychologie de l'âme enfantine. Mais il lui faut en outre un don particulier de sympathie, une ouverture au monde de l'enfant sans lesquels toute sa science sera vaine. Et c'est en quoi la pratique de la psychologie est un art, où les aptitudes intuitives comptent pour beaucoup, n'en déplaise à ceux qui jugent qu'il n'est de science psychologique que celle qui est accessible à la mesure.

En un mot, pour comprendre les enfants, il faut les aimer, sympathiser avec eux, c'est-à-dire être capable de « se mettre dans leur peau ». Comme on le verra en effet (chapitre 2 du Livre I), l'examen psychologique n'est pas un examen au sens habituel du mot, comportant un sujet qui examine et un objet qui est examiné ; c'est un échange, *un dialogue entre deux sujets*. On parle beaucoup de l'entretien, et on en fait la matière d'un enseignement qui est certes fort utile. Mais il y faut un don, et c'est bien moins un don intellectuel qu'un don affectif, qui peut se caractériser par une attitude de réceptivité, de disponibilité à autrui, celui-ci étant regardé comme un sujet autonome, valable en lui-même, digne de toute notre considération.

Dans ce sens, on verra au début de cet ouvrage que *la première approche psychologique d'un enfant repose bien moins sur la science acquise dans les livres que sur l'aptitude intérieure du psychologue à la sympathie et à la disponibilité.*

La Science entre en jeu ensuite et vient seconder l'art en mettant à son service des *méthodes d'exploration* qui, *éprouvant* (on dit encore *testant*) les divers domaines de la personnalité, les amènent à se révéler, à se faire connaître.

Il est ici un problème pratique important pour le psychologue, surtout quand il débute dans la carrière ; c'est de faire un choix parmi les très nombreuses méthodes d'exploration qui lui sont proposées. Les ouvrages qui en traitent s'offrent le plus souvent comme des compendiums de tous les tests existants, sans se croire autorisés à conseiller l'emploi préférentiel de certains d'entre eux. Mais si cet éclectisme est valable en théorie, dans la pratique il conduit à une dispersion très préjudiciable, en raison de ce que pour faire œuvre efficace, le psychologue doit se concentrer sur un petit nombre d'instruments, de manière à en acquérir une maîtrise aussi parfaite que possible.

Aussi, dans le présent livre, romprons-nous avec les habitudes courantes et présenterons-nous un petit nombre de tests retenus en raison de leur efficacité particulière, et dont nous nous estimons autorisés par conséquent à recommander l'usage aux psychologues d'enfants, parce que cet usage, nous l'avons éprouvé nous-mêmes par une longue pratique.

Cela ne veut pas dire qu'une autre « batterie » de tests ne puisse être utilisée efficacement, mais c'est à la condition que le psychologue en ait acquis la maîtrise, car ici encore, on peut dire que l'art est plus important que la science et que tant vaut l'opérateur, tant vaut l'instrument dont il se sert.

LIVRE I

PREMIÈRES ÉTAPES
DE L'EXAMEN PSYCHOLOGIQUE

Chapitre I

QUAND DEMANDE-T-ON
L'EXAMEN PSYCHOLOGIQUE D'UN ENFANT?

La raison pour laquelle on demande un examen psychologique *centre* cet examen, c'est-à-dire conduit notre investigation à cerner de toutes parts le problème posé, à analyser la psychologie du sujet en fonction de ce problème, de manière à éclairer celui-ci et à le comprendre.

Certes, on peut imaginer un examen psychologique *non centré*, qui fournirait un tableau général de l'intelligence et du caractère du sujet. L'analogie s'impose ici avec ce que fait un romancier lorsque, à travers toutes les étapes de son récit, il nous trace par touches successives un portrait psychologique complet de son héros. Egalement (mais avec moins de bonheur le plus souvent) le caractérologue qui tente de définir le psychisme d'un sujet en l'insérant dans le cadre d'un type caractérologique.

Mais ce sont là des situations d'exception. Dans le cas le plus habituel, *l'examen psychologique est centré:* nous avons devant nous *un enfant-problème,* et à ce problème on nous demande de trouver une solution.

Par exemple, *l'examen des aptitudes intellectuelles* d'un enfant se fait en référence à un groupe culturel déterminé: on se propose d'établir si l'enfant examiné est dans la bonne moyenne de son groupe social de même âge, ou au-dessous, ou au-dessus.

D'autre part, cet examen est le plus souvent fait dans un dessein déterminé. On veut savoir par exemple la raison pour laquelle un enfant ne réussit pas à l'école; ou bien si les études qu'il poursuit conviennent ou non à son niveau ou à son type d'intelligence; ou bien enfin on désire savoir si le choix d'une certaine profession est judicieux, si le sujet a ou n'a pas les aptitudes requises par cette profession.

De même, quand on est consulté pour des *difficultés d'adaptation affective,* on a d'abord à se poser la question de savoir si le sujet est anormal ou non; puis, dans l'affirmative, à se demander en quoi il est anormal, et quelles sont les raisons de son inadaptation, l'examen étant, ici encore, centré sur les troubles pour lesquels on est consulté.

1. MOTIFS POUR LESQUELS ON DEMANDE UN EXAMEN PSYCHOLOGIQUE

Dans l'ordre d'importance décroissante, voici les situations les plus habituelles où l'on demande au psychologue d'analyser l'intelligence et le caractère d'un enfant en vue d'une aide pédagogique ou d'un traitement.

1. Au premier rang, les *difficultés scolaires,* qui se traduisent par un retard tantôt général, tantôt électif dans le progrès des études.

2. Au second rang, les *troubles caractériels* se manifestant par un comportement inadapté à la maison, à l'école ou dans la rue, débouchant assez souvent, surtout à l'adolescence, dans la *délinquance.*

3. La nécessité d'*orienter* un enfant, soit en cours de scolarité, vers les études les mieux en rapport avec ses aptitudes, soit en fin de scolarité, vers la profession

qui convient le mieux à ses dispositions natives et à son savoir acquis.

4. Les *troubles nerveux* de tous genres qui, n'étant pas dus à une atteinte organique du système nerveux, apparaissent comme ayant leur origine dans un désordre psychique; par exemple, tics, angoisses, obsessions, phobies, crises nerveuses... etc.

5. Les *troubles somatiques,* localisés aux autres appareils que le système nerveux, pour lesquels on ne trouve pas non plus de lésion et qui apparaissent eux aussi comme étant sous la dépendance d'un dysfonctionnement psychique; par exemple l'énurésie, la constipation spasmodique, l'anorexie mentale, certaines céphalées, la dysphagie anxieuse, et les diverses manifestations hystériques, mutisme, cécité, surdité, toux, paralysies... etc.

6. Certaines situations sont plus particulières. Ainsi lorsqu'on demande au psychologue d'apprécier le niveau mental d'un enfant avant une adoption, ou avant une intervention chirurgicale, ou en cas de surdi-mutité, ou bien dans le but de savoir si l'on peut entreprendre avec quelque chance de succès une rééducation soit de l'audition, soit du langage, soit de la motricité.

2. L'ENFANT TOTAL DANS LA SITUATION TOTALE

Au vu de l'énumération précédente, on est porté à penser au premier abord que l'examen du psychologue devra être surtout orienté vers l'étude des aptitudes intellectuelles dans les cas 1, 3 et 6, et vers l'étude de la personnalité affective dans les cas 2, 4 et 5.

Mais cette vue trop parcellaire peut conduire à des erreurs graves parce que, comme nous l'avons dit en débutant, la vie psychique est une, et qu'on n'a par conséquent pas le droit de regarder l'intelligence et l'affectivité comme deux domaines séparés.

Considérons par exemple le cas si fréquent du *retard*

scolaire. Ce que voient surtout les familles et les maîtres d'école, c'est le *défaut de rendement* de l'enfant, s'exprimant par de mauvaises notes. Si l'enfant est intelligent, qu'on ne peut par conséquent invoquer un manque de compréhension, on incrimine la mauvaise volonté ou la paresse et on déclare que « cet enfant pourrait mieux faire s'il le voulait ».

Mais cette manière superficielle de voir les choses méconnaît la complexité des facteurs en jeu et tout particulièrement le rôle très important de l'affectivité dans le rendement scolaire. L'on sait pourtant bien que la vie affective est le principal stimulant d'une activité, quelle qu'elle soit: si l'enfant a de bonnes relations affectives avec ses parents et avec son maître, il sera bon écolier, et l'on sait en revanche combien souvent la paresse a pour cause une opposition plus ou moins larvée à ceux qui désireraient voir l'enfant travailler.

Fréquemment les facteurs affectifs sont inconscients, étant dus à l'inhibition de certaines tendances ou de certains sentiments qui, de proche en proche, envahit tous les secteurs de la personnalité, entre autres le secteur intellectuel.

Lorsqu'on considère ainsi l'enfant dans la totalité de son être, on ne saurait non plus laisser de côté le rôle du corps, de la *santé du corps.* L'école a trop tendance à regarder l'écolier comme un cerveau, et rien que cela. Or, si l'on peut négliger l'influence du corps quand, dans la pleine santé, elle s'exerce dans un sens favorable au travail de l'intelligence, par contre, dès que la santé fléchit, cette influence a des effets négatifs. Certaines périodes de croissance difficile (par exemple quand l'enfant grandit trop vite), la convalescence d'une maladie quelque peu sérieuse, les phases post-vaccinales, se marquent souvent par une asthénie physique et mentale qu'on qualifie bien trop à la légère de paresse. Nous reviendrons plus loin sur la fréquence de ces *états asthéniques* et sur les symptômes qui permettent d'en faire le diagnostic, car le psychologue se doit de les bien connaître, étant donné qu'il les retrouvera souvent dans sa pratique quotidienne.

Le rôle amoindrissant de ces facteurs physiques doit aussi être présent à l'esprit du psychologue au cours même de l'examen d'un enfant. « Ventre affamé n'a point d'oreilles » dit-on; précisément on doit se garder de faire passer une épreuve requérant de l'attention à un enfant qui a l'estomac vide; un bol de chocolat peut fort bien remonter soudain le niveau d'une épreuve. Dans le même sens, on devra éviter de pratiquer un examen à la fin d'une journée d'école fatigante ou après une nuit d'insomnie.

C'est dire que, comme nous le verrons plus en détail encore dans ce qui va suivre, certaines pratiques qui consistent à tester les enfants dans l'atmosphère agitée d'une consultation rapide, en négligeant de s'enquérir de leur disponibilité affective et de leur état physique, ne peuvent conduire qu'à des déboires. Et il est une règle de sagesse dont on ne devra jamais en pareil cas se départir, c'est de ne tenir pour vrai un résultat mauvais qu'après une enquête approfondie sur les conditions dans lesquelles l'examen a été effectué.

3. PHÉNOMÉNOLOGIE DES TROUBLES
DE QUOI S'AGIT-IL?

La première condition d'un bon examen psychologique, c'est de bien définir au départ l'inadaptation qui motive la consultation. On peut dire en effet, en psychologie comme ailleurs, qu'*un problème bien posé est déjà à demi résolu.* Le psychologue devra donc, dans son premier entretien avec l'enfant et avec les parents de celui-ci, s'attacher à bien préciser de quoi il s'agit.

1. *En quoi consiste le trouble* dont on se plaint? Quel en est le degré? Envahit-il toute la vie de l'enfant ou reste-t-il limité à certains secteurs?

2. *Comment a-t-il débuté?* A quel âge? De quelle façon, soudaine ou progressive? Dans quelles circonstances de temps et de lieu? Y-a-t-il eu un rapport entre ce début et certains événements particuliers de la vie du sujet ou de sa famille?

3. Quel est *son degré de fréquence?* Quelles sont les conditions où il reparaît, subit une recrudescence, et quelles sont celles où il disparaît?

4. Quelles sont éventuellement *les perturbations associées* au trouble principal?

5. Quelle est *la réaction de l'enfant* à ce trouble? S'en affecte-t-il ou non? Quelle est aussi la réaction des parents, celle du père, celle de la mère?

Il est nombre de cas où une étude phénoménologique précise met d'emblée le psychologue sur la voie du diagnostic et lui révèle la cause en même temps que l'effet. Soulignons par exemple la fréquence avec laquelle la naissance d'un petit frère, même en apparence bien acceptée, est une source de perturbations importantes, aussi bien intellectuelles qu'affectives. Soulignons aussi — mais le diagnostic est souvent ici plus malaisé — la fréquence avec laquelle les traumatismes psychiques sexuels peuvent déséquilibrer un enfant. Voici par exemple le cas d'une fillette de 12 ans qui s'est trouvée, en pleine phase pubertaire, coucher à nouveau dans la chambre de ses parents; or la découverte de cette situation au cours de l'entretien rendait compte, sans qu'il fut nécessaire de chercher plus loin, d'un brusque fléchissement scolaire de cette fillette, jusque-là première de classe.

Circonstances de temps et de lieu. Voici par exemple le cas d'Aline, examinée à l'âge de 16 ans pour des troubles du caractère qui rendaient la vie familiale très pénible; une anamnèse attentive permettait de situer le début de ces troubles à l'âge de 5 ans, après un séjour de 8 mois dans un home de montagne; et une enquête approfondie révélait les graves frustrations affectives subies par cette fillette dans sa petite enfance, culminant dans cette absence de 8 mois que la fillette avait ressentie comme une éviction et qu'elle n'avait dans son cœur pas acceptée.

Autre exemple: il est très fréquent qu'un enfant jaloux de ses frères et sœurs et d'un caractère insupportable se montre par contre très gentil quand il est seul avec sa mère; la preuve est ici apportée d'emblée que cet enfant est intolérant aux inévitables frustrations de la vie en famille nombreuse.

Autre exemple encore: voici un enfant donné comme instable, gênant la classe par sa turbulence; mais nous apprenons qu'en vacances ou à quelque jeu qui l'intéresse, il peut rester tranquille de longs moments; ce n'est donc pas un vrai instable, mais un être de mouvement qui ne supporte pas les longues heures de vie sédentaire imposées par l'école.

Voici encore le cas d'une fillette anorexique, qui boude tous les repas, au point que la faire manger — car on doit la faire manger — est pour la maman une corvée de tous les jours. Bien entendu elle ne grossit pas. Or nous apprenons qu'en colonie de vacances, elle a mangé aussi bien que les autres enfants et qu'elle a pris deux kgs en deux mois. D'où nous pouvons conclure *ipso facto* que la relation de cette fillette avec sa mère est sérieusement perturbée, l'anorexie exprimant une revendication agressive qui n'ose s'affirmer plus ouvertement.

Facteurs accompagnateurs. Voici un enfant qu'on dit paresseux; mais au retour de l'école, au lieu de jouer il demande à se coucher, et le matin au lever il a mauvaise mine et se plaint de maux de tête; autant de signes accompagnateurs qui indiquent une asthénie nerveuse.

En voici un autre dont le rendement scolaire fléchit; mais en même temps il ne mange plus ou bien il se remet à faire pipi au lit la nuit; et ces perturbations, qui se situent sur un autre plan que celui de la vie mentale, nous indiquent un trouble plus profond que la simple déficience scolaire.

4. LE DEGRÉ D'OBJECTIVITÉ DES TROUBLES
ENFANT INSUPPORTABLE OU INSUPPORTE?

Les troubles d'adaptation pour lesquels on consulte nous sont en général relatés par les parents ou les éducateurs. Peut-on croire ceux-ci sur parole? Leur témoignage n'est-il pas comme tout témoignage sujet à caution? En un mot, ne déforment-ils pas, sciemment ou à leur insu, la réalité qu'ils nous décrivent?

Le premier temps de l'examen doit donc être pour le psychologue d'apprécier d'une manière critique la valeur des parents en tant que témoins, aussi bien sous le rapport de l'intelligence que sous celui de la personnalité affective.

Lorsque les parents ont du bon sens et une personnalité équilibrée, qu'ils sont capables en conséquence, dans leur rapport sur l'enfant, de mettre les choses essentielles au premier plan et de ne pas insister sur les choses secondaires, l'observation psychologique est facile à prendre, et le problème à étudier se pose d'emblée en termes clairs.

Mais il n'en va pas de même quand on a affaire à des parents peu intelligents ou à des parents qui, en dépit d'une bonne intelligence, jugent mal par déformation affective.

Le défaut d'intelligence fait que la relation des motifs de la consultation est confuse, ne s'appuie pas sur des détails concrets précis, qu'il s'y mêle des considérations sans rapport avec le cas, qu'on y substitue souvent à la simple constatation des troubles une référence à des causes incriminées sans raison valable, qu'on y remplace des appréciations personnelles par des bavardages de qu'en dira-t-on. Il est des cas de ce genre où le psychologue gagnera du temps en interrompant l'entretien, dès qu'il a acquis la conviction que, de tels interlocuteurs, il ne pourra rien tirer de valable.

Il ne suffit pas toutefois que les parents soient intelligents pour qu'on leur fasse crédit quand ils nous disent que leur enfant n'est pas normal, ou à tout le moins qu'il n'a pas un comportement normal.

C'est en effet la première question qui doit être posée et qui fait que le psychologue ne saurait être un enregistreur pur et simple de ce qu'on lui dit. *S'agit-il d'un état anormal ou d'un état normal qui est ressenti par l'entourage comme anormal?* Cet enfant, qu'on nous décrit par exemple comme insupportable, n'est-il pas simplement un enfant qu'on ne supporte pas?

Soit par exemple le symptôme *instabilité.* Il arrive assez souvent qu'on nous présente un enfant comme instable alors qu'il ne l'est pas. Tantôt ce sera par la doléance d'une mère ou d'un père phobiques, pour lesquels la plupart des activités de l'enfance sont dangereuses, et qui s'efforcent par tous les moyens d'obtenir que leur enfant reste tranquille, « sage comme une image ». Tantôt la qualification d'instable sera donnée par un maître d'école qui voudrait imposer à tous ses élèves une immobilité prolongée qu'il estime favorable au bon travail de classe. Or dans l'un comme dans l'autre cas, la prétendue instabilité peut n'être que l'expression parfaitement saine d'une vitalité quelque peu débordante et qui ne s'accommode pas des contraintes malsaines qu'on fait peser sur elle.

Soit encore l'exemple de la *rivalité fraternelle.* On s'alarme souvent des manifestations d'agressivité entre frères et sœurs et l'on pense qu'il s'agit là de manifestations dont un enfant normal est exempt, ce qui est faux.

D'une manière générale, remarquons que les parents, dans leur relation des faits, *mettent le plus souvent l'accent sur les troubles qui les gênent le plus.*

Or ce sont les manifestations d'expansion vitale qui sont d'ordinaire les plus gênantes, du fait de leur exubérance. On redoute plus une activité débordante que l'attitude d'apathie de l'enfant qui reste assis dans son coin. On critique plus l'esprit d'indépendance de l'enfant qui « veut faire tout seul » que l'esprit de dépendance de l'enfant soumis et obéissant. On punit sévèrement les manifestations ouvertes de l'excitation sexuelle, par exemple la masturbation. On s'effraie de l'agressivité des frères rivaux, mais on ne pense pas à s'alarmer de l'humeur constamment dépressive de certains enfants traumatisés par la naissance d'un petit frère.

En un mot, ce qu'on appelle souvent avec une certaine exagération *les troubles caractériels* fait considérer l'enfant comme anormal, alors que l'absence de tout trouble dans cette sphère est donnée comme normale, de par le fait que la paix de la famille est sauvegardée.

Voici par exemple le cas du jeune Bernard, âgé de 6 ans 1/2, que sa mère amène à la consultation à cause de ses colères, de son caractère opposant, et qui était encoprésique jusqu'à l'année dernière. Or, il apparaît très rapidement que c'est la mère qui est pathologique, car c'est une obsédée de la propreté qui, ne pouvant supporter qu'un bébé se souille, a voulu forcer son petit garçon à faire ses besoins dans le pot bien avant l'âge où l'on doit le demander normalement. Bernard, qui est un garçon doté d'une très forte expansion vitale, a réagi à l'exigence maternelle avec violence, mais aussi, remarquons-le, d'une manière très ouverte.

Par contre, son frère aîné, qui a été éduqué de la même façon, mais qui a une structure de sentimental introverti, timide, n'osant s'affirmer, a développé de bonne heure des manies de propreté comme sa mère, mais la tendance réprimée, qui n'a pas osé chez lui s'exprimer ouvertement, s'est satisfaite par une voie souterraine sous la forme d'une énurésie nocturne constante. Or, il convient de remarquer que ce n'est pas le frère aîné que la maman a amené à la consultation; c'est le plus jeune, celui qui s'est révolté le plus ouvertement.

Allons plus loin et n'hésitons pas à dire que certaines situations considérées par beaucoup d'éducateurs comme parfaitement normales ne le sont pas. Ainsi, on regarde d'ordinaire la bonne réussite scolaire ou l'absence de troubles caractériels comme des états d'excellente adaptation, qui ne motivent jamais une demande d'aide psychologique. Mais il convient d'y regarder d'un peu plus près. La réussite scolaire n'est le témoin d'une bonne adaptation que si cette adaptation se retrouve aussi dans les autres domaines de la vie, dans les jeux, dans les activités collectives, dans le débrouillage social; ainsi l'on voit des sujets uniquement adonnés aux études et y réussissant qui, lorsqu'ils affrontent la vie professionnelle, les obligeant à une autre adaptation, perdent pied et font même des troubles graves.

L'absence de troubles du caractère n'est pas non plus toujours un signe rassurant, pour la raison que cette absence peut résulter d'une inhibition de l'expansion vitale par refoulement, facteur habituel, comme on le verra, de troubles névrotiques. Et l'on a pu dire, sur la foi d'observations multipliées, que la condition de petite fille modèle (ou de petit garçon modèle) est rarement le gage d'une bonne adaptation ultérieure.

Les parents narcissiques. Dans cette appréciation du caractère normal ou anormal des troubles qui motivent la consultation, il faut, comme nous venons de voir, tenir compte de la personnalité particulière des parents. Les parents clairvoyants sont ceux qui respectent l'autonomie de leurs enfants et savent les juger avec objectivité. Il est par contre des parents qui, par défaut de maturité, sont incapables de juger leurs enfants autrement que subjectivement. Ainsi, ils veulent que leurs enfants réalisent les mêmes aspirations qu'eux, accèdent au même niveau culturel ou à la même profession; ou bien encore ils veulent que leurs enfants atteignent à ce qu'eux désiraient faire mais n'ont pu réaliser. Les résultats scolaires prennent en général pour de tels parents une importance excessive, et le « quand j'avais ton âge... » retentit souvent aux oreilles de l'écolier fautif.

D'une manière analogue, rien n'indispose plus ce genre de parents contre leur enfant que de voir se manifester chez celui-ci un défaut qu'eux-mêmes avaient dans leur enfance et qu'ils ont énergiquement combattu. C'est pour une raison de même ordre que beaucoup se refusent à admettre que les difficultés d'adaptation de leurs enfants puissent avoir leur origine dans l'hérédité ou dans les facteurs éducatifs et, pour trouver une autre cause valabe, donnent une importance excessive à une maladie ou à un accident fortuits. C'est ainsi qu'on fait assez souvent débuter les troubles après un traumatisme, alors qu'une enquête attentive montre au psychologue qu'ils existaient déjà auparavant.

Plus généralement, ces parents narcissiques n'aiment leurs enfants que dans l'exacte mesure où ceux-ci leur obéissent ponctuellement, et ils stigmatisent de leurs critiques et de leurs reproches tous les autres comportements, qualifiés par eux de désobéissance.

Les parents anxieux. La déformation subjective des symptômes peut aussi provenir de l'anxiété des parents, anxiété qui *dramatise*. Si l'enfant ne réussit pas à l'école, c'est peut-être qu'il est un anormal, et ne va-t-il pas devenir un bon à rien ? Si l'enfant commet quelque larcin, ne sera-t-il pas plus tard un voleur ? S'il se plaint assez souvent de céphalées, n'est-il pas en passe de faire une méningite ? L'anxiété des parents est à son maximum s'il y a dans la famille quelque ancêtre ayant eu des troubles mentaux, et la crainte que l'enfant ne soit marqué par une hérédité pathologique est parfois le motif principal, quoique souvent inavoué, de la consultation.

Ajoutons que l'anxiété des parents peut se communiquer à l'enfant, aggravant les troubles qu'il présente au point qu'on a parfois beaucoup de peine à dégager de l'ensemble symptomatique l'élément initial, tel qu'il était avant la surcharge anxieuse.

Les parents qui refoulent. Parents phobiques, parents narcissiques, parents anxieux, ce sont autant de personnalités névrotiques, incapables de par leur névrose d'apprécier exactement la réalité des faits. Névrose implique refoulement, c'est-à-dire que les événements de la vie générateurs d'anxiété sont éliminés du conscient et oubliés. Avec cette conséquence, essentielle à connaître pour le psychologue, que l'entretien sur les troubles qui motivent la consultation ne nous apprend d'abord que les choses les moins importantes. Il faut pousser l'enquête en profondeur si l'on veut que les choses importantes — celles qui sont importantes pour le cas considéré — nous soient révélées. C'est ainsi que, très souvent, c'est seulement tout à la fin d'un entretien que la maman ou le papa de l'enfant nous déclarent soudain: « Ah! j'avais oublié de vous dire... »; et ce qui nous est révélé alors est d'ordinaire d'une importance capitale pour la compréhension du cas.

5. QUEL EST LE TROUBLE MAJEUR?

Lorsque nous avons établi que les troubles motivant la consultation ont un caractère pathologique indiscutable, il reste encore à savoir si leur manifestation très apparente est le signe de leur grande importance, ou si à l'inverse il n'y a pas, à l'arrière-plan du tableau clinique, moins visibles par conséquent, d'autres troubles qui jouent dans la situation pathologique un rôle beaucoup plus primordial.

Par exemple, les trois-quarts au moins des enfants qu'on nous présente nous sont amenés pour un *retard scolaire,* de par l'importance extrême que l'on attache dans nos milieux culturels à la réussite dans les études. Mais dans un grand nombre de cas, la seule constatation de ce retard n'explique rien, et c'est dans des perturbations au premier abord de valeur moindre qu'on doit chercher la raison de l'inadaptation. Nous verrons de ce point de vue la fréquence très grande des *états de pseudo-débilité mentale*, où l'analyse psychologique découvre derrière la déficience intellectuelle apparente des facteurs affectifs de rôle déterminant.

D'une manière analogue, la famille insiste par exemple sur les vols commis par l'enfant, soulignant l'habileté perverse avec laquelle ils ont été prémédités et exécutés. Mais on laissera dans l'ombre — même si l'on en est en partie conscient — l'état de frustration affective de l'enfant, la revendication d'amour qui sous-tend et explique le besoin de voler, parce que, de cette frustration affective, ce sont les parents, très ennuyés de devoir en convenir, qui sont les principaux responsables.

Un autre exemple encore entre beaucoup: la fréquence avec laquelle on consulte pour une énurésie nocturne persistante, trouble bien évidemment très gênant pour la famille. Mais en pareil cas, il arrive (comme dans l'exemple rapporté plus haut du frère de Bernard) qu'on loue l'enfant de sa gentillesse, de sa docilité de petite fille sage, alors que cette attitude trop peu virile chez un garçon nous révèle le complexe de castration qui est ici à l'origine de l'énurésie.

Voici encore le cas d'une fillette de 6 ans, Martine, qu'on nous amène pour des *troubles caractériels*, consistant en une opposition systématique à tout ce que sa mère veut lui faire faire. Il faudra deux consultations pour qu'on nous parle de ses manies d'ordre, de ses rituels, de sa compulsion à se laver sans cesse et de son refus de donner la main, principalement aux messieurs. Et il faudra plus longtemps encore pour qu'on nous révèle que l'éducation à la propreté de Martine, faite avec maladresse par une mère frustrante, a été très difficile, que la fillette a été encoprésique jusqu'à 4 ans et demi et qu'elle est encore aujourd'hui énurétique. Dès lors nous sommes en mesure de conclure chez Martine à une fixation sadique-anale, à des formations réactionnelles contre le sadisme anal ayant déterminé une névrose obsessionnelle, les troubles caractériels étant ici l'expression secondaire de l'opposition à la mère qui est de règle en pareil cas.

Rappelons dans le même sens ce que nous avons dit plus haut: qu'au fur et à mesure que l'enquête du psychologue auprès de la famille se poursuit, se découvrent des plans de conscience de plus en plus profonds, les événements traumatisants, susceptibles d'avoir eu une forte influence pathogène, ayant été, quand ils provoquaient de l'anxiété, refoulés, donc oubliés. Voici par exemple un garçon qui présente des troubles sérieux de l'affectivité, au point qu'on a pensé à une schizophrénie, et dont les parents disent qu'il n'est jamais entré en rivalité avec sa petite sœur, de trois ans plus jeune; c'est qu'en réalité cette petite sœur semble lui être totalement indifférente, comme s'il en ignorait l'existence. On finit toutefois par apprendre qu'il en a été au début furieusement jaloux, au point de vouloir l'étrangler, impulsion remplacée ultérieurement par une relation à distance qui a durablement oblitéré les possibilités d'aimer de notre sujet. Mais ce détail criminel, les parents s'étaient efforcés de l'enlever de leur mémoire et ne voulaient voir dans l'attitude de leur fils que la conséquence d'une prétendue encéphalite de l'enfance.

En conclusion de ce chapitre, il apparaît que *la prise d'une observation* est, pour le psychologue comme pour le médecin, une tâche très importante où vont se manifester l'expérience acquise et l'intuition personnelle de l'enquêteur.

D'un entretien bien conduit se dégageront en effet, et la personnalité particulière de chacun des parents, son degré d'intelligence, ses prises de position affectives, et le mode particulier de la relation parents-enfant.

Les troubles relatés, qui motivent la consultation, devront donc — au moment même où on les note — être l'objet d'une critique et d'une interprétation qui leur donneront leur véritable valeur de symptômes, et ce sera là le premier pas de fait — souvent un très grand pas —

vers le diagnostic des causes conduisant au traitement. Convenons toutefois que c'est là pour le psychologue une tâche souvent difficile, parfois même impossible à mener à bien, et que, dans un certain nombre de cas, seule *l'observation directe* du comportement de l'enfant permettra de se rendre compte de l'exacte réalité des troubles allégués. Il sera même parfois nécessaire de pratiquer cette observation directe en dehors du milieu familial, avec cet avantage que la séparation fait cesser les troubles purement réactionnels aux influences de la famille et réalise ainsi une véritable expérimentation psychologique, seuls subsistant alors les troubles du comportement qui ne dépendent que de l'enfant.

L'ACCUEIL ET LE PREMIER ENTRETIEN

Une opinion assez répandue veut que, lors de ses examens, le psychologue doive rester *neutre*. Il est vrai que l'on corrige souvent cette opinion trop absolue en disant que *cette neutralité doit être bienveillante*. C'est en effet qu'à bien y réfléchir, la neutralité est une utopie, car suivant le caractère de l'enfant qu'on examine, une même attitude du psychologue sera neutre ou ne le sera pas; par exemple, une certaine froideur dans le ton, qui n'influencera pas un enfant de naturel flegmatique, pourra en revanche démonter complètement un enfant de type hypersensible. Le psychologue ne saurait en effet être comparé au naturaliste, qui observe en parfaite objectivité des plantes ou des animaux. Certes, la comparaison pourrait être valable pour le psychométricien dans son laboratoire. Mais pour le *psychoclinicien,* tout examen d'enfant est un échange; ni l'examinateur, ni l'examiné ne sont neutres; qu'on le veuille ou non, ils retentissent l'un sur l'autre; une relation s'établit entre eux dès le début, positive ou négative, de sympathie confiante ou de réticence agressive.

1. LA MISE EN VALEUR DE L'ENFANT

Pour qui a appris à lire dans le visage d'un enfant comme dans un livre ouvert les signes de son état d'âme, le premier contact dans la salle de consultation est très révélateur.

Voici en premier lieu le visage calme et confiant de l'enfant que des parents bien intentionnés et nullement négatifs amènent pour solliciter des conseils qui puissent l'aider dans ses difficultés, et qui ont dû lui présenter la consultation dans des termes qui ne suscitent en lui ni anxiété, ni culpabilité, ni hostilité.

En second lieu, voici le visage malheureux de l'enfant déprécié qui sent peser sur lui quelque obscure menace. Déprécié, il l'est par la force même des choses, de par son impuissance à réaliser ce que ses parents attendent de lui, soit du fait de son manque de réussite scolaire, soit du fait de ses défauts dont il ressent de la culpabilité. Il l'est encore par les jugements dévalorisants qu'on porte sur lui, par les critiques du maître d'école, par les reproches des éducateurs. C'est très souvent sous la menace qu'on le conduit à la consultation, et il redoute de la part du médecin ou du psychologue quelque brimade supplémentaire. L'examen est donc habituellement précédé par un état d'attente anxieuse qui n'est guère favorable. En bref, on se trouve dans la plupart des cas en présence d'un enfant inhibé, qui n'est par conséquent pas en possession de tous ses moyens, et si l'on n'y prend garde, le diagnostic qu'on va porter se trouvera affecté d'un coefficient négatif, disons plus exactement encore d'un coefficient de dépréciation susceptible d'en fausser les résultats.

Le psychologue devra être très attentif à percevoir ce climat de dévalorisation. Il est des cas où cela saute aux yeux: lorsque parents et maîtres accablent l'enfant sous le poids de ses insuffisances, le jugent devant le psychologue avec une sévérité implacable, et vont même parfois jusqu'à le traiter ouvertement de « fou » parce que son comportement n'est pas bien adapté; ou bien, engageant témérairement un avenir qu'ils ne connaissent pas, déclarent devant lui qu'il sera un voleur ou un bon à rien.

Il est des cas, qu'il faut connaître, où la dépréciation se marque plus discrètement. Par exemple, on notera la rudesse avec laquelle parfois père ou mère poussent l'enfant devant eux pour le faire entrer dans le bureau, ou le regard sévère qu'ils lui jettent s'il ne dit pas tout de suite « bonjour Monsieur » ou s'il donne la main gauche au lieu de la droite, ou s'il remue un peu trop sur sa chaise? Plus subtilement encore, on notera le rejet sous-entendu dans certaines paroles: « *Monsieur* n'en fait qu'à sa tête! » ou bien: « *on* frappe sa petite sœur! *on* lui prend ses jouets! ».

En troisième lieu, il arrive qu'un enfant dans le salon d'attente ait le sourire et que même il ne se départisse pas de ce sourire quand les parents expliquent au psychologue les difficultés qu'ils ont avec lui.

On est amené à penser ici que l'enfant tire une satisfaction particulière de ce qu'on s'occupe de lui, fût-ce pour le critiquer, fut-ce même pour le punir. Dans le cas par exemple où un garçon se trouve en forte rivalité agressive avec son frère qu'il croit, à tort ou à raison, préféré des parents, le seul fait que ses parents soient obligés de l'accompagner à la consultation, et peut-être ultérieurement aux séances de psychothérapie tandis que le frère jalousé est pendant le même temps à l'école ou seul à la maison — suffit à exalter le sentiment qu'il a de sa valeur propre. Il n'est pas rare en pareil cas que des troubles psychosomatiques importants puissent être déterminés par le seul désir d'accaparer toute l'attention des parents. On s'explique alors qu'à la consultation, le visage de l'enfant exprime, non la tristesse, mais la satisfaction.

Dans un domaine quelque peu différent, on est parfois surpris de l'attitude de désinvolture et même de bravade de certains adolescents devant le psychologue. On pourrait croire au premier abord qu'ils sont tout à fait indifférents à la situation et qu'on ne pourra avoir aucune prise sur eux. Qu'on ne s'y trompe pas cependant! Il arrive souvent qu'il y ait derrière cette attitude un profond doute de soi que le sujet cherche à masquer aux autres et à se masquer à lui-même en le surcompensant.

Quand les parents se comportent eux-mêmes avec une bienveillance compréhensive, la mise en valeur de l'enfant est déjà réalisée, et le contact entre lui et le psychologue s'établit facilement.

Mais dans les cas malheureusement trop nombreux où des censures maladroites ou trop sévères ont inhibé l'enfant, paralysant ses forces vives, le psychologue doit, adoptant l'attitude de *neutralité bienveillante,* s'efforcer de *désinhiber* l'enfant, de lui rendre confiance, de le revaloriser à ses propres yeux et, par voie de conséquence, aux yeux de son entourage.

En premier lieu, *bien l'accueillir.* On ne saurait accorder trop de soin à la manière dont un enfant est reçu à la consultation. Point de ces salles d'attente ressemblant à des halls de gare par l'agitation qui y règne, la nervosité impatiente d'un personnel « sur les dents », les sonneries de téléphone — salles donnant l'impression à l'enfant d'un monde étranger et hostile, où, par surcroît on exige de lui qu'il attende de longues heures en se tenant bien sage sur sa chaise — de ces salles où les parents eux-mêmes sont gagnés par un climat d'attente anxieuse et n'en sont que plus prompts à censurer sévèrement les moindres incartades de l'enfant qui remue trop! Mais tout au contraire une salle d'attente disposée — peu importe comment on y parvient — pour réaliser un climat de confiance et de détente.

Ce qui compte aussi beaucoup, c'est *l'accueil personnel,* par un contact direct avec l'enfant et sa famille. On ne saurait croire à quel point un mot bien placé peut exorciser la malédiction qui pèse sur un enfant et ramener d'un seul coup le calme et la confiance chez celui-ci et chez ses parents. Réciproquement, il est des mots qu'il faut éviter: ne parlons jamais d'enfant anormal ni d'arriéré ni de caractériel, ni même d'enfant retardé. La seule chose dont nous soyons sûrs, chez l'enfant qu'on nous amène, c'est qu'il a des *difficultés d'adaptation*, et nous pouvons le dire sans crainte de blesser, parce que cette expression ne préjuge pas de l'origine des troubles et, en particulier, n'en rend pas l'enfant *ipso facto responsable*, puisqu'il se peut que, de ces difficultés, l'entourage soit la cause principale.

Pour notre part, nous avons coutume, lorsque nous abordons le petit groupe formé par l'enfant et sa famille, d'appeler l'enfant par son prénom (que nous connaissons par la fiche de rendez-vous), et de demander aux parents: « Pourquoi nous amenez-vous Bernard (par exemple)? Est-ce pour des difficultés à l'école ou pour de la nervosité? » Que l'on emploie cette formule ou quelque autre, il importe peu; l'essentiel est de ne faire usage d'aucune expression péjorative. Il est bon en même temps de sourire à l'enfant pour atténuer le désappointement que peut lui causer notre question, en ravivant son problème. Puis, on lui dira une parole rassurante, cette parole qui d'ailleurs exprime très exactement la réalité de notre intention à son égard: « Nous allons t'aider. Tu vas voir, cela ira mieux. Nous allons faire de toi un bon petit écolier... etc. » Et dans le cas où il faut neutraliser tout de suite une certaine malveillance des parents, nous disons: « Tu sais, tu n'es pas venu ici pour qu'on te gronde, mais pour qu'on t'aide »; parole de réconfort pour l'enfant et coup de semonce pour ses censeurs.

Il s'agit en effet pour le médecin ou le psychologue de montrer d'emblée envers l'enfant — quelles que soient ses déficiences — *une considération positive*. Et la forme extrême de cette attitude est représentée par cette parole d'une de nos psychologues à un enfant qui, inhibé, ne se prêtait pas bien à l'examen: « Tu sais, ici, on aime tous les enfants » ; et comme le sujet, avec un regard anxieux, interrogeait: « Est-ce que tu les aimes aussi quand ils sont méchants? » elle lui répondit: « Oui, aussi quand ils sont méchants ».

2. LE PREMIER ENTRETIEN

Nous avons parlé au chapitre précédent de l'entretien avec les parents.

Le premier entretien avec l'enfant est capital lui aussi dans l'approche psychologique. Il n'est pas besoin d'insister sur le fait que l'accueil, pratiqué comme nous le conseillons, constitue le premier pas indispensable à la réussite de l'entretien qui va suivre.

Il faut dire « entretien » et non « interrogatoire ». Interroger, c'est poser des questions, afin d'obtenir des réponses adéquates; le sujet est ici entièrement dirigé par celui qui interroge; c'est la situation d'examen scolaire ou, d'une manière plus dirigiste encore, celle de l'interrogatoire policier.

L'entretien, par contre, n'est pas dirigé, du moins pas par celui qui l'engage. Il est un échange de propos, souvent à bâtons rompus où, ce qui est capital, l'enfant peut se laisser aller à sa libre spontanéité, dire tout ce qu'il a envie de dire, sans risquer d'être critiqué. Il ne s'ensuit pas assurément que le psychologue ne puisse avoir dans l'esprit quelque plan d'action et n'attende pas de l'enfant certaines réponses susceptibles de l'éclairer. Mais il s'agit moins de poser à l'enfant des questions que de l'amener à s'exprimer de lui-même. Il y a en faveur de cette manière d'engager l'entretien deux raisons majeures:

La première est que, dans la pratique, l'enfant est en quelque sorte conditionné négativement par son « problème ». On lui a maintes et maintes fois reproché son comportement ou ses insuffisances; on l'a menacé de sanctions; il en éprouve dans son for intérieur une obscure culpabilité. Si on l'interroge directement sur sa conduite et sur le pourquoi de celle-ci, le voilà tout aussitôt mis en défiance: il s'inhibe et ne répond pas, ou bien dit qu'il ne sait pas.

La seconde raison, corrélative de la première, tient en ce que chacun ne parle volontiers que de ce qui l'intéresse, de ce qu'il aime, de ce vers quoi en un mot toute son expansion vitale le porte. Voici par exemple un enfant qui a fait une fugue; si on lui demande pourquoi, le plus souvent il ne dira rien; mais si on le laisse parler de lui-même, des moments heureux de son enfance, de l'endroit où il aimerait vivre, de ce qu'il voudrait faire, il y a bien des chances pour qu'il en vienne à un moment donné à nous entretenir de l'incident et de ses motifs. Tel garçon de 13 ans s'en va de chez lui et fait quinze kilomètres à pied vers le petit village où habitent ses grands-parents et où il a passé ses premières années; il apparaît avec évidence, à l'écouter se raconter, qu'il supporte mal les obligations imposées à la maison et qu'il a la nostalgie du temps heureux de sa jeunesse.

En voici un autre qu'on amène à la consultation parce qu'il se dispute sans cesse avec son frère. On trouvera peu d'audience auprès de lui si on l'interroge sur les motifs de sa mésentente. Il y a fort à parier que dans un entretien libre, il ne nous parle pas du tout de son rival. Mais peut-être nous entretiendra-t-il de la toute petite sœur « qui est si mignonne » et qu'il dit adorer; c'est en effet vers elle que se porte régressivement toute son affection, et dont il voudrait retrouver pour lui-même la situation privilégiée de bébé dont les parents s'occupent beaucoup.

Dans le même sens, il est d'une sage pratique de juger un enfant, non point sur ce qu'il ne sait pas, mais sur ce qu'il sait, car ce n'est que dans ce qu'il sait qu'il peut se montrer à sa véritable valeur.

De même encore, lorsqu'on a pu découvrir dans quel genre d'activité un enfant excelle, on le jugera mieux en lui donnant l'occasion de montrer ce qu'il sait faire qu'en le plaçant dans une situation d'échec dévalorisante. Cette règle a une portée très générale. Le philosophe NIETZSCHE fait remarquer que si l'on dit à un enfant « veux-tu devenir plus vertueux? », il y a de grandes chances pour qu'il vous rie au nez; mais si on lui demande: « veux-tu devenir plus fort? », ses yeux se mettent à briller et il dit oui. C'est que la vertu, telle qu'elle est comprise d'ordinaire est contrainte, donc inhibition; tandis que devenir plus fort représente une expansion de la personnalité qui est une source de joie. Il reste alors à montrer à l'enfant que dans un certain sens, être plus vertueux, c'est être plus fort.

C'est aussi ce qu'exprime le pédagogue *FOERSTER* en énonçant le précepte qu' « il faut traduire les exigences de la morale dans le langage de la vie croissante », et non, comme on le fait trop souvent, dans le langage de la censure et de l'inhibition.

Résumons-nous. La vie, comme nous l'avons dit dans notre *Introduction*, obéit à un double mouvement *d'expansion* et de *conservation*, et l'être vivant a en conséquence la possibilité de deux modes de réagir opposés. Selon la manière dont le psychologue l'aborde, l'enfant va donc réagir, soit par l'expansion, soit par l'inhibition.

La réaction d'expansion lui permet d'actualiser toutes ses puissances, de les exprimer au maximum, et il le fait dans la joie de l'épanouissement de tout son être.

La réaction d'inhibition le porte au contraire à rentrer ses antennes, à se replier sur lui-même, à étouffer ses élans spontanés, à se bloquer dans un état d'humeur triste.

La simple observation de ces deux modes de réagir, des conditions dans lesquelles ils se produisent nous introduit donc dans une conception de la psychopédagogie qui repose sur le dynamisme vital de l'être tout entier, et qui par là est la plus sûre au point de vue théorique, tout en étant la plus capable de nous servir de guide dans la pratique psychologique, comme on le verra.

LIVRE II

PSYCHOLOGIE DE
L'EXPANSION VITALE

INTRODUCTION

Nous avons souligné dès le début de notre livre l'indispensable nécessité d'élaborer pour l'étude de l'enfant une *psychologie dynamique et globaliste.*

C'est-à-dire d'une part *une psychologie qui suive le mouvement même de la vie,* en remontant jusqu'à ses sources, ce qui implique qu'au lieu de négliger, comme on l'a fait dans le passé, l'étude de l'enfant en le regardant comme un être imparfait, donc peu intéressant, on doit considérer cette étude comme essentielle à la compréhension de toute la psychologie ultérieure, celle qui caractérisera l'adulte en sa maturité. D'où cette formule, en apparence paradoxale, que « l'enfant est le père de l'homme ».

D'autre part, *une psychologie de l'être dans sa totalité,* qui ne relègue pas la vie du corps et de ses fonctions dans le domaine séparé de la physiologie, n'accordant la valeur de faits psychiques qu'aux seuls éléments de l'intelligence et de l'affectivité élaborés dans le conscient, mais qui tout au contraire intègre dans sa connaissance toute l'organisation profonde de l'être, en grande partie inconsciente.

Cette double exigence est en accord avec la très grande importance du processus qui domine toute l'enfance: *le processus de croissance.*

Croissance corporelle, croissance psychique; il est impossible de les séparer, car elles sont étroitement solidaires l'une de l'autre. L'enfant n'est pas un composé de corps et d'âme; il est corps et âme tout en un. Bien avant qu'il accède à la pensée rationnelle qui le caractérisera adulte en sa maturité, sa vie psychique est faite surtout des multiples adaptations de son corps à l'environnement.

A l'étude des sentiments et des concepts vus comme des éléments statiques de la personnalité, comme des choses faites, il faut substituer chez l'enfant l'étude dynamique des choses en train de se faire, et pour cela se porter à *la source même de la vie* pour en suivre le jaillissement au cours des différentes phases de la croissance, car c'est de ce jaillissement que vont naître toutes les fonctions de l'organisme, avec les organes qui les assument.

Nous allons donc étudier ci-après le devenir des forces d'expansion et des forces de conservation, en le considérant en premier lieu avec l'œil du *médecin* comme phases de croissance; en second lieu avec l'œil du *psychologue,* dans la mesure où ce devenir conditionne une très large part de la vie psychique; en troisième lieu avec l'œil du *morphologue,* ce qui nous permettra de fonder sur l'analyse des structures une méthode de diagnostic du tempérament et de la personnalité. Mais comme on le verra, il nous sera impossible, en dépit des nécessités didactiques de séparation des différents plans, de ne pas empiéter de l'un sur l'autre, en vertu du *globalisme* de l'être humain, déjà souligné par nous.

Chapitre I

LES ÉTAPES DE LA CROISSANCE

L'enfance est expansion vitale, on l'a vu. L'enfant en bonne santé aspire de toute la force de sa vitalité à grandir, à devenir plus fort, plus adroit et plus savant, à s'ouvrir réceptivement au monde qui l'entoure et à élargir activement son espace vital, par un progrès continu qui est la caractéristique même du développement psychophysique.

Cette définition de la vie par l'expansion, encore qu'elle puisse paraître toute naturelle, est assez peu courante. Médecins et physiologistes se sont jusqu'ici accordés pour caractériser l'activité vitale par *l'instinct de conservation,* l'instinct qui tend à conserver la vie. Mais il faut remarquer que cet instinct est surtout l'apanage des malades et des vieillards, de tous ceux en qui la vie est menacée, et qui concentrent en eux-mêmes leurs forces réduites pour se défendre contre la mort.

L'instinct d'expansion est tout au contraire l'instinct des natures vigoureuses, débordantes de santé, qui ne cherchent pas tant à se conserver qu'à s'accroître, à rayonner leur force autour d'elles dans un mouvement créateur.

Comme on le verra, ces deux forces antagonistes de la

vie se compensent. Toutes les deux sont nécessaires à une vitalité saine, car, comme nous le montrerons, l'expansion, opérant seule, pourrait mettre l'organisme en danger en le faisant entrer en rapport trop intime avec des éléments nocifs. Alors entre en jeu *la sensibilité de défense au service de l'instinct de conservation*, provoquant une rupture de contact qui *met l'organisme à l'abri* de ce qui pourrait lui nuire.

On peut aussi comparer la force d'expansion au moteur d'une voiture, qui propulse celle-ci en avant; la force de conservation, c'est le frein. Il faut qu'il y ait un frein pour empêcher la voiture de s'emballer dangereusement et éventuellement l'arrêter aux carrefours. Mais si le frein était aussi puissant que le moteur et si son action était continue, il bloquerait tout mouvement en avant. Cette métaphore veut dire que pour qu'un organisme vivant puisse progresser, il faut qu'il possède *une réserve d'expansion libre,* c'est-à-dire qui soit en excédent sur les forces de conservation. C'est cette expansion libre qui est créatrice: c'est elle qui édifie l'organisme durant la croissance, et c'est elle aussi qui, la croissance terminée, est productrice d'œuvres. Inversement, rien n'est plus contraire à la marche en avant du progrès que l'inhibition due au blocage des forces d'expansion par les forces de conservation.

Dans l'étude que nous allons présenter ci-après de l'équilibre chez l'enfant des deux forces contraires de la vie, on va voir se mêler inextricablement et progresser parallèlement les phénomènes corporels et les phénomènes psychiques. Mais soulignons dès maintenant que *la prévalence nécessaire de l'expansion* est le fait fondamental, qui conditionne toute croissance et toute maturation fonctionnelle.

1. L'EXPANSION PASSIVE ET LE STADE ORAL

L'expansion est d'abord *passive,* en ce que l'être vivant se laisse au début pénétrer sans résistance par tous les éléments du milieu qui l'environne. Ce qui caractérise cette expansion passive, c'est en effet la grande capacité *d'assimilation* de tout ce qu'apporte le milieu, expliquant l'extrême rapidité de la croissance en poids et en taille. Mais cette assimilation nécessite, pour s'opérer sans danger, *un milieu de protection,* c'est-à-dire un milieu dont tous les éléments puissent constituer pour l'être vivant des *nourritures* et dont soient par conséquent éliminées toutes les influences susceptibles d'être nocives.

Le modèle de ce milieu de protection, c'est l'utérus maternel, qui procure au fœtus les conditions d'une croissance prodigieuse et sans heurt. Après la naissance, les précautions dont on entoure le nouveau-né visent à continuer de lui assurer un milieu de protection suffisant.

Remarquons encore qu'à chaque étape de la croissance, l'expansion vitale se porte électivement dans un des appareils de l'économie, lequel se développe alors plus que les autres et présente, en rapport avec ce développement, un fonctionnement particulièrement intense. Chacune des étapes peut donc être caractérisée par la prédominance d'un appareil organique. La phase de l'expansion passive est ainsi marquée par *la prédominance de l'oralité,* en rapport, nous l'avons vu, avec l'importance particulière de l'assimilation nutritive.

2. L'EXPANSION ACTIVE ET LE STADE ANAL

De bonne heure, l'expansion *de passive devient active.* Nous avons déjà vu que cette activité se manifeste dès la naissance dans le récepteur de la zone digestive, la bouche, au moment des tétées. Vers la fin de la première année, le développement de l'appareil locomoteur, qui permet la préhension et la marche, instaure l'expansion active sous tous ses modes. Dès lors, ce n'est plus passivement que l'enfant assimile le milieu, c'est par une conquête active.

Toutes les fonctions sont marquées par cette évolution. Ainsi, l'oralité devient de plus en plus active de par le développement des muscles masticateurs et des dents, ce qui se traduit par la possibilité de mordre, de mastiquer et de se nourrir par conséquent d'aliments solides.

Cette activité se manifeste aussi dans les fonctions excrémentielles: urines et matières fécales ne s'évacuent plus passivement, mais activement, à la faveur d'un meilleur tonus des sphincters et des muscles des réservoirs.

On ne saurait dire que l'oralité ait moins d'importance à ce stade qu'au précédent. Mais il est certain qu'un intérêt particulier s'attache maintenant, aussi bien pour l'enfant que pour les éducateurs, à la zone ano-urétrale, du fait de l'importance qui est donnée à l'éducation pour la propreté sphinctérienne, justifiant le nom de *stade anal* donné par les psychanalystes à cette phase de la croissance.

En effet, en expansion active, toute la motricité est sous le signe de *l'impulsivité incontrôlée*. Les gestes sont prompts, désordonnés et violents. L'enfant, quand il désire quelque chose, veut être satisfait tout de suite et complètement. Si l'on contrarie ses caprices, il réagit par des explosions motrices de colère. Il veut manger quand il a faim et il fait ses besoins quand il en a envie, n'importe quand et n'importe où, sans se soucier des désagréments que cela peut causer à son entourage. Nous aurons l'occasion plus loin, en traitant des incidences psychologiques de cette situation, de montrer qu'il s'agit là d'une manifestation tout à fait naturelle de l'expansion vitale, exactement comme pour le besoin de mordre qui marque l'apparition des dents.

Ce qu'il faut surtout noter ici, c'est qu'à ce stade de l'expansion, qu'elle soit passive ou active, les échanges entre l'organisme et l'environnement s'effectuent sans aucune barrière d'interposition. Si l'organisme est exposé au froid, il se refroidit; s'il est exposé au chaud, il s'échauffe; aux brûlures, il se brûle; à un produit toxique, il s'empoisonne; à une forte excitation, il s'excite; à des influences déprimantes, il se déprime. D'où la fréquence, bien connue des médecins, des atteintes pathologiques de tous ordres, causées par cette trop grande perméabilité de l'organisme enfantin au milieu.

3. L'EXPANSION SEXUELLE

Entre la deuxième et la troisième année, l'activité de l'appareil digestif commence à perdre de sa prédominance, du fait que la croissance pondérale se ralentit et que l'exigence de nourriture est moins grande.

L'expansion vitale *en surplus* se porte alors vers *les fonctions sexuelles* et s'exprime par une turgescence des organes correspondants due à un afflux de sang, et une sensibilité accrue, expliquant l'intérêt spécial de l'enfant vers ce domaine nouveau.

Au début, cet intérêt est concentré sur l'organe lui-même et se traduit par des activités auto-érotiques telles que la masturbation. Puis, quand l'expansion vitale de l'enfant le porte vers son entourage, de par l'élargissement de son champ d'expansion, ses intérêts sexuels se dirigent vers les parents et les frères et sœurs.

Ce n'est toutefois là pour la vie sexuelle en quelque sorte qu'un galop d'essai, puisque la maturation des organes n'est point achevée. Elle ne le sera qu'à la phase pubertaire, à partir de 12-13 ans, au moment où se produit véritablement *l'expansion sexuelle*, objectivée par une activité particulière des glandes de la reproduction (règles chez la fille, éjaculations chez le garçon) et par des transformations corporelles importantes que nous étudierons ultérieurement.

4. LE CONTRÔLE DE L'EXPANSION
PAR LES FORCES DE CONSERVATION

Au fur et à mesure que l'enfant, accédant par l'expansion active à une plus grande autonomie motrice, se dégage du milieu de protection initial et affronte d'autres milieux, il s'expose à des influences traumati-

santes de plus en plus nombreuses, qui lui feraient courir
un danger croissant s'il n'intervenait alors, comme nous
l'avons vu, un mécanisme de défense nouveau: la sensibilité de défense au service de l'instinct de conservation.

Par exemple, l'enfant qui ayant touché au feu s'est
brûlé, désormais quand il sentira l'approche du feu
aura le réflexe de s'écarter. Ainsi, par de multiples
expériences du même ordre, s'établissent des réflexes
de défense qui, remarquons-le, conduisent toujours à des
mouvements inverses des mouvements d'expansion: au
lieu de se porter vers les objets et d'entrer en relation
avec eux, l'organisme s'en écarte et se replie sur lui-
même pour se préserver des contacts qui pourraient le
blesser.

Les forces de conservation ont donc pour rôle de
contrôler les forces d'expansion dans un but d'auto-
défense. Cette *expansion contrôlée* apparaît, encore que
timidement, dès la fin de la première année; elle s'affirme
plus nettement entre la deuxième et la troisième année;
mais elle marquera ensuite de son progrès continu toute
la période de croissance. Ce qu'elle apporte au développement de l'être humain est d'une importance capitale.

En premier lieu, elle est à l'origine d'*une meilleure
régulation de toutes les fonctions organiques*. L'assimilation nutritive ne se fait plus sur le modèle de l'absorption intégrale du lait maternel; elle s'opère par contrôle
et sélection, une partie de la nourriture étant absorbée
et une autre partie rejetée comme déchet inassimilable.
De même, il s'instaure une régulation thermique par
laquelle la température du corps se maintient à un
niveau constant, qu'il fasse froid ou chaud au-dehors.

En second lieu, se trouve aussi *contrôlée l'impulsivité*
du stade d'expansion active. Tous les gestes de l'enfant
se disciplinent: il marche avec plus d'assurance et tombe
moins souvent; il ne brise plus avec brutalité comme
auparavant les objets qu'il prend; il acquiert une adresse
manuelle de plus en plus grande; il s'exerce à contourner

les obstacles au lieu de buter dessus; quand il est contrarié, il n'a plus ses réactions antérieures de colère impulsive. En un mot, il acquiert *la maîtrise de soi.*

En troisième lieu, s'instaure *le contrôle sphinctérien,* par lequel l'enfant accède à la propreté, en ce qu'au lieu de suivre son caprice, il apprend à se retenir et à faire ses besoins à un endroit et à un moment donnés. L'acquisition de ce contrôle est, comme nous le montrerons, d'une très grande importance psychologique.

En quatrième lieu, l'expansion contrôlée se caractérise par la constitution d'un *milieu d'élection,* c'est-à-dire d'un ensemble d'éléments sélectionnés, les éléments nocifs étant rejetés. A l'adaptation sans aucune retenue de l'expansion pure se substitue ici une adaptation contrôlée, beaucoup plus souple que cette adaptation à sens unique, car elle comporte toute une gamme de réactions: réactions d'expansion en milieu favorable, réactions de conservation en milieu nocif.

5. LA DOMINANCE DES FORCES DE CONSERVATION

L'expansion contrôlée, sous sa forme idéale d'un exact équilibre entre les forces vitales contraires, ne se réalise que peu à peu, et au mieux on peut dire qu'elle est une conquête de la maturité.

Tant que la croissance se poursuit, les forces d'expansion prédominent, et le contrôle est toujours quelque peu déficient. Au-delà de l'âge adulte, dans la vieillesse, la situation s'inverse: l'expansion vitale amoindrie cède sa prédominance aux forces de conservation, du fait que l'organisme doit pour subsister concentrer en lui-même sa vitalité insuffisante. Si donc la dominance de l'expansion caractérise l'exubérance vitale de la jeunesse, en revanche la dominance de la conservation caractérise l'appauvrissement de la vieillesse.

Mais la réaction de conservation n'est pas l'apanage exclusif de la vieillesse. Elle peut s'observer à tout âge, chaque fois que l'organisme se trouve placé dans un milieu nocif — ou tout au moins un milieu que sa sensibilité lui fait ressentir comme nocif — et où il doit pour sa sauvegarde rompre le contact et se replier sur lui-même. Nous avons personnellement étudié — sous le nom de *réaction de mise à l'abri* — cette modalité réactionnelle en montrant sa grande fréquence dans les états pathologiques de tous ordres. Il est en effet bien connu que le malade est contraint par sa maladie à la plus stricte économie des forces: il cesse de vaquer à ses affaires; il refuse les distractions; il se retient de parler et de remuer; il se réfugie dans l'atmosphère tiède du coin du feu ou du lit; et ainsi il peut concentrer ses forces en lui-même pour les faire servir à la défense de son organisme.

Cette réaction de mise à l'abri peut s'observer même en dehors de la maladie. Par exemple, la fatigue suffit à la susciter; ainsi, tandis que le jour est expansion et mobilise au maximum l'activité expansive des êtres vivants, la nuit par contre est une mise à l'abri: fermeture à toutes les influences du milieu et concentration des forces à l'intérieur de l'organisme pour permettre le renouveau d'expansion du lendemain.

La *fatigue de la croissance* a un effet analogue, et il est des périodes où un enfant semble ne plus disposer d'aucune force vitale, d'aucune possibilité d'activité productive, précisément parce que l'accaparement de toutes les forces par la croissance oblige l'organisme à pratiquer dans tous les autres secteurs la plus stricte économie.

6. PROGRESSION, ARRÊT, REGRÉSSION

Nous avons vu au début de cet ouvrage que le *processus de croissance* se fait par une *progression* comportant une interférence constante des forces vitales d'expansion — qui développent le corps et élargissent le champ de ses activités fonctionnelles —, et des forces de conservation — qui, contrôlant les précédentes, sont à l'origine

de différenciations structurales et d'adaptations plus électives. Nous avons vu aussi que, quand les forces de
conservation prédominent, elles déterminent *une régression,* c'est-à-dire un retour en arrière vers le milieu de
protection.

L'élément moteur de la progression est donc *l'expansion sous sa forme active.* La figure ci-contre le fait bien
voir, par la comparaison des cercles (fig. 1).

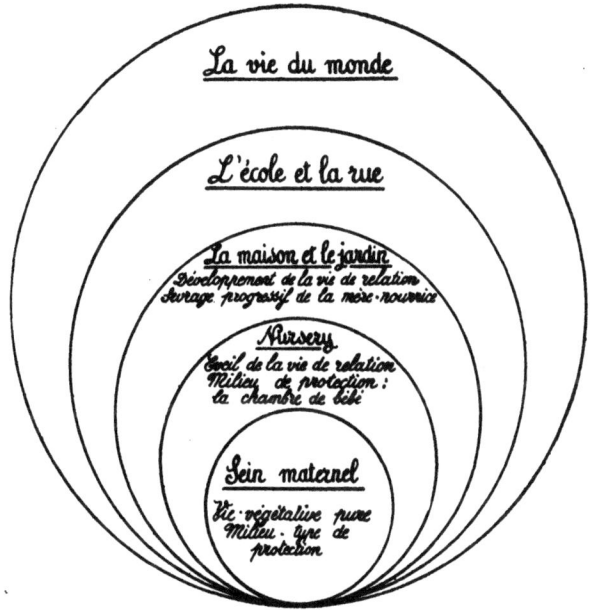

Figure 1
Les cercles d'expansion

Le petit cercle, c'est le milieu extrêmement protégé
des entrailles maternelles. Au fur et à mesure que l'en-

fant se développe, sa situation peut être représentée par des cercles de diamètre croissant: le monde de la nursery; le monde de la maison et du jardin; le monde de l'école et de la rue. Tous ces cercles, on le remarquera, ont un point commun: c'est le *nombril* de la vie, qui rattache tout être à son origine. Pour bien comprendre le double mouvement antagoniste de progression et de régression, on peut imaginer un ballon de baudruche qu'on gonfle, le faisant occuper tout à tour chacune des positions indiquées, par une expansion croissante. Le souffle qui gonfle le ballon, c'est la force vitale d'expansion, principal moteur du développement, on le sait. Que cette force d'expansion vienne à faiblir, et le ballon, obéissant à son élasticité propre, qui représente ici la force de conservation, va se dégonfler, repassant tout à tour par chacune des positions occupées antérieurement.

Nous avons souligné que, suivant les étapes de la croissance, l'expansion se manifeste avec prédilection dans telle ou telle zone de l'organisme, s'exprimant par un dynamisme accru de la fonction correspondante et par un développement de l'organe qui assume cette fonction, de sorte qu'il est possible de caractériser chaque stade évolutif par sa dominante d'expansion.

La remarque a une portée générale, et l'on peut définir n'importe quel être vivant par cette dominante et par les aptitudes qu'elle confère. Quand, dans cette perspective, on compare le petit de l'homme au petit de l'animal, on remarque entre eux une différence très significative: dès les premiers jours de son existence, avant même que ses yeux se soient ouverts à la lumière, le petit chat, le petit chien sont aptes à marcher: c'est le signe que leur expansion vitale se porte électivement vers l'appareil locomoteur, qui sera en effet ultérieurement l'appareil le plus développé de leur organisme. Chez le petit de l'homme, par contre, les yeux s'ouvrent et les premiers contacts sociaux s'établissent bien avant que la marche ne soit possible; c'est le signe de la prédominance cérébrale humaine, qui ira en s'affirmant de plus en plus.

Ces différences entre l'homme et les animaux, on les constate aussi, encore que moins prononcées, entre les types d'êtres humains, suivant leurs dispositions natives. Il est rare en effet que le développement soit homogène, également réparti entre tous les appareils. Le plus souvent, l'expansion vitale se porte électivement dans tel ou tel appareil organique, avec cette conséquence que cet appareil privilégié se développe le premier, atteint plus tôt que les autres sa perfection fonctionnelle et souvent poursuit son développement jusqu'à un âge avancé. C'est ainsi que lorsqu'un enfant se montre très précoce pour la marche et la sûreté dans les gestes, on peut en déduire une prépondérance de l'expansion motrice qui se retrouvera plus tard sous forme d'aptitudes professionnelles particulières. Quand par contre un enfant acquiert la parole avant la marche, on peut en déduire une prépondérance de la vie intellectuelle qui influencera elle aussi tout le développement ultérieur et les aptitudes.

La progression se poursuit tout au long de la croissance, et elle peut même continuer une fois la croissance terminée, ce qui est presque l'apanage des appareils à expansion prédominante dont nous venons de parler.

Elle s'arrête bien entendu quand l'homme, ayant dépassé la pleine maturité, a achevé son œuvre. C'est en général vers la cinquantaine, âge de la ménopause tant masculine que féminine, que cette évolution atteint son terme. Alors, l'équilibre de l'expansion et de la conservation est rompu au profit de cette dernière, qui tend à maintenir l'organisme dans le *statu quo* et même à le ramener en arrière vers un milieu de protection. Ce qui caractérise cette phase, c'est le refus de tout milieu nouveau, l'abandon des acquisitions récentes et le retour vers une adaptation plus facile à des conditions de vie plus familières. A la progression de la jeunesse s'oppose alors la régression qui marque la vieillesse et qui se fait de plus en plus importante au fur et à mesure que le sujet avance en âge, allant jusqu'à le faire « retomber en enfance », selon l'expression courante.

Ce double mouvement d'expansion — progression et de conservation — régression qui caractérise l'évolution de l'âge, peut aussi s'observer indépendamment de l'âge. A toutes les époques de la vie, le progrès peut s'arrêter, soit de par un défaut d'expansion vitale, soit de par l'action fortuite d'un obstacle à l'expansion.

Tantôt, l'arrêt fonctionnel est définitif, et l'enfant atteint un niveau de développement qu'il ne dépassera jamais. Tantôt, il est temporaire et, après un temps de stagnation plus ou moins long, la progression reprend. Ces arrêts temporaires dépendent de causes très variées qu'il n'est pas possible d'examiner ici en détail. Disons simplement qu'ils sont à l'origine de *fixations,* comme si la fonction en cause, bloquée à un certain niveau, n'arrivait pas à se libérer de ce qui l'entrave et à reprendre sa marche en avant.

Cette notion de fixation est très importante en ce que toute fixation constitue un point d'appel pour les régressions ultérieures. C'est-à-dire que si, à l'occasion d'une fatigue importante, d'une phase de croissance difficile, ou d'une maladie, l'organisme stoppe son mouvement en avant et fait retour vers un milieu de protection, il aura tendance à revenir aux points de fixation où il s'était déjà attardé au cours de sa croissance. Soulignons par exemple l'importance particulière de la fixation orale, dont nous avons déjà montré qu'elle rend compte de toutes les réactions de refuge de l'organisme dans toute maladie sérieuse.

Nous verrons l'importance plus grande encore de ces notions dans les conflits psychologiques (chap. 3 du Livre III).

PSYCHOLOGIE DE L'EXPANSION VITALE

La vie psychique de l'enfant, matrice de ce que sera la psychologie de l'adulte, jaillit tout entière des sources premières que nous venons d'étudier.

Nous l'avons dit déjà, mais on ne le répétera jamais assez: comme c'est la même graine qui engendre les racines d'une plante, puis sa tige, puis ses feuilles, ses fleurs et ses fruits, ainsi c'est la force vitale originelle, et elle seule, qui en se diversifiant développe dans l'organisme toutes les fonctions par lesquelles la vie se manifeste, dynamisant tour à tour les instincts, la vie affective et l'intelligence. Il en résulte qu'il y a entre ces fonctions, en apparence si différentes, une continuité qu'a quelque peu méconnue la psychologie classique.

Un exemple fera bien saisir ce que nous voulons dire. Quand Freud a avancé l'opinion que ce sont les instincts qui, sublimés, alimentent les activités sociales et les aptitudes spirituelles des hommes, tirant de là cette conséquence logique que le refoulement des instincts est surtout pernicieux en ce qu'il tarit toutes les possibilités créatrices, beaucoup l'attaquèrent, alléguant qu'il ne pouvait y avoir rien de commun entre une activité instinctive et les activités supérieures par lesquelles chacun de nous manifeste sa noblesse d'homme. Mais si on remplace ici le mot instinct par le mot force vitale, la contestation disparaît, car elle n'a plus d'objet. Il se manifeste en effet avec évidence que l'homme ne peut créer que grâce à cette force première qui est en lui, immanente à sa vie même, et qui se porte tour à tour vers la sphère instinctive ou vers la sphère spirituelle.

Si ce point de vue de la force vitale est peu courant en psychologie classique, on doit par contre souligner qu'il est conforme aux vues du sens commun. Il nous a suffi au livre I d'examiner sans idée préconçue les problèmes de l'enfance pour être amenés à reconnaître comme un fait premier le besoin d'expansion vitale et le rôle essentiel de ce besoin dans le mode de réagir des enfants; si bien qu'avant même d'avoir posé les bases doctrinales de notre psychologie de l'expansion, nous en avons introduit l'esprit dans nos règles d'accueil et d'entretien.

Nous allons ci-après, en soulignant la continuité des fonctions, étudier conjointement les différents plans de la vie psychique suivant les modalités de l'expansion vitale.

1. LA VIE INSTINCTIVE

Dans les premiers stades de la croissance, stades de l'expansion passive et de l'expansion active, l'instinct d'expansion est pratiquement seul en jeu, la poussée vitale étant alors à son maximum.

Mais a-t-on bien affaire ici à un instinct? A un examen critique, on réalise qu'il n'est pas juste, comme nous l'avons fait en suivant l'usage, de parler d'instinct d'expansion et d'instinct de conservation. Il ne s'agit pas en tout cas d'instincts tels qu'on les définit couramment en biologie animale, de ces processus automatiques assurant d'une manière d'emblée parfaite une adaptation toujours identique à un but déterminé, et dont le modèle le plus souvent cité est l'instinct des abeilles. Des processus de ce genre sont rares chez l'être humain, car à la rigidité de l'instinct animal, n'autorisant qu'une seule forme d'adaptation, il faut opposer ici *la plasticité de la force vitale,* susceptible d'animer tour à tour les différentes fonctions de la vie.

C'est ainsi que la force vitale d'expansion se porte d'abord, comme on l'a vu, dans les fonctions nutritives (besoin de nutrition), puis dans les fonctions locomotrices (besoin de mouvement), dans les fonctions sexuelles (besoin sexuel), dans les fonctions sociales (besoins affectifs) et dans les fonctions mentales (curiosité ou passion intellectuelle). Nous avons noté qu'à chaque étape, sous la poussée interne de la force vitale, l'organe correspondant se développe plus que les autres, cependant que sa fonction s'exerce avec une activité particulièrement intense.

Cette plasticité de la force vitale nous fait comprendre la fréquence et la relative facilité avec laquelle *l'énergie expansive se déplace* d'un organe (ou d'une fonction) à un autre. Un des cas les plus frappants est celui de la puberté où, au moment de l'épanouissement de la sexualité, un transfert de la force vitale est possible des fonctions sexuelles aux fonctions motrices, la pratique des sports pouvant par exemple servir de dérivation à des activités sexuelles momentanément interdites.

On peut donc à bon droit critiquer l'habitude prise en psycho-physiologie de parler ici d'instincts, car cela présente l'inconvénient de donner comme un processus en quelque sorte défini et rigide ce qui, dans la réalité, est un dynamisme mouvant.

Ainsi, par exemple, on a tort de rapporter à un prétendu *instinct agressif* les premières manifestations de l'activité d'expansion. Lorsqu'un enfant ne veut pas quitter son jeu au moment où on l'appelle, ou bien refuse de manger à table, ou s'obstine à faire caca à côté du pot, ou veut faire quelque chose sans l'aide de personne, en un mot « n'en fait qu'à sa tête », selon l'expression courante, ce n'est pas de l'agressivité, mais la pure et simple manifestation d'une force vitale qui cherche sa voie. Mais ce comportement sera souvent *ressenti comme agressif* par la personne à qui l'enfant désobéit si cette personne, au lieu de comprendre les besoins enfantins, s'y montre intolérante, ne supportant pas la frustration que cela comporte pour elle-même. Cette personne va réagir alors par de l'agressivité, sous la forme d'interdit ou de punition infligée à l'enfant, et ce dernier en réplique, va se montrer à son tour agressif, de par le simple fait que sa force d'expansion, rencontrant un obstacle, ne peut se manifester qu'en entrant en lutte avec lui. On voit poindre une telle attitude intolérante des éducateurs dans la manière dont certains d'entre eux qualifient la conduite d'un bébé au berceau qui crie ou se souille, en disant: « Il est déjà méchant! », comme si la manifestation de ses besoins naturels était intentionnellement dirigée contre quelqu'un.

Dans le même sens, il est permis de critiquer l'abus qui a été fait par les psychanalystes des mots « sadique-oral » et « sadique-anal », pour désigner la phase d'expansion active. Car il est normal que l'enfant morde quand il a des dents et expulse ses excréments là où il se trouve; il n'y a là ni agressivité, ni sadisme, puisque d'ailleurs il n'y a pas encore de rapports objectaux ni par conséquent d'objet auquel s'attaquer. Mais ici encore si le milieu éducatif fait obstacle à l'expansion vitale, la fonction de mordre et de se souiller pourra prendre plus tard par réaction un caractère agressif qu'elle n'avait pas initialement, méritant alors vraiment la qualification de *sadique*.

On peut déduire de ces remarques que l'agressivité est liée à la présence d'un objet frustrant et à une lutte de la force vitale contre ledit objet. Il serait donc plus juste de parler ici, non d'instinct agressif, mais de *réaction agressive* à une situation donnée.

Disons pour conclure que la vie instinctive, c'est l'ensemble de toutes les pulsions issues de la force vitale, pulsions en grande partie inconscientes et qui constituent un réservoir d'énergie où nous verrons la vie psychique consciente puiser sans cesse. Le caractère indifférencié au départ de cette force vitale autorise, comme nous l'avons vu, toutes les mutations et tous les déplacements. Nous avons déjà souligné un peu plus haut que cette conception rend bien compte du fait que *les plus hautes cimes de la vie spirituelle sont nourries de la sève que les racines de l'être puisent dans les couches profondes de la vie.* Notre notion de la force vitale rejoint ici celle de la *libido* de JUNG.

A la phase de l'expansion pure, les pulsions ne sont aucunement contrôlées et elles cherchent à s'assouvir tout de suite et complètement, d'une manière *impulsive,* sans tenir aucun compte du milieu environnant, des limitations que celui-ci pourrait leur imposer. C'est la période où compte seul le plaisir de l'enfant, où toute entrave à la satisfaction est ressentie comme une frustration intolérable *(intolérance aux frustrations)* et suscite des réactions violentes d'impatience ou de colère. C'est une période de tout ou rien. Ou bien l'enfant, son besoin pleinement satisfait, connaît un état de quiétude heureuse (le visage détendu de l'enfant repu); ou bien sous la pression du besoin insatisfait, il connaît un état désordonné de souffrance et de colère (le visage convulsé de l'enfant insatisfait).

A ce tout ou rien va s'opposer, à *la phase d'expansion contrôlée,* une régulation qui assure une adaptation plus nuancée, comme nous l'avons vu, grâce au développement de la sensibilité de défense et de nombreux réflexes conditionnés.

L'agent de ce contrôle, nous l'appelons en psychologie *le Moi.* Ce n'est ni une faculté, ni même une fonction: *le Moi, c'est l'ensemble des instances régulatrices* qui assurent à l'organisme une meilleure adaptation, en empêchant la satisfaction immédiate et inconditionnelle des besoins pour lui substituer une satisfaction différée et conditionnelle qui, à bien y réfléchir, est en définitive plus avantageuse. Le règne du principe du plaisir, que nous avons vu caractériser l'expansion pure, fait alors place à celui du *principe de la réalité.*

Le Moi est donc dans la personnalité le représentant de la réalité, dont il tente d'imposer les exigences au Soi, domaine des pulsions instinctives. La réalité dont il est question ici, c'est d'une part la réalité physique, les conditions de vie du milieu environnant, d'autre part et surtout la réalité familiale et sociale, représentée au début par les parents de l'enfant, qui mettent devant les yeux de celui-ci leurs idéaux et leurs interdits.

L'expansion contrôlée, ou ce qui revient au même la *maîtrise des impulsions instinctives,* apparaît de très bonne heure, dès la fin de la première année, peu après l'accession à la motilité volontaire, mais elle n'est encore bien entendu qu'à l'état d'ébauche. Elle traverse un moment crucial au moment de l'apprentissage de la propreté, dont nous avons déjà souligné l'importance. Cet apprentissage, qui n'était jadis pour les pédiatres qu'une étape de l'éducation hygiénique, est devenu, à la suite des observations des psychanalystes, un des moments les plus critiques du développement psychologique. En effet, l'enfant qui après l'âge d'un an continue de n'obéir qu'à son seul caprice et de faire ses besoins là où il lui plaît et quand il lui plaît, manifeste en cela un manque de maturité pulsionnelle. Si par contre, obéissant à la demande de ses parents, il se discipline, fait ses besoins à heure fixe dans le petit pot, il accède à la maturité du stade objectal, où autrui est regardé comme ayant ses désirs propres, que l'on doit au moins en partie prendre en considération.

On peut ici décrire trois évolutions instinctives différentes:

La première est la *persistance des pulsions sauvages* du stade expansif pur, qui se traduit cliniquement par des gestes violents non contrôlés, par un refus d'obéir, par de l'encoprésie et de l'énurésie diurnes.

La seconde est la *socialisation progressive des pulsions*, l'enfant acceptant par amour pour ses parents de sacrifier une partie de son plaisir, se contrôlant donc et devenant propre en pleine conscience de ce qu'il sacrifie et de ce qu'il obtient en échange: la considération et l'amour de ses éducateurs.

La troisième est le *refoulement brutal des pulsions*, qui se produit quand l'intensité même de celles-ci, créant un conflit violent avec l'entourage, oblige un jour le Moi à user lui aussi de violence pour s'assurer la maîtrise. On voit ainsi des enfants dont la violence expansive sans frein, persistant au-delà du temps où elle était naturelle et acceptable, suscite un jour des reproches et des châtiments de la part des éducateurs, tant et si bien qu'alors la situation se renverse, le Moi s'assurant la maîtrise des pulsions par un effort violent de refoulement qui a pour effet de supprimer les pulsions coupables. Même, pour mieux assurer cette maîtrise, il se développe dans le conscient des tendances exactement contraires aux tendances refoulées, ce qu'on appelle *des formations réactionnelles du Moi*. C'est ainsi qu'on voit certains enfants encoprésiques devenir quelques années plus tard des modèles de propreté, et même parfois des maniaques de la propreté.

Le même résultat peut être observé aussi chez des enfants de type très différent des précédents, en ce sens que ce n'est pas chez eux la violence des pulsions, mais au contraire l'entrée en jeu précoce d'un instinct de conservation inhibiteur qui produit le refoulement, se marquant alors très tôt par des formations réactionnelles d'obéissance, d'ordre et de propreté (les enfants modèles).

Le second et le troisième modes évolutifs que nous venons de décrire se résument dans l'opposition de la *sublimation* et du *refoulement,* opposition dont l'importance en psycho-pathologie est très grande. Par la sublimation, nous l'avons vu, les forces premières de la vie se socialisent, modifient par conséquent les buts qu'elles poursuivent, mais sans rien perdre de leur dynamisme originel. Tandis que par le refoulement, ces mêmes forces sont bloquées dans leur manifestation, tout en conservant leur sauvagerie première, qu'on pourra voir réapparaître si le blocage cesse. Par exemple *la force agressive,* qui nous porterait à écarter brutalement de notre chemin tout ce qui s'oppose à notre expansion, en cas de sublimation se transmue en activité d'émulation, désir d'arriver le premier par son adresse ou son savoir, tandis qu'en cas de refoulement, elle garde son caractère brutal, meurtrier même, mais est pour le moment éliminée du champ de la conduite consciente.

Il en est de même pour *la sexualité.* En cas de sublimation, la force vitale se transfère vers des buts socialement acceptables où le désir de l'union physique tempère sa brutalité première, s'allie à des sentiments de tendresse et d'estime pour le partenaire. En cas de refoulement, le désir sexuel s'efface du conscient et devient inconscient, gardant sa sauvagerie originelle qui pourra éventuellement se traduire en actes de violence par défoulement.

Nous aurons l'occasion d'y revenir quand nous ferons l'étude des conflits psychiques (Chap. 3 du Livre III). Faisons remarquer pour conclure que les forces vitales d'expansion, différenciées en multiples besoins, comme nous l'avons vu, sont communes à tous les êtres vivants sans exception, et qu'il est légitime de supposer tous les hommes également pourvus par exemple d'agressivité et de sensualité. Par contre, les instances régulatrices du Moi, étant fonction et du tempérament, et de l'expérience propre de chaque individu, lequel est « conditionné » par les événements particuliers de sa vie, constituent un élément de différenciation.

Il en résulte cette conséquence pratique, dont nous mesurerons la très grande importance dans l'examen psychologique par les tests de personnalité, qu'il est bien moins essentiel pour le psychologue de décrire les tendances vitales fondamentales, communes à tous, d'appré-

cier par exemple la force de l'agressivité ou de la sensualité que d'évaluer de quelle manière le Moi a su les
contrôler pour réaliser des compromis d'adaptation plus
ou moins acceptables.

2. LA VIE AFFECTIVE

Tendances et sentiments dérivent eux aussi de la force
vitale d'expansion.

La prédominance de l'expansion confère une large
ouverture au monde, en particulier au monde des êtres
vivants. Il en résulte un grand besoin de présence
humaine, de contacts, d'échanges. On connaît ce besoin
chez le petit enfant: il se satisfait d'abord avec la mère,
dont l'enfant aime de recevoir les caresses, voir le sourire,
entendre la voix, sentir le bercement. L'enfant ne se sent
exister que dans la mesure où on l'enveloppe d'affection;
plus tard, nous retrouverons cette situation en évoquant
les besoins narcissiques de l'enfance, l'estime de soi
à cet âge reposant entièrement sur l'estime qu'autrui
vous porte et s'effondrant quand celle-ci vient à vous
manquer.

A ce stade, la sensibilité est essentiellement une *sensibilité d'expansion,* c'est-à-dire que les influences ambi-
antes, dès qu'elles atteignent le seuil où elles sont perçues,
suscitent dans l'organisme une réaction d'expansion,
d'ouverture. Socialement, cela se traduit par une attitude
de réceptivité souriante quand tout va bien (l'enfant
au visage heureux, cf. fig. 8), ou de violence impulsive
et de colère quand un obstacle fait échec à l'expansion
(l'enfant au visage fâché).

L'égoïsme domine alors, en ce sens que pour l'enfant,
le monde qui l'entoure ne compte que dans la mesure
où il peut s'en servir à ses fins propres: « Tout pour moi »
est la formule de cet âge. Mais on aurait tort d'en tirer
quelque conclusion d'ordre moral: c'est l'impératif de la
croissance qui oblige le petit enfant à être égoïste, à

garder pour lui seul tout ce qu'il acquiert, et la grande avidité qu'il manifeste n'est nullement le gage d'une attitude ultérieure peu généreuse.

D'une manière plus générale encore, la confusion du Moi et du Non-Moi, qui caractérise cette première période de la vie, fait que l'enfant croit posséder de droit le monde entier et qu'il traite ceux qui l'entourent, non comme des sujets dont l'autonomie mérite d'être respectée, mais comme des parties de lui-même, dont il devrait pouvoir disposer à son gré.

Mais cette situation, nous l'avons vu, est bientôt dépassée. Dès que l'enfant sort du milieu de protection, les forces de conservation interviennent, et la *sensibilité de défense* s'éveille. Contrairement à la sensibilité d'expansion, qui ouvre le sujet au milieu, la sensibilité de défense le ferme à ce qui pourrait lui nuire. Ainsi donc, quand l'expansion est contrôlée par les forces de conservation, la sensibilité, tour à tour d'expansion et de défense, devient *élective,* en ce qu'elle conduit le sujet à se choisir dans le milieu environnant un ensemble d'influences auxquelles il peut s'adapter et qui constituent alors *son milieu d'élection.*

Ce stade est marqué aussi par une bien meilleure *tolérance aux frustrations,* du fait que l'enfant a la possibilité, dans une situation frustrante, de retenir certains éléments et de refuser les autres.

C'est alors aussi que se délimitent le Moi et le Non-Moi, que l'adaptation sans retenue de l'expansion pure est corrigée par un développement de l'individualité personnelle. Corrélativement se développe aussi la notion d'autrui, en tant qu'individualité différente.

Dans le domaine social, cela se traduit par une adaptation plus nuancée, la gamme des relations affectives s'étendant des amis intimes aux étrangers, en passant par l'intermédiaire des simples rapports de politesse mondaine. On se rend bien compte de ce que le contrôle de l'expansion apporte de nouveau en observant comment se comportent les jeunes enfants dans les différentes situations où ils sont placés. En expansion libre, le petit bébé est accueillant à tous et distribue de larges sourires aux étrangers qui le prennent dans leurs bras. En rétraction (prédominance des forces de conservation), il refuse au contraire d'accueillir toute personne qu'il ne connaît pas; il refuse de se laisser prendre et se réfugie, le visage fermé, apeuré ou hostile, dans les bras de sa mère. En expansion contrôlée, le premier mouvement de l'enfant devant un visage étranger est de retrait, mais cependant le contact est maintenu à une certaine distance, et l'enfant observe, interroge du regard pour savoir si cet inconnu est bienveillant ou hostile, après quoi se produira le second mouvement d'accueil ou de rejet.

Ces mêmes attitudes typiques, on peut les observer aussi chez l'enfant de 6 ans le jour de la rentrée à l'école, ce jour qui met si fortement à l'épreuve les possibilités d'adaptation de nos bambins. L'enfant en expansion s'adapte tout de suite à ce milieu inconnu, qui le séduit par sa richesse en possibilités nouvelles, et dès la première récréation il se fait des petits camarades de jeu. L'enfant en rétraction, par contre, ne veut pas quitter sa mère; il est anxieux, crie ou pleure et, à la récréation, il se réfugie craintif dans un coin; au mieux, il lui faudra plusieurs jours pour s'acclimater au milieu scolaire. L'enfant en expansion contrôlée est un peu pâle au moment de quitter sa mère mais, raisonnable, il accepte de tenter l'expérience; il se tient sur la réserve; à la récréation, on le verra séparé des autres, mais à petite distance et les observant; la journée ne sera toutefois pas achevée qu'il se sera fait un ou deux amis et qu'il se mettra à écouter attentivement la maîtresse.

L'expansion contrôlée inaugure aussi ce que les psychanalystes appellent *le stade objectal*, où l'enfant échappe au subjectivisme intégral du « tout pour moi », qui caractérisait le stade précédent, pour accéder à une attitude plus « altruiste », prenant en considération la personnalité d'autrui et acceptant les partages.

3. L'INTELLIGENCE

1. *L'expansion vitale.* On est fondé à croire que, dans la condition initiale d'expansion pure, l'enfant, ne possédant pas encore de Moi ni de moyens d'expression par le langage, ne peut individualiser ce qu'il sent, ni le formuler en pensées, non plus que nous le communiquer. S'ensuit-il, comme on le prétend souvent, que l'intelligence ne soit pas déjà en œuvre dans les relations qui s'établissent avec l'environnement?

Non certes, mais ce qui la caractérise à ce stade, c'est qu'elle est purement *assimilation,* assimilation passive en expansion passive, assimilation active en expansion active. On pourrait penser que cela n'intéresse que le sensorium, et il est vrai en effet que, par les portes d'entrée sensorielles largement ouvertes, l'environnement tout entier pénètre dans l'organisme: que l'œil se nourrit de lumière, l'oreille de sons, la main d'innombrables sensations de toucher. Toutefois à un examen plus attentif, il apparaît que ce n'est pas seulement le sensorium qui est à l'œuvre à cet âge tendre, mais que les influences du milieu tendent à imprégner l'organisme jusqu'en ses profondeurs, « dans toute la pâte ».

On a aussi très justement souligné que dans l'état d'expansion passive, du fait même de la totale confusion du Moi et du Non-Moi, l'assimilation intellectuelle se fait sur le même mode que l'incorporation orale de la nourriture. Toute relation avec un objet est alors une incorporation substantielle, qui aboutit à une identification; à la lettre « l'enfant devient ce qu'il regarde ».

Tout le problème est dès lors de savoir si l'enfant est entouré de bons ou de mauvais objets. Au stade de l'expansion, il n'est pas capable de faire de lui-même des discriminations: il accueille ou rejette en bloc. S'il se laisse envahir par des excitations traumatisantes, et si celles-ci viennent à se répéter, elles engendrent dans l'organisme un état de souffrance diffuse qui se traduira tantôt par une perte de poids, tantôt par un refus d'aliments, tantôt par des cris incessants, tantôt par une humeur triste. Quand nous constatons de tels signes chez un nourrisson, — incapable bien entendu de nous exprimer sa souffrance par le langage — nous pouvons en conclure que celui-ci vit ou a vécu des expériences pénibles qui se sont gravées d'une manière durable dans la substance profonde de son être, dans son inconscient; et la preuve pourra nous en être fournie plus tard quand, l'exploration de l'inconscient devenant possible, viendront au jour des blessures anciennes incomplètement cicatrisées.

C'est ainsi en particulier que la relation d'un bébé avec sa mère est déterminante pour sa maturation fonctionnelle ultérieure. Si elle a été ce qu'elle doit être, c'est-à-dire une communion profonde où la substance de l'être enfantin peut s'imprégner d'amour, cette expérience réussie de la relation affective marquera toute l'évolution future de la personnalité. Mais si elle a été défectueuse, il en résultera pour le bébé une frustration d'amour, qui creusera dans son être un vide presque impossible à combler et le rendra plus tard à son tour incapable d'aimer.

Il peut sembler que, par des considérations de ce genre, nous nous éloignions de l'étude de l'intelligence. Eh bien, non! car la psychanalyse nous a montré que l'intimité du petit enfant avec sa mère, en dépit de son apparence purement affective, conditionnera plus tard l'établissement de ce qu'on appelle *les relations objectales,* c'est-à-dire les relations du sujet avec les autres hommes et, par voie de conséquence, la manière dont il saura apprécier la réalité objective du monde.

Soulignons aussi que l'assimilation intellectuelle du milieu, par laquelle le bébé s'instruit de tout ce qui l'entoure, dépend des modalités particulières de l'expansion vitale. En expansion passive, le bébé se borne à recevoir, à se laisser pénétrer. Mais en expansion active, c'est de lui-même qu'il cherche à connaître le monde qui l'environne, ainsi qu'à s'en assurer la maîtrise. Il ne se borne plus à voir, il regarde; il ne se borne plus à entendre, il écoute et répète ce qu'il entend; il ne se borne plus à sentir, il touche, palpe et manipule les objets pour s'en servir.

A cet âge de l'expansion, l'assimilation est prodigieuse, et *l'intelligence du bébé, c'est surtout cette capacité extraordinaire d'assimilation sensori-motrice.* Sa dominante, c'est *la mémoire,* une mémoire qui enregistre tout et n'oublie rien, et qui constitue de bonne heure les réserves de connaissances où l'intelligence des phases ultérieures puisera. On sait en particulier ce que représente l'acquisition du langage, comme véhicule des mille expériences de vie du bébé; quand cette acquisition ne se fait pas ou ne se fait qu'avec retard, il faut conclure tantôt à une grande déficience des aptitudes intellectuelles, tantôt à un trouble de la communication, dont de mauvaises relations avec la mère sont d'ordinaire la cause.

2. *L'influence des forces de conservation.* La psychologie ne s'est guère posé jusqu'ici le problème des *conditionnements vitaux de l'intelligence.* A tort, selon nous, car la considération des forces vitales nous permet mieux de comprendre *comment le processus intellectuel s'inscrit dans le processus général de la vie et de l'adaptation.*

A l'assimilation sans choix du milieu, qui caractérise l'expansion, s'oppose, quand les forces de conservation sont prédominantes, *une fermeture au milieu* qui empêche toute absorption d'éléments nouveaux et renferme l'intelligence dans les étroites limites atteintes jusque-là. Tout nous indique ici que l'individualité se sent menacée par l'environnement, perçu comme dangereux dans ses éléments inconnus. Le Moi n'accueille alors que les choses familières, déjà connues et par-là dépourvues de toute nocivité. Mais de plus il s'efforce, en conformité avec son rôle régulateur, *de ramener l'inconnu au connu* pour le rendre inoffensif.

On ne songe pas assez que ce qu'on appelait classiquement *les principes directeurs de la connaissance* et qu'on considérait comme des règles à priori, antérieures à toute expérience, et le fondement même de notre raison logique, nous sont en fait dictés par notre besoin de sécurité vitale.

Ainsi, *le principe d'identité* et *le principe de causalité* ne sont pas fondés sur l'expérience; il n'est pas vrai qu'il y ait dans le monde des choses identiques, mais *nous voulons qu'il y en ait,* en vertu même de cette exigence intérieure de stabilité qui nous fait préférencier un monde déjà connu. De même, il est faux que les mêmes causes produisent les mêmes effets, car la même cause ne se répète jamais exactement, mais *nous avons besoin qu'il en soit ainsi,* parce que cela nous permet d'établir notre conduite sur des bases fixes et non point incertaines.

Il n'est que d'observer les petits enfants pour se rendre compte à quel point peut être intense chez l'être humain le besoin du connu qui rassure. On les voit en effet très fortement attachés à leurs habitudes, au point que le moindre changement les déconcerte; d'où leurs petites manies, leurs rituels du rangement et leurs rituels du coucher. Très significative est par exemple leur réaction quand vous leur racontez une histoire qu'ils connaissent déjà; il faut bien se garder d'y changer quoi que ce soit, fut-ce un seul mot du récit; aussitôt, les voilà qui protestent: « Non! C'est pas ça! Alors le petit garçon a fait... » ou bien « La dame a pas dit ça; elle a dit... ».

L'habitude dégénère facilement en routine. Aussi, quand les forces de conservation sont prédominantes, allant jusqu'à inhiber les forces d'expansion, l'intelligence ne s'exerce plus que dans le domaine des choses déjà connues, et tout progrès est arrêté. La mémoire semble ne plus fonctionner: les maîtres s'étonnent de ce que l'enfant ne retient plus ce qu'il apprend et même oublie ses acquisitions récentes. Quand on constate cela au cours de la scolarité, on doit se dire que quelque cause a suscité l'intervention excessive des forces de conservation, fermant l'enfant à son environnement. Ce peut être une cause physique: par exemple une maladie ou une poussée de croissance; ou bien une cause psychique, et il appartient alors au psychologue de découvrir celle-ci. Nous avons déjà examiné au chapitre précédent cette manière d'être particulière, que nous avons appelée *réaction de mise à l'abri*, pour bien souligner qu'il ne s'agit pas d'une situation passive d'abandon, mais d'une situation active par laquelle l'organisme, devenu hypersensible et vulnérable à tout ce qui n'est pas son monde familier — « se met à l'abri » de toute influence nouvelle susceptible de le perturber.

Cliniquement, cette réaction de mise à l'abri se traduit souvent par de *l'asthénie,* c'est-à-dire par un *sentiment de fatigue profonde* qui empêche tout effort, toute marche en avant, et force le sujet à chercher le refuge d'un milieu de protection. Ces états d'asthénie sont fréquents chez l'enfant et se marquent par une impuissance particulière à tout effort intellectuel, laquelle bien entendu retentit fâcheusement sur le rendement scolaire. On a en pareil cas la preuve qu'il ne s'agit pas de simple paresse en examinant le visage de l'enfant, en constatant sa pâleur (signe de rétraction) et son regard embué, voire même éteint dans les cas plus sérieux.

3. *L'expansion contrôlée.* Quand, au lieu d'inhiber l'expansion vitale, les forces de conservation se bornent à en contrôler l'excès, le résultat psychologique est très différent. On voit intervenir un élément de régulation et de choix. L'assimilation, la mémoire se font électives. L'attention se porte avec prédilection sur certains objets. Il se forme un noyau de connaissances principales, différent pour chaque sujet, et qui lui constitue son individualité particulière. Les connaissances nouvelles qui viennent s'y ajouter par un progrès continu sont

assimilées dans l'exacte mesure où elles peuvent s'inté-
grer à l'individualité déjà constituée et l'enrichir peu à
peu.

Si, en présence des choses familières, l'enfant se comporte en expansif, les assimilant aussitôt sans aucun
contrôle, en revanche, devant des choses inconnues, il se
retire en arrière par un mouvement de conservation
et suspend provisoirement l'assimilation, mais sans toutefois rompre le contact. Ce temps d'arrêt entre l'impression
et la réaction, nous avons vu qu'il apporte *la maîtrise de
soi* des impulsions et des sentiments.

A cette maîtrise de soi correspond dans le domaine
de l'intelligence *la réflexion,* l'impression première étant
intériorisée, confrontée avec les données de l'expérience
déjà acquise, confrontation d'où pourra résulter un mouvement d'adaptation secondaire élective.

On doit remarquer ici que si l'enfant était maintenu
dans le milieu de protection idéal de ses premiers mois,
s'il pouvait en conséquence assimiler sans aucune retenue
tout ce que le milieu lui apporte, il vivrait en communion
si intime avec son environnement qu'il ne se poserait
aucun problème et n'accéderait jamais à une pensée
réfléchie. On a dit, en termes très voisins, que si l'enfant
ne subissait de la part du milieu aucune frustration,
il ne parviendrait jamais à la notion d'un monde distinct
de lui, d'un Non-Moi; que par conséquent les inévitables
frustrations de la vie, pourvu qu'elles puissent être
supportées, sont indispensables au développement de la
personnalité, tant affective qu'intellectuelle.

« On pense comme on se heurte » a dit Paul VALERY;
et cette parole du poète est bien dans la ligne de notre
conception biodynamique de l'intelligence, puisque,
comme on vient de le voir, ce sont les difficultés mêmes
de l'adaptation qui, en éveillant la sensibilité de défense,
suscitent une prise de conscience aiguë et l'entrée en jeu
du processus de réflexion.

Il convient de souligner tout particulièrement l'importance du facteur: *prise de distance,* qui est impliqué

dans le processus de réflexion. En expansion, l'être se confond avec son environnement et, comme on l'a vu, toute connaissance est alors analogue à l'incorporation orale d'une nourriture, qui se réalise par une interpénétration du sujet et de l'objet. En rétraction, l'être se sépare de son environnement, mettant entre lui et les objets étrangers une distance telle que le danger pouvant résulter de leur contact se trouve supprimé. En expansion contrôlée, les objets se distribuent autour du sujet comme centre, maintenus par l'action défensive du Moi à des distances qui varient selon que leur proximité est ressentie par le sujet comme plus ou moins dangereuse. Nous verrons ultérieurement que *cette notion de relation à distance* a une très grande importance pour la compréhension des conflits de l'âme enfantine, en ce qu'elle représente un des mécanismes de défense du Moi les plus efficaces contre le danger d'un rapproché trop intime qui serait vécu dans l'angoisse.

Une des formes intellectuelles de cette relation à distance est l'*abstraction.* Le concret, c'est ce qu'on appréhende directement par un contact immédiat. L'abstrait, c'est au contraire l'élément qu'on isole d'un ensemble concret et qui est représentatif du tout. Etudier la psychologie de tel ou tel homme particulier, c'est faire une étude concrète. Mais étudier la psychologie de l'homme en général, c'est faire une étude abstraite. Il faut remarquer, comme nous l'avons fait à propos des principes directeurs de la connaissance, que le processus d'abstraction est à l'origine lié à l'activité de défense des forces de conservation: le sujet, placé dans une situation concrète (on dirait aujourd'hui existentielle) qui comporte pour lui des aspects dangereux, commence par s'en écarter, supprimant ainsi la relation affective qu'il avait avec elle. La maintenant alors à une certaine distance dans son champ d'observation, il peut l'étudier d'une manière plus froide en en abstrayant un élément; par exemple pour un objet, sa forme ou sa couleur.

Ce qu'on appelle *la froide raison,* par laquelle l'homme

accède aux cimes de la pensée, si on la considère dans cette perspective, prend sa source dans les mécanismes de défense du Moi contre les affects. La psychanalyse nous a ainsi montré qu'à l'âge de 6 ans, au moment du début de la scolarité, il se produit une accentuation du contrôle de l'expansion, corrélatif d'une plus grande maturité du Moi, qui refroidit la vie affective et donne le calme nécessaire aux acquisitions scolaires. Les anciens auteurs désignaient cette période comme étant *l'âge de raison*, notion qui se complète par la notion psychanalytique de *période de latence*, justifiée par la mise en sommeil des pulsions instinctives jusqu'au réveil de la puberté. On pourrait dire aussi que c'est l'âge des *formations réactionnelles du Moi*, corrélatives d'un certain refoulement de la vie instinctive-affective.

Mais il faut ici faire une distinction importante selon que le processus de rationalisation abstraite est partiel, laissant subsister le contact concret avec le monde, ou qu'il devient total, en arrivant à dépouiller les situations concrètes de l'intégralité de leurs éléments affectifs pour n'en laisser subsister que les éléments formels. Nous avons affaire dans ce dernier cas à un processus pathologique qui conduit à un appauvrissement de la vitalité intellectuelle et du pouvoir créateur. Nous verrons cette rationalisation morbide se réalise quand des conflits affectifs intenses nécessitent l'entrée en jeu de défenses énergiques. Ce mode de défense par rationalisation abstraite est très fréquemment employé par les enfants dans les tests de personnalité: prenant vaguement conscience qu'ils sont directement impliqués dans les thèmes qu'ils racontent, ils se refusent à faire jouer leurs sentiments affectifs et se bornent à des descriptions formalistes, souvent d'ailleurs minutieusement exactes. Anticipant sur ce qui sera exposé plus loin, disons que cette manière particulière de réagir — en se refusant à tout contact *réel* avec les objets présentés — peut rendre inopérants les tests de personnalité, et qu'il faut alors, pour accéder à la vie intime de l'enfant et comprendre ses conflits, s'efforcer de faire cesser la défense par rationalisation. Comme nous le montrerons, on y parvient presque toujours en faisant usage de *la méthode des préférences-identifications*, qui amène le sujet à opérer un choix affectif et à assumer un rôle actif dans les différentes situations du test.

Il convient de souligner avec force que les remarques précédentes ne conduisent pas pour autant à une dévalorisation de la pensée rationnelle en elle-même. Simplement nous amènent-elles à considérer que cette pensée n'a pas dans tous les cas la même valeur d'objectivité. Il faut ici rappeler une fois de plus l'opposition entre refoulement et sublimation. Le *refoulement,* nous l'avons vu déjà, est un mécanisme brutal de tout ou rien, qui aboutit à l'inhibition de l'expansion vitale, toute l'existence du sujet se déroulant alors sous le signe de la froide raison, une raison qui est par surcroît prisonnière de la banalité, des formules toutes faites et apprises par cœur, sans qu'aucun jaillissement de vitalité ne vienne la féconder. La *sublimation,* par contre, est un mécanisme de rationalisation beaucoup plus nuancé, qui sauvegarde les forces vitales d'expansion, tout en les orientant vers des buts intellectuels, esthétiques ou moraux, lesquels peuvent alors puiser leur dynamisme créateur dans la vitalité profonde.

Nous touchons par cette opposition au problème de *l'imagination, tant sous sa forme reproductrice que sous sa forme créatrice.* Le refoulement, avec l'inhibition qu'il entraîne, fait disparaître du champ de la conscience des secteurs plus ou moins importants de la vie psychique et crée par-là dans les souvenirs des lacunes souvent très étendues. Il paralyse aussi les élans créateurs de l'imagination, et il est bien remarquable à ce point de vue de constater chez certains enfants intelligents une presque totale impossibilité d'imaginer des thèmes de composition française; c'est le signe certain d'un hypercontrôle du Moi sur la spontanéité.

A l'inverse, la sublimation des instincts, en maintenant

la libre communication du conscient et de l'inconscient, permet une facile reproduction des souvenirs du passé, et aussi ce jaillissement des forces vitales profondes vers les cimes de l'esprit qui est à l'origine de toutes les créations.

On doit ici faire remarquer que cette opposition se retrouve dans les méthodes pédagogiques. La plus traditionnelle est fondée sur une exigence de discipline qui nécessite une inhibition de la spontanéité vitale de l'enfant: cahiers très bien tenus, lignes d'écriture très régulières, dessins de pure reproduction sans aucune fantaisie... etc. Certes, ce que l'enfant perd ici en liberté de spontanéité, il le regagne en maîtrise psychomotrice et en accès à la pensée rationnelle. Encore faut-il que le refoulement n'aille point par son intensité tarir toutes les sources vives de l'imagination. Des méthodes pédagogiques ·plus récentes — comme en France celle de FREINET — sont justement inspirées par le souci de laisser l'enfant s'épanouir dans ses directions propres, en entravant le moins possible sa libre spontanéité.

LA PERSONNALITÉ PHYSIQUE ET PSYCHIQUE
APPRÉCIÉE PAR LA MORPHOLOGIE

Nous avons vu que c'est la force vitale — sous ses deux modes antagonistes d'expansion et de conservation — qui détermine les processus de croissance et de maturation fonctionnelle (Chap. 1). Et c'est cette même force vitale qui est la source profonde d'où émane la vie psychique (Chap. 2).

Or, elle est également à l'œuvre dans l'édification du corps, avec cette conséquence qu'on peut voir *le mouvement de la vie s'objectiver dans les structures morphologiques*. L'usage qui veut qu'on décrive séparément la fonction et la forme méconnaît la réalité profonde des choses, l'intime solidarité de toutes les manifestations de la vie. Une plus juste appréciation du globalisme de l'être humain doit nous faire considérer fonction et forme comme les deux faces d'une même réalité, « la forme étant la fonction rendue visible ». Les anthropologues le savent depuis longtemps. Il est bien connu en effet que le processus de croissance s'exprime par l'évolution de la morphologie corporelle, non pas seulement par un accroissement de la taille et du poids, mais encore par des changements dans les proportions des différentes parties du corps.

C'est ainsi que le nouveau-né est tout en tronc, ce qui signifie l'importance primordiale des fonctions d'assimilation nutritive au début de la vie; par contre, ses membres ne sont que de courts appendices, en corrélation avec le développement rudimentaire des fonctions de motricité.

Dès qu'apparaissent la préhension et la marche, les proportions corporelles se modifient, les membres s'allongeant jusqu'à faire équilibre au tronc. De même quand plus tard les fonctions respiratoires prennent de l'importance, le thorax et les épaules s'élargissent, tandis que proportionnellement le ventre et le bassin se réduisent.

Ces constatations morphologiques, quelque rudimentaires qu'elles soient, ont un intérêt immédiat pour le diagnostic des aptitudes fonctionnelles. Par exemple, quand au cours d'une consultation rapide, un simple coup d'œil (« le coup d'œil du maquignon ») nous révèle, chez un enfant qu'on nous présente comme un déséquilibré instable, le développement prépondérant des membres par rapport au tronc, nous pouvons de ce seul fait expliquer pourquoi cet enfant a de grandes exigences de mouvement, et pourquoi en conséquence il s'accommode très mal de la sédentarité imposée par l'école. Quelques questions posées nous apprendront d'ailleurs que pendant ses vacances à la campagne, cet enfant ne présente aucun trouble, et il nous est facile de comprendre que c'est parce que ce régime de vie active lui convient au mieux. Nous en conclurons donc qu'il n'est pas atteint, comme on le croyait, d'une instabilité *pathologique*.

1. LA MORPHO-PHYSIOLOGIE DE CLAUDE SIGAUD

Les notations précédentes dessinent les premiers linéaments de la méthode morpho-physiologique. Si celle-ci était déjà connue des anthropologues dans son principe, on n'avait guère pensé cependant, avant le médecin lyonnais Claude SIGAUD, à tirer des grandes lignes structurales du corps humain des informations systématiques et précises sur la valeur fonctionnelle des organes, autrement dit à faire de cette analyse morphologique une méthode de diagnostic.

SIGAUD, par une observation attentive de *La Forme Humaine* (c'est le titre de son premier ouvrage), a découvert une loi morpho-physiologique fondamentale: *la loi de dilatation-rétraction.*

Selon cette loi, quand un organisme est placé dans un milieu favorable au jeu de ses fonctions et auquel l'adaptation est par conséquent facile, il s'épanouit, se dilate, ses contours corporels prenant des formes arrondies (Fig. 2).

Figures 2 et 3

Dilaté   Rétracté

Quand par contre l'organisme est placé dans un milieu défavorable au jeu de ses fonctions et auquel l'adaptation est difficile, il se recroqueville sur lui-même, se rétracte, ses contours corporels prenant des formes aplaties ou creuses (Fig. 3).

SIGAUD a par une intuition géniale compris que ces deux mouvements opposés de la forme vivante répondent à deux modes contraires de la sensibilité.

La forme dilatée correspond à un état d'hypoexcitabilité, c'est-à-dire à une absence de défense de l'organisme, lequel se laisse pénétrer sans réagir par tous les éléments du milieu, quels qu'ils soient. C'est, nous l'avons vu, la condition de l'expansion prévalente, qu'elle soit passive ou active, condition qui est de règle chez le nourrisson.

La forme rétractée correspond à un état d'hyperexcitabilité, c'est-à-dire à une sensibilité prompte à se défendre contre les éléments du milieu qui pourraient nuire à l'organisme. Nous reconnaissons ici ce que nous avons appelé plus haut la sensibilité de défense au service de l'instinct de conservation. Nous devons à SIGAUD une démonstration convaincante de la signification du processus de rétraction, processus par lequel toute zone de l'organisme entrant en contact avec un milieu nocif se retire en arrière pour rompre le contact et ainsi se préserver. Le médecin lyonnais ajoute cette remarque, essentielle à l'intelligence de la morpho-physiologie, qu'une forme rétractée ne doit nullement être considérée comme une forme atrophiée, privée de toute activité fonctionnelle, mais que tout au contraire elle manifeste une vitalité particulière, un dynamisme fonctionnel intense, quoique de type défensif, la force vitale se concentrant ici dans l'intérieur de l'être au lieu de se répandre au dehors.

Par sa découverte, SIGAUD nous a éclairés sur la signification de ce fait d'observation clinique courante que les *Dilatés,* en dépit de leur grande force d'expansion, manquent de défense vitale et sont exposés souvent à une mort prématurée. Tandis que les *Rétractés,* en dépit de leur faible vitalité d'expansion et de leur apparente fragilité, se montrent d'ordinaire très résistants à la maladie et d'une grande longévité.

Soulignons cependant tout de suite que la réalité n'a pas la simplicité de ce schéma, et qu'il convient de faire *des distinctions suivant l'âge, suivant le sexe et suivant le milieu.*

L'âge. L'enfance, on l'a vu, est par excellence l'âge de l'expansion, la croissance nécessitant une certaine hypo-excitabilité qui permet l'assimilation facile du milieu. Il est donc normal que l'enfant appartienne au type dilaté et, dans ce sens, on sait qu'à cette période de la vie, un surpoids modéré (par rapport au poids moyen) est une condition de bonne santé.

En revanche, une rétraction trop précoce, se traduisant entre autres par un poids très inférieur à la normale, est, en dépit de ce qu'elle correspond à un tempérament de défense, un facteur de santé médiocre, parce qu'elle est par trop contraire aux exigences de l'assimilation.

Au fur et à mesure que l'être humain se développe, la situation tend à se retourner et, une fois la croissance achevée, un excédent de poids expose à divers états pathologiques sérieux, comme le montrent les observations cliniques ainsi que les statistiques des compagnies d'assurance-vie, tandis qu'une légère insuffisance de poids, indiquant une dominante de rétraction, est une condition de santé d'autant plus certaine qu'on est plus avancé en âge.

Le sexe. Il faut considérer aussi que les conditions d'une bonne adaptation ne sont pas les mêmes chez la femme et chez l'homme.

La femme tend à garder longtemps la prédominance nutritive et orale de l'enfance, marquée par un plus grand développement du tronc, surtout du ventre et du bassin, et par des formes dilatées (Fig. 4).

L'homme acquiert par contre une différenciation morphologique plus grande, marquée par un modelé plus
rétracté et un développement prépondérant des membres
(Fig. 5).

Ces structures morphologiques différentes sont en rapport avec les conditions d'adaptation particulières des

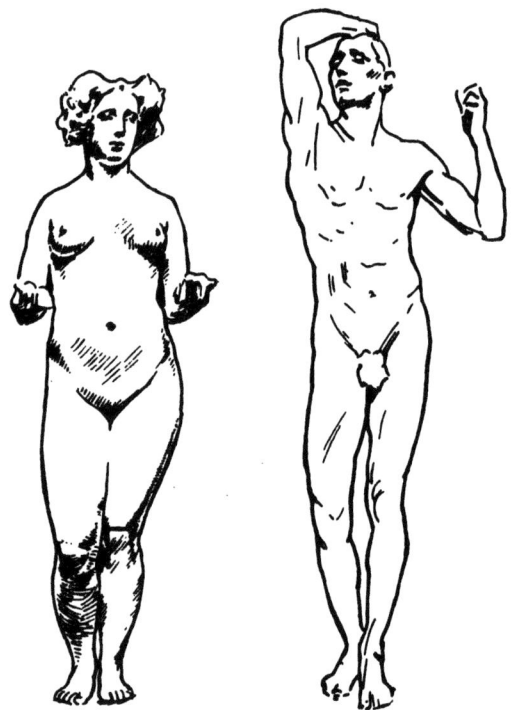

Figures 4 et 5
Morphologie de la femme et de l'homme

Ces deux dessins d'A. Protopazzi sont inspirés de la Pomone de
Maillol et de l'Age d'airain de Rodin.

sexes. La femme, étant plus dilatée, a besoin de se maintenir dans un milieu de protection et elle le recherche. L'homme, étant plus rétracté, est plus apte à affronter les luttes du dehors et à se défendre contre les dangers.

Il en résulte qu'un accord doit être recherché entre le type morphologique de chacun et le milieu où il est appelé à vivre, sous peine d'inadaptation et de troubles dans la santé. Si une femme se trouve placée dans un milieu d'adaptation difficile et doit en conséquence se rétracter, elle perd son équilibre et se trouve exposée à des états pathologiques surtout de type névrotique. Si de son côté un homme se trouve maintenu dans un milieu d'adaptation trop facile où il se dilate exagérément, il perd lui aussi son équilibre et paie alors un lourd tribut aux affections organiques.

Il convient toutefois de reconnaître que cette opposition du type masculin et du type féminin est trop schématique. Dans la réalité, il apparaît qu'une certaine ambivalence sexuelle est inscrite dans la structure de l'être humain, que tout homme a en lui-même une composante féminine et toute femme une composante masculine. Il en résulte qu'à certaines époques de la vie, il peut y avoir quelque hésitation dans la manière sexuelle de se comporter. Cela est particulièrement net au moment de la puberté: beaucoup de jeunes gens traversent à l'adolescence une phase d'équivoque sexuelle, soulignée par une morphologie féminoïde; réciproquement, beaucoup de jeunes femmes développent à la même période une structure masculine (épaules larges, bassin étroit, membres développés) souvent transitoire.

Cependant, la dominante principale impose d'ordinaire le sexe, en accord d'ailleurs avec les exigences culturelles du milieu social. Il arrive alors que la composante de l'autre sexe soit refoulée, et on peut la retrouver dans l'inconscient du sujet sous la forme de tendances et d'identification féminines chez l'homme, masculines chez la femme. Dans les cas d'homosexualité, souvent mais non toujours en relation avec une morphologie caracté-

ristique, le refoulement n'a pas opéré, et l'identification
à l'autre sexe se fait sur un plan plus conscient.

Le milieu. La remarque faite ci-dessus peut être géné-
ralisée, et l'on peut dire que pour qu'un organisme soit
en équilibre, il faut qu'il y ait un certain accord entre sa
structure morpho-physiologique et le milieu où il est
appelé à vivre. Il convient toutefois de comprendre cet
accord d'une manière dynamique. Il est bien évident que
pour les Dilatés, par exemple pour les petits enfants,
il faut un milieu de protection. Pour les Rétractés, la
situation est quelque peu différente, car nous ne devons
pas oublier la règle de la prévalence de l'expansion,
entraînant ce corollaire qu'un être n'a d'efficience extérieure que par son expansion; il en résulte qu'un Rétracté
ne s'équilibrera pas dans un milieu de forte rétraction,
car tout en s'y maintenant en vie, il se rétracterait de
plus en plus et se stériliserait; il lui faut *un milieu
d'élection* où il puisse s'épanouir. C'est ainsi par exemple
qu'un enfant de ce type ne peut s'épanouir que dans
l'ambiance privilégiée que lui constitue sa mère nourrice; séparé de celle-ci, environné d'influences qu'il
ressent comme hostiles de par sa grande sensibilité, il
serait exposé à se rétracter de plus en plus et à se fermer
au monde qui l'entoure; c'est ce qu'on voit se produire
notamment dans la situation dite d'« hospitalisme », où
l'enfant rétracté risque de sombrer dans l'indifférence
affective et de ne plus retrouver par la suite aucune
possibilité d'expansion.

Le modelé rétracté-bossué de l'expansion élective. Nous
avons souligné au Chapitre 1 l'importance de *l'expansion
contrôlée* qui réalise un mode d'adaptation beaucoup
plus souple que celles du Dilaté et du Rétracté. Comme
nous l'avons montré, alors que le tempérament d'expansion intégrale — lequel correspond au Dilaté — s'épanouit dans n'importe quel milieu; que le tempérament de
conservation — lequel correspond au Rétracté — ne

s'épanouit dans aucun milieu ou presque; en revanche, le tempérament intermédiaire s'épanouit dans un milieu d'influences choisies qui constitue *son milieu d'élection* et se défend contre tous les autres milieux en se rétractant.

Morphologiquement, cette condition s'objective par une structure intermédiaire entre la dilatation et la rétraction. *Le modelé se différencie,* saille en certaines zones (expansion), se creuse en d'autres (rétraction), ce qui a conduit SIGAUD à la dénomination de *rétracté-bossué* (cf. fig. 5).

2. LA MORPHO-PSYCHOLOGIE
   ET LES TRAITS DU VISAGE

Lorsque le lecteur se sera familiarisé avec notre *psychologie de l'expansion vitale,* il n'aura aucune peine à admettre que la forme humaine objective aussi les fonctions psychologiques et que l'on puisse fonder sur les bases indiquées *une science morpho-psychologique.*

SIGAUD avait surtout étudié, dans un but médical, la morphologie corporelle. Mais en morpho-psychologie l'étude du visage a beaucoup plus d'importance que l'étude du corps, pour deux raisons: l'une pratique, l'autre théorique.

Du point de vue pratique, le visage, se présentant à découvert, peut être facilement étudié par le psychologue, tandis que l'observation des corps dans leur nudité n'est possible qu'au médecin.

Du point de vue théorique, le visage nous apparaît comme une zone privilégiée de l'organisme, de par le fait que s'y trouvent les principaux *récepteurs sensoriels*: la bouche, le nez, les yeux, les oreilles — à la fois organes des sens et zones d'échanges particulièrement actifs avec l'environnement. Il en résulte que les visages sont beaucoup plus différenciés que les corps et offrent une beaucoup plus grande variété morphologique qui permet des diagnostics bien plus nuancés.

Dilatés et Rétractés. L'opposition schématique faite au niveau des corps se retrouve bien entendu dans les visages et fonde le diagnostic morpho-psychologique dans ses lignes essentielles.

Le type Dilaté se caractérise par un visage aux contours arrondis, aux chairs généreuses, et par l'ouverture des récepteurs sensoriels. Psychologiquement, il vaut surtout par sa facile adaptation au milieu, sa large expansion affective et le caractère primesautier de ses réactions (fig. 6).

Le type Rétracté se caractérise par un visage aux contours plats et anguleux, osseux, et par la fermeture plus ou moins complète de ses récepteurs sensoriels. Psychologiquement, il vaut surtout par son individualité,

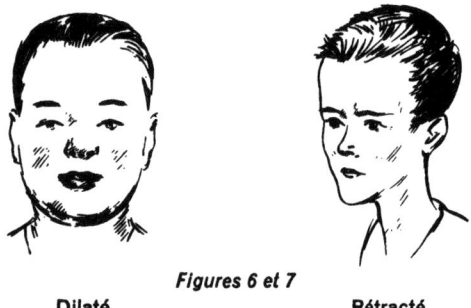

Figures 6 et 7

Dilaté   Rétracté

ses choix très électifs, son intériorisation et le caractère très réfléchi de ses réactions (fig. 7).

Ce qui fait la valeur de l'un est bien entendu ce qui fait le défaut de l'autre. Le Dilaté manque de vie intérieure personnelle et de concentration; le Rétracté manque de vie extérieure et de spontanéité. C'est dire que les deux types sont complémentaires et que, comme on l'a vu déjà, l'équilibre se réalise au mieux chez les types mixtes, les rétractés-bossués.

L'intérêt de cette opposition des types apparaît en psychologie du comportement quand on cherche à définir *le mode de réagir* d'un individu donné. La force vitale est une, et les pulsions qui en dérivent existent chez tous les individus à peu près avec la même intensité. Ce qui différencie les individus, par exemple en ce qui concerne la *sexualité,* ce ne sont pas les inégalités dans la puissance de l'instinct, mais bien plutôt dans les modalités d'accomplissement. Chez le Dilaté, l'instinct sexuel se manifeste sans aucune entrave dans n'importe quel milieu, dès que l'organisme est mûr pour cela, et de ce facile épanouissement on a tendance à conclure à une particulière vigueur des impulsions. Chez le Rétracté, par contre, l'instinct a besoin pour s'accomplir d'un milieu d'élection; en dehors de celui-ci, les influences inhibitrices peuvent barrer la route à l'accomplissement sexuel, entraînant frigidité ou impuissance, et l'on a ici tendance à conclure à tort à la faiblesse des impulsions.

Les structures du visage. Que la morphologie d'un individu conditionne ses aptitudes psychologiques nous conduit à reconnaître qu'une part au moins desdites aptitudes est innée.

Il ne faudrait pas croire toutefois que les structures sont entièrement déterminées à la naissance et n'évolueront plus. Une part est inscrite dans le patrimoine héréditaire; une autre part subit l'influence du milieu.

Dans l'analyse d'un visage, il convient donc de distinguer *les structures fixes,* qui expriment ce qui est constant dans la nature de l'être, ses aptitudes natives; et *les structures mobiles,* qui expriment ce qui dans cette nature est variable, ce qui peut se modifier au cours du développement.

Les structures fixes sont le bâti osseux et les muscles qui s'y attachent. La dominante de l'expansion vitale native s'objective par la dilatation, qui édifie des visages larges (ronds ou carrés), d'ossature et de musculature épaisses, avec un certain embonpoint. La dominante de conservation s'objective au contraire par un visage étroit, d'ossature et de musculature grêles, avec peu d'embonpoint graisseux. On repère aussi très facilement ces oppositions de structure en examinant les poignets, épais chez le Dilaté, graciles chez le Rétracté.

Les structures semi-fixes, susceptibles d'une certaine variation au cours du développement, sont celles des *récepteurs sensoriels* et du *modelé.* Elles expriment, elles aussi, des aptitudes durables, mais qui peuvent toutefois être acquises durant la croissance.

Les *récepteurs sensoriels* nous indiquent comme on l'a vu par leur morphologie le mode habituel des échanges de l'organisme avec son milieu. Ils sont largement ouverts et situés « à fleur de visage » chez le Dilaté, structure qui signifie assimilation facile et sans retenue de tous les éléments du milieu. Ils sont au contraire fermés et enfoncés dans le masque chez le Rétracté, structure qui signifie refus d'assimilation ou à tout le moins assimilation étroitement élective.

Le *modelé,* lui aussi, est susceptible de certaines variations. Il peut se dilater ou se rétracter sous certaines influences, indiquant une dominante plus ou moins durable d'expansion ou de conservation.

Les *structures mobiles* comprennent *la mimique expressive* et *la complexion.* Elles se rapportent à la situation fonctionnelle présente et nous renseignent par conséquent sur celle-ci. Le psychologue se doit d'exercer son coup d'œil à en noter les signes, car il pourra souvent ainsi, mieux que par un questionnaire, se rendre compte de la manière dont un enfant réagit aux conditions dans lesquelles il est placé.

L'expansion vitale active se traduit par une mimique d'ouverture, surtout au niveau des récepteurs sensoriels, relevant les coins de la bouche, dilatant les narines et ouvrant largement les yeux, qui sont brillants (ce qu'on appelle communément un *visage ouvert* Fig. 8).

Par contre, la rétraction se marque par une inhibition de la mimique, sous la forme d'une fermeture des récepteurs: bouche bien close, pincée même, narines resser-

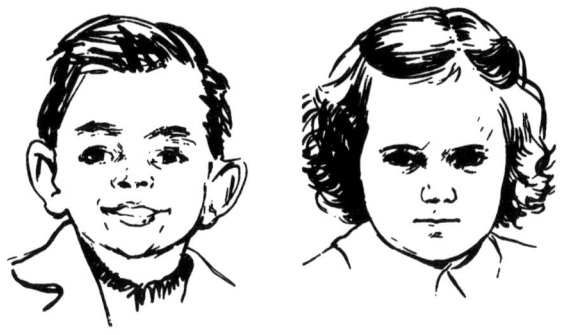

Figures 8 et 9
Visage ouvert   Visage fermé

rées, yeux peu ouverts et peu lumineux (ce qu'on appelle communément un *visage fermé* Fig. 9). Souvent, cette rétraction va avec une certaine atonie de fatigue qui se

Figure 10
Regard d'asthénie nerveuse

traduit par l'affaissement des coins de la bouche ainsi que des ailes du nez, et un regard terne, embué, comme éteint, et l'on doit être particulièrement attentif à ce signe qui révèle *l'asthénie nerveuse* (Fig. 10).

En ce qui concerne *la complexion,* l'expansion se traduit par un visage bien coloré, rose ou rouge, de par le facile afflux du sang à la peau. A l'inverse, la rétraction se traduit par un teint blafard ou mat, de par le retrait du sang vers la profondeur. On a là un excellent signe différentiel du mode de réaction; on connaît par exemple l'opposition de la colère rouge des expansifs, qui s'exprime par une facile, trop facile extériorisation des pulsions, et de la colère blanche des rétractés, qui s'intériorise et, retenue, explose souvent à retardement. De même les enfants expansifs, après un jeu très animé où ils se sont dépensés sans compter, manifestent, avec un visage empourpré, une exubérance joyeuse, tandis que les rétractés, dans la même situation, pâlissent soudain et se replient sur eux-mêmes en rompant tout contact.

La voix et l'écriture. Dans la mimique expressive, il y a lieu de placer aussi tous les gestes, car ils peuvent exprimer la même opposition fondamentale: gestes expansifs des Dilatés; gestes retenus, inhibés des Rétractés.

La *voix* est une des manifestations les plus importantes de l'expansion vitale, et le psychologue doit être toujours attentif à l'opposition de la voix forte, bien timbrée, indiquant une bonne expansion, et de la voix faible, parfois à peine audible, des rétractés inhibés. Par exemple, au cours d'un entretien ou d'un test, il peut se produire une chute brusque de l'intensité vocale, indiquant que la question posée vient de susciter une soudaine inhibition de l'expansion vitale, révélatrice de conflit; nous verrons en particulier que, dans un test de personnalité pratiqué selon notre méthode des Préférences-Identifications, l'identification à « Personne », qui indique une grande anxiété suscitée par le thème, est toujours proférée d'une voix très basse.

L'écriture est également un bon témoin de l'expansion vitale. L'ampleur et l'intensité du geste graphique (écriture à la fois grande et bien appuyée) sont des signes de forte expansion. Par contre la rétraction inhibante s'exprime par une écriture petite et peu appuyée. Le contrôle de l'expansion réalise une écriture d'ampleur et d'intensité retenue, d'une régularité et d'une ordonnance particulièrement soignée. Bien entendu, pour être interprété utilement, il faut que ce geste graphique soit spontané ; les cahiers d'écolier qu'on nous présente peuvent ne refléter en effet que les règles de stricte discipline imposées par le maître, par une sorte de plaquage en grande partie artificiel, dont on ne peut rien déduire quant à la personnalité profonde de l'écolier.

3. L'EXPANSION CONTRÔLÉE
ET LA RÉTRACTION DE FRONT

L'expansion contrôlée, qui s'objective comme on l'a vu par le modelé rétracté-bossué, est particulièrement facile à lire au niveau du visage. Elle s'y diagnostique à l'alternance des saillies et des creux, qui donne au masque beaucoup de relief. Sur la vue de face, on notera les saillies de l'angle mandibulaire, de la pommette et de la partie haute de la tempe, alternant avec les creux des joues et des tempes dans leur partie basse.

Mais c'est surtout sur la vue de profil que ce modelé est particulièrement significatif. La dominante expansive a pour effet de porter les récepteurs sensoriels en avant, sur les « saillants » du visage, déterminant en particulier une avancée de la bouche et du nez en forme de « museau », tandis que le front fuit en arrière, comme chez les animaux. Au fur et à mesure que le contrôle de l'expansion intervient, les saillies des récepteurs se retirent en arrière, comme pour se mettre à l'abri des sollicitations du milieu, et l'on voit alors le profil se redresser (Fig 11 et 12).

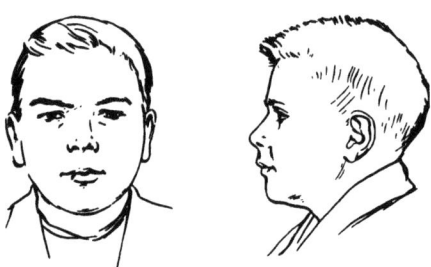

Figures 11 et 12
Rétracté de front

C'est ce style morphologique, si expressif du contrôle de l'expansion par les forces de conservation, que nous avons appelé *la rétraction de front* (au sens où l'on dit: avancer trois de front). Son importance est capitale en morpho-psychologie, car il signifie équilibre de l'adaptation et de l'individualité, maîtrise de soi, réflexion et accès à la pensée rationnelle, comme nous l'avons montré dans nos travaux antérieurs.

4. LES ZONES D'EXPANSION DANS LE VISAGE

En soulignant précédemment l'importance de l'expansion vitale, nous avons insisté sur le fait que cette expansion peut être élective, et que l'observation d'un enfant, non dans des conduites imposées, mais dans des conduites choisies librement, pouvait nous renseigner sur son domaine d'expansion privilégié, celui où il trouve à la fois le bonheur et l'efficience.

Il est des cas où l'analyse morpho-psychologique permet de déterminer avec précision ce domaine d'expansion élective. En effet, le visage se laisse assez naturellement diviser en trois zones, de bas en haut.

1. La zone mandibulaire, comprenant la bouche, zone de la vie instinctive-active.

2. La zone naso-malaire, avec le nez, zone de la vie affective.

3. La zone cérébrale, avec les yeux, zone de la vie spirituelle.

Chez certains sujets, il y a un juste équilibre dans les proportions de ces trois zones (en hauteur, largeur et épaisseur), d'où nous pouvons conclure que, dans leur personnalité, s'équilibrent la vie instinctive, la vie affective et la vie spirituelle (fig. 13).

Par contre, chez d'autres, il y a une disproportion, une des trois zones s'étant développée plus que les autres et représentant par conséquent *la zone d'expansion élective*.

Figure 13
Équilibre des 3 étages

C'est au niveau de cette zone que s'opèrent les échanges les plus faciles et les plus abondants avec l'environnement. C'est en conséquence dans le domaine psychologique correspondant que le sujet montre la meilleure adaptation et le maximum de réalisations effectives. C'est aussi dans ce domaine que le sujet est le moins accessible aux effets de la fatigue, qu'il manifeste par conséquent le maximum d'endurance. C'est par-là même la zone des tendances dominantes et des aptitudes qui conduisent au choix d'une profession. Enfin c'est le plus souvent la zone dont le développement est le plus précoce et se poursuit le plus longtemps.

Il ne faudrait pas en déduire que les autres zones, celles qui sont en rétraction par rapport à la zone privilégiée, ne jouent pas de rôle; elles sont importantes aussi, mais de tout autre manière.

En premier lieu, ce sont des *zones d'hyperexcitabilité*, et, comme telles, vulnérables non seulement aux chocs qui les atteignent directement, mais encore aux chocs qui portent sur les zones d'expansion et que celles-ci, plus robustes, n'accusent pas. C'est ainsi par exemple qu'en cas de surmenage, ce n'est jamais la zone d'expansion qui manifeste des signes de fatigue, mais la zone de rétraction; par exemple un type d'expansion musculaire qui se surmène dans les sports, s'il est rétracté à l'étage cérébral, accusera le surmenage, non par des courbatures dans les membres, mais par des maux de tête avec impuissance au travail cérébral. Un type d'expansion cérébrale et de rétraction instinctive-active, s'il fait de grands efforts intellectuels, ressentira de la courbature ou des troubles digestifs.

En second lieu, ce sont *des zones de refoulement*, les impulsions vitales étant réprimées à leur niveau par la défense du Moi; ce sont donc des zones d'activité inconsciente, souvent génératrices de troubles morbides.

Un exemple fera bien saisir l'intérêt de cette notion d'expansion élective. Complétant ce que nous avons dit plus haut des modes d'accomplissement différents de la sexualité chez les Dilatés et les Rétractés, nous pouvons dire ceci: Quand c'est la zone mandibulaire qui prédomine, la sensualité est surtout instinctive, c'est-à-dire que c'est le besoin corporel qui manifeste le plus son exigence. Quand c'est la zone naso-malaire, les relations affectives sont au premier plan; en amour le choix du partenaire est tenu pour essentiel, et essentiels aussi par conséquent les éléments tendresse et passion. Quand c'est la zone cérébrale, la pensée a le rôle principal, dominant le besoin physique et les sentiments, qu'il s'agisse d'une pensée froide qui impose au sujet une conduite conforme à la raison ou d'une pensée romanesque par laquelle la réalité est transfigurée en rêveries toutes personnelles (fig. 14, 15 et 16).

Figures 14, 15 et 16

Expansion instinctive   **Expansion affective**   **Expansion cérébrale**

Réciproquement, la sexualité ne pourra s'exprimer facilement dans les domaines correspondant aux zones rétractées, car au moindre heurt elle s'inhibera. C'est ainsi que, lorsqu'il y a rétraction de la zone mandibulaire, la « faim » sexuelle est aisément « coupée » par n'importe quelle situation peu favorable à l'expansion. Quand il y a rétraction naso-malaire, c'est la relation affective avec le partenaire qui est difficile et qui ne peut se réaliser que dans des conditions d'électivité étroite.

Comme nous l'avons montré dans une étude antérieure [1], cette notion de types d'expansion élective est d'un très grand profit pour le diagnostic des aptitudes natives d'un individu. Elle permet en particulier de comprendre pourquoi on échoue lorsqu'on veut développer le sujet dans un domaine vers lequel ses capacités naturelles ne le portent pas.

[1] La morpho-psychologie dans le diagnostic des aptitudes (avec 35 portraits, chez Stock, 1950).

LIVRE III

LES MÉTHODES D'EXAMEN PSYCHOLOGIQUE

INTRODUCTION

1. INTELLIGENCE ET CARACTÈRE

Il est d'usage en psychologie de distinguer, comme deux domaines entièrement séparés: *l'intelligence* et le *caractère*. Le domaine de l'intelligence, c'est celui de la connaissance du monde, dans sa réalité objective admise par tous les hommes. Le domaine du caractère, c'est celui de la vie affective, particulière à chaque individu et marquée de ce fait au coin de la subjectivité.

Mais nous avons vu, en élaborant notre *psychologie de l'expansion vitale,* qu'intelligence et caractère s'alimentent l'une et l'autre aux mêmes sources de vie, aux forces d'expansion et de conservation. Comment concilier ces deux points de vue au premier abord tout à fait opposés?

En fait, objectivité et subjectivité représentent deux pôles extrêmes; d'un côté l'objectivité intégrale de la froide raison, qui ne se laisse en rien influencer par l'affectivité; de l'autre la subjectivité intégrale des sentiments et des passions, sans aucun contrôle de la réflexion. Mais on se trouve le plus souvent devant une situation intermédiaire à ces extrêmes, où l'intelligence et le caractère interfèrent et s'influencent réciproquement.

Si nous considérons par exemple les facteurs de caractère qui sont à la base de la conception *Heymans-Le Senne*: la *sensibilité*, l'*activité* et le *retentissement*, nous constatons qu'ils jouent un rôle important dans la fonction de connaissance.

La *sensibilité* est réceptivité aux impressions du monde extérieur; elle est en particulier à l'origine des perceptions sensorielles, point de départ nécessaire, on le sait, de la plupart des opérations de la pensée.

L'*activité*, qui imprime sa marque sur les choses extérieures, les façonnant, les modifiant, contribue avec la sensibilité à structurer le monde qui nous entoure. Elle conditionne la clarté de la pensée et la force des réalisations pratiques.

Le *retentissement*, mode de réagir primaire ou secondaire, est ouverture ou fermeture au monde, rapidité primesautière ou lenteur réfléchie, imposant à la fonction de connaissance soit une forme intuitive où le flair domine, soit une forme réfléchie qui favorise le raisonnement logique.

Nous pouvons considérer ces trois facteurs de caractère comme les *conditions bio-dynamiques* de l'intelligence, c'est-à-dire l'intelligence sous sa forme première, « animale », fonction du corps et des puissances corporelles.

Mais pour qu'il y ait vraiment connaissance du monde extérieur, il faut qu'il y ait prévalence de l'objectivité sur la subjectivité. En application de notre conception du globalisme, il faut pour cela qu'aucun des facteurs du caractère ne s'impose trop fortement à la personnalité. Par exemple lorsque la sensibilité est excessive, elle donne aux impressions reçues une couleur trop subjective qui les altère; on dit communément que l'émotion ou la passion aveuglent. Lorsque l'activité est excessive, on veut sans cesse agir sur les gens et les choses et on ne les laisse jamais agir sur soi; par-là on imprime sa marque personnelle sur le monde extérieur dans un sens qui le déforme. En sens inverse, un défaut de sensibilité nous prive d'un apport nécessaire d'impressions extérieures et un défaut d'activité nous empêche d'appréhender les choses, de les connaître en les manipulant.

Il en est de même pour le retentissement. Une primarité excessive, en nous ouvrant trop largement au monde extérieur, est un facteur de dispersion, d'éparpillement, et en conséquence rien ne se fixe utilement dans l'esprit. Une secondarité excessive, à l'inverse, est un facteur d'inhibition qui entrave les échanges du sujet avec le monde extérieur.

De cette rapide analyse, concluons:

1. Que l'intelligence ne saurait être séparée de l'ensemble de la personnalité, puisqu'elle puise son dynamisme aux sources des forces vitales et qu'elle a ses conditions biodynamiques dans les facteurs de caractère mentionnés.

2. Que pour qu'elle s'exerce efficacement, c'est-à-dire qu'elle atteigne à l'objectivité, à la connaissance objective de la réalité, il faut que les facteurs vitaux qui en forment le fondement n'exercent pas leur influence d'une manière excessive.

3. Que l'intelligence exige donc l'*équilibre,* chacun des facteurs mentionnés faisant contrepoids aux autres dans une synthèse harmonieuse.

4. Que, pour s'exprimer d'une autre manière, il faut que le Moi ait bien en main la vie affective et l'empêche de dominer.

5. Il faut, en d'autres termes, que la puissance vitale issue des sources profondes de l'organisme dynamise l'intelligence, mais sans en perturber la fonction.

Lorsqu'on considère dans cette perspective l'évolution de l'intelligence au cours des premières années de la vie, on est amené à opposer *grosso modo* deux périodes successives. Avant l'âge de 5 ou 6 ans, la force des pulsions et la faiblesse du Moi ont pour résultat de marquer d'une subjectivité intense toutes les relations avec l'environnement, de sorte que l'intelligence, dans son premier développement, ne peut se soustraire à la domination de la vie affective. Après 5 ou 6 ans, les pulsions sont moins violentes, tandis que le Moi acquiert une plus grande force de contrôle; un état d'équilibre s'établit qui est favorable à des relations objectives avec l'environnement; on appelait classiquement cette période *l'âge de raison,* parce que la raison y prend le pas sur les pulsions, notion que la psychanalyse complète par celle de *période de latence,* pour bien marquer que l'atténuation de la vie pulsionnelle ne doit pas faire croire à sa disparition totale.

On peut résumer les considérations précédentes en disant que le *caractère* ou *affectivité* est le *secteur conflictuel* de la personnalité, en ce sens que les pulsions affectives, dominant sans contrôle, suscitent des confits qui opposent le sujet, soit au monde extérieur, soit à lui-même. Cela ne veut pas dire que les fonctions intellectuelles soient absentes, mais qu'elles sont dans la dépendance étroite des sentiments et toujours marquées d'une intense subjectivité.

L'*intelligence,* c'est par contre *le secteur non conflictuel* de la personnalité, ce qui veut dire, non pas que les conflits en sont absents, mais qu'ils sont maîtrisés, tenus en respect, de sorte que le sujet est libre de consacrer une bonne partie de sa force d'expansion à la connaissance et à l'action objectives.

Le sens commun avait depuis longtemps compris cette distinction des deux secteurs caractéristiques des deux périodes de l'enfance en fixant à six ans le début de la scolarité.

La plupart des individus ont dans leur personnalité un secteur conflictuel et un secteur non conflictuel, qui peuvent opérer séparément selon les moments, mais qui peuvent aussi s'influencer, car il n'y a pas entre eux de cloisons étanches, la latence des conflits par exemple n'excluant pas leur réveil possible; on voit alors le secteur conflictuel gagner sur l'autre, ce qui a lieu en particulier dans tous les troubles névrotiques, et nous pouvons comprendre par-là les perturbations qui se produisent en pareil cas dans la sphère intellectuelle.

Au point de vue *statique* de la psychologie traditionnelle, opposant *l'intelligence* et la *vie affective* comme deux entités distinctes, nous devons donc substituer un point de vue *dynamique* qui, en nous faisant assister à la genèse progressive des fonctions de la personnalité, nous les fait comprendre en profondeur et nous met mieux à même d'en interpréter les troubles pathologiques, comme on le verra.

Nous touchons ici au problème très important de la *liberté*. Quand la violence des pulsions suscite d'intenses conflits avec le Moi, que la personnalité est tout entière absorbée dans une lutte intérieure permanente, aucune force n'est disponible pour la connaissance des choses extérieures. C'est en particulier ce qui se produit en cas de *refoulement,* quand le Moi ne parvient à dominer les pulsions qu'en les réprimant brutalement, en leur refusant toute possibilité de se manifester, et est à chaque instant exposé par un véritable choc en retour à se voir dominé par elles.

Il n'en va pas du tout de même quand le Moi parvient à se rendre maître des pulsions en les transformant, en les socialisant, utilisant alors leur force vive au lieu de la réprimer. Par ce processus de *sublimation,* on l'a vu, la personnalité peut disposer d'une grande liberté d'action, la force expansive se mettant au service du Moi et des fonctions intellectuelles.

2. L'INNÉ ET L'ACQUIS

Dans chacun des deux secteurs de la personnalité que nous venons de définir, il faut faire la part de ce qui est *inné* et de ce qui est *acquis*. Pour certains, tout dans notre personnalité est inné. Pour d'autres, à l'inverse, notre personnalité est entièrement déterminée par les événements de notre vie et les influences du milieu où nous avons grandi. Le psycho-clinicien doit se garder du fanatisme doctrinal de ces opinions extrêmes; la vérité se situe entre les deux: toute personnalité est faite d'inné et d'acquis, entrecroisant d'ailleurs leurs influences, puisque l'action des événements sur un individu dépend de sa constitution native particulière.

Comme on le verra, l'évaluation d'une intelligence ou d'un caractère se fait d'ordinaire *globalement,* sans qu'on se préoccupe d'analyser séparément ce qui est inné et ce qui est acquis. Mais en cas de trouble pathologique dans l'un ou l'autre domaine, il est nécessaire de rechercher si la perturbation est due à un défaut natif ou si elle s'est produite ultérieurement, par l'influence fortuite de facteurs accidentels.

Le psychologue doit donc établir si les aptitudes intellectuelles ou les traits de caractère du sujet qu'il examine sont innés ou acquis. Il pourra y parvenir en premier lieu par une étude attentive du développement, que l'anamnèse lui fournira. En second lieu, il disposera aussi des éléments fournis par l'étude du comportement habituel, qui fera ressortir certains modes de réagir constants; une telle étude est en particulier à la base des conceptions caractérologiques, dont la plus en faveur de nos jours est celle de HEYMANS-LE SENNE, que nous avons exposée plus haut. En troisième lieu, le psychologue tirera un grand profit de l'étude morpho-psychologique, les aptitudes natives d'un individu se trouvant inscrites dans sa structure dès les premières années, comme on l'a vu au Livre II, ch. 3.

3. COMMENT PRENDRE UNE OBSERVATION PSYCHOLOGIQUE?

Ce qui précède montre que le psychologue doit tout mettre en œuvre pour appréhender « l'enfant total dans la situation totale », comme nous l'avons souligné au début de cet ouvrage.

Les aptitudes natives doivent être comprises d'une manière dynamique, comme constituant un certain potentiel évolutif, qui s'actualisera peu à peu au cours du développement et sous l'influence, favorisante ou inhibante, du milieu environnant. L'enfant qui vient de naître est en cela comparable à un gland qu'on a mis en terre pour le faire pousser; de même que le gland ne laisse pas deviner, dans son apparence intérieure, l'arbre qu'il deviendra, et cependant produira un chêne et non un autre arbre, de même *l'enfant deviendra ce qu'il est,* bien qu'il ne le soit pas encore de manière visible.

Nous accordons en conséquence une grande importance aux dispositions natives. Mais nous nous attachons tout autant à l'étude du développement qui va leur permettre de s'actualiser, et à celle des événements de la vie qui les influenceront.

D'où l'intérêt capital pour le psychologue de prendre des observations complètes, en ne négligeant aucun des éléments en cause. D'où la nécessité aussi qu'il rédige lui-même ces observations avec tout le soin désirable. Ce ne saurait être en aucun cas une tâche secondaire, car elle requiert une grande expérience de la psychologie, et ici comme en bien d'autres domaines *tant vaut l'observateur, tant vaut l'observation.*

Dans beaucoup de consultations, cette prise d'observation est confiée à plusieurs personnes: Le Médecin, qui consigne tout ce qui a rapport avec la santé; le Psychologue, qui se centre sur les problèmes psychologiques; le Travailleur social, qui porte son attention plus spécialement sur les relations socio-familiales de l'enfant. Cette division du travail paraît rationnelle, puisqu'elle repose sur la diversité des compétences. Mais pour qu'elle fournisse des documents réellement valables, il faut que les trois observateurs synthétisent les données qu'ils recueillent: d'une part, il importe que chacun d'eux ait une large ouverture sur le domaine de son voisin; d'autre part, il faut qu'ils constituent une table ronde pour discuter ensemble du cas et rédiger un protocole qui englobe les élément essentiels.

Remarquons ici qu'il existe deux méthodes d'observation psychologique. La première est *l'observation non dirigée*, écrite sur une feuille blanche, où l'on consigne l'histoire clinique du cas, telle qu'elle est donnée par les premiers entretiens avec la famille et avec l'enfant; elle a l'avantage de suivre de près le déroulement phénoménologique, mais l'inconvénient de ne pas faire en général une investigation complète et d'omettre parfois des détails qui se révéleraient plus tard importants.

La seconde méthode est *l'observation dirigée ou standardisée*, où l'on remplit une feuille imprimée d'avance et comportant tous les éléments qu'il peut être utile de recueillir; il suffit alors de cocher tout ce qui concerne le sujet à l'étude; l'avantage est ici de guider l'observateur dans son enquête afin qu'il n'oublie rien et de fournir ainsi des documents aussi complets que possible, qui pourront notamment servir lorsqu'on se proposera de faire un dépouillement statistique en vue d'une recherche sur un certain nombre de cas.

La meilleure formule est à coup sûr de réunir les deux méthodes en utilisant une feuille d'observation à plusieurs volets: la première page, blanche, est réservée à la consignation des motifs de la consultation et de l'histoire clinique des troubles; les autres pages sont imprimées d'avance et comportent tous les éléments nécessaires.

De quoi s'agit-il? Comme nous l'avons dit au livre I, un problème bien posé est déjà pour une bonne part résolu. La prise d'observation doit donc être faite dans le dessein de bien poser le problème. Il s'en déduira qu'il s'agit: tantôt d'un *problème de santé générale*, nécessitant une investigation médicale approfondie et conduisant à une solution thérapeutique; tantôt d'un *problème social,* nécessitant un ajustement des conditions de vie socio-familiales en vue d'une meilleure adaptation de l'enfant; tantôt d'un *problème psychologique,* que le psychologue aura spécialement la charge de résoudre. Sans oublier bien entendu les cas plus complexes où plusieurs domaines différents sont en cause en même temps.

Au psychologue appartiendra alors le choix de la méthode d'investigation à employer, selon la nature du problème posé. Certes, on peut décider de se servir toujours de la même technique d'examen, comportant un éventail d'épreuves assez étendu pour explorer la personnalité dans son ensemble. C'est ainsi que, dans certains Centres, on pratique systématiquement deux tests: un d'intelligence et un de personnalité. Mais d'une part on n'a pas toujours le temps ni la possibilité de faire des investigations aussi complètes, et d'autre part on n'est pas dispensé pour autant de faire un choix entre les différentes épreuves applicables, ainsi que de décider dans quel ordre préférentiel il faut les faire passer au sujet.

Soulignons surtout que l'examen psychologique ne doit jamais être mécanisé, conduit suivant un plan rigide, mais qu'il doit suivre dans son déroulement la réalité vivante, en s'efforçant d'apporter le moins de distorsion possible à la personnalité de l'enfant qu'on étudie.

Pour cette raison aussi, comme nous l'avons dit déjà, nous estimons que le psychologue qui soumettra l'enfant aux tests doit avoir pris lui-même l'observation, car dès ce premier stade de l'examen, il devra *penser le cas,* non pas en affirmant d'une manière prématurée ce qu'il n'est pas encore en droit d'affirmer, mais en formulant une ou plusieurs hypothèses probables, point de départ d'une relance de l'investigation. Il devra à ce propos avoir toujours présente à l'esprit la recommandation de Claude BERNARD dans son « *Introduction à la Médecine expé-rimentale* » : « être aussi hardi dans l'invention des hypothèses que soucieux de rigueur exacte dans leur vérification ». Les deux défauts les plus communs sont en effet: le premier, de ne pas manifester un esprit actif et de ne pas faire d'hypothèses; le second, de ne pas se montrer assez actif non plus dans la vérification de ses hypothèses.

Ce sont de telles *hypothèses de travail* qui constituent le guide indispensable de la poursuite de l'investigation psychologique. Elles dictent le choix de telle ou telle méthode d'exploration, et les tests qu'on applique alors, au lieu d'être une recherche au hasard, sont une recherche dirigée, constituent des questions précises appelant des réponses précises.

Les convergences d'indices. Ajoutons que les problèmes psychologiques qui se posent à nous sont rarement simples, et qu'en conséquence il est rare qu'une seule investigation suffise pour trouver la solution. Le plus souvent, l'examen n'apporte pas d'emblée une certitude, mais seulement une probabilité plus ou moins grande. Pour nous approcher aussi près que possible de la certitude, il nous faut recueillir plusieurs probabilités de même sens, lesquelles s'additionnent. L'on devra donc le plus souvent multiplier les examens, la première probabilité obtenue suggérant une hypothèse que l'on cherchera à vérifier par le test capable d'y répondre; on obtiendra ainsi ce que nous appelons des *convergences d'indices,* équivalentes dans la pratique à une certitude.

Référence à la clinique. La même nécessité de recherche des probabilités convergentes doit faire proscrire ce qu'on appelle les *analyses psychologiques aveugles,* c'est-à-dire celles qui seraient faites par un psychologue ignorant le problème clinique qui est posé. Il convient de l'affirmer ici avec force: on ne saurait en aucun cas considérer le psychologue comme un pur technicien, un simple faiseur de tests dont il livrerait les résultats, chiffrés ou non, au clinicien, ce dernier se réservant de les interpréter en référence à l'ensemble de la situation clinique et de faire un diagnostic. On n'est pas en droit non plus de demander au psychologue qu'il déduise de ses seuls tests une appréciation de la personnalité de l'enfant se suffisant à elle-même, ni à plus forte raison un diagnostic de maladie; dans la plupart des cas, une pareille exigence pourrait entraîner d'importantes erreurs et, par voie de conséquence, déconsidérer et le test et le testeur.

C'est dire qu'il faudra toujours interpréter les résultats des tests en référence à la clinique, ce qui souligne la remarque déjà faite plus haut de la nécessité de confier la prise d'observation au psychologue qui se chargera ensuite des tests. Dans les cas où ce n'est pas réalisable, il est indispensable que les deux observateurs, clinicien et testeur, se concertent pour établir un diagnostic en faisant la synthèse de leurs données respectives.

Chapitre I

L'ÉVALUATION DE L'INTELLIGENCE

INTRODUCTION

QU'EST-CE QUE L'INTELLIGENCE?

L'intelligence est chez l'homme comparable à ce qu'est l'instinct chez l'animal. Comme l'instinct, elle est une *adaptation à la réalité,* mais tandis que *l'instinct est une adaptation rigide* à des situations qui se répètent identiques, sans possibilité de changer son mode réactionnel et de résoudre des problèmes nouveaux, *l'intelligence est une adaptation souple* à des situations qui se modifient, avec possibilité de résoudre les problèmes que ces modifications posent. C'est-à-dire que l'intelligence est en plus *compréhension* et *invention.*

L'étude de l'intelligence peut être faite de deux manières différentes, soit synthétique, soit analytique. La *synthèse,* c'est l'étude de *l'efficience* et du *rendement.* Il s'agit ici de déterminer globalement ce que sont les capacités intellectuelles présentes de l'enfant examiné et ce que sont les connaissances que lesdites capacités lui ont permis d'acquérir. On ne sépare pas ici l'aptitude native et le bagage des connaissances. On se pose surtout la question du *niveau* atteint, et les épreuves auxquelles on soumet l'enfant pour évaluer son intelligence sont précisément appelées *tests de niveau.*

L'*analyse,* c'est l'étude des *processus* par lesquels l'intelligence réalise ses opérations, chacune des fonctions en jeu étant examinée à part.

On remarquera que la grande majorité des travaux analytiques de psychologie expérimentale se rapportent seulement aux fonctions les plus élémentaires; par exemple perception visuelle, auditive ou tactile, temps de réaction, persévération, mémoire d'objets. Cela peut se comprendre, car des difficultés considérables surgissent quand on veut étudier analytiquement les fonctions supérieures de l'intelligence, parce qu'on ne possède pas de notions certaines sur la structure de ces fonctions, et qu'en conséquence on n'est nullement assuré qu'en évaluant les aptitudes partielles supposées, on retrouvera en fin de compte l'aptitude globale.

Cette méthode a été poussée jusqu'à ses plus extrêmes limites par *l'analyse factorielle,* qui vise à isoler dans chacune des activités de l'intelligence des *facteurs indépendants* et qui, pour s'assurer qu'ils répondent bien à cette qualification, met en œuvre des études de corrélation, avec un appareil mathématique assez complexe. A considérer les importants travaux des factoristes des différentes écoles, on est partagé entre l'admiration qu'ils suscitent par le sérieux et l'étendue de leurs investigations, et l'étonnement qu'on éprouve à constater la naïveté de leurs bases doctrinales. On pense parfois à la boutade classique « que l'opium fait dormir parce qu'il a une vertu dormitive ». Par exemple on nous dit que tous les tests qui éprouvent le langage mettent en évidence un *facteur verbal*; ceux qui s'appliquent à des nombres un *facteur numérique...* etc. On a fait notamment grand bruit autour du *facteur g de Spearman,* facteur qui serait commun à tous les tests d'intelligence et qui, selon son inventeur, correspondrait à une aptitude générale d'intelligence. Mais son existence même a été contestée par les recherches factorielles ultérieures. Et d'autre part ce facteur, pur produit des calculs de corrélation, ne semble pas avoir d'existence psychologique réelle. On peut dire d'ailleurs que s'il existait, comme le soutient SPEARMAN, une aptitude d'intelligence générale, il s'ensuivrait que celui qui la possède serait capable de comprendre tous les problèmes, à quelque domaine qu'ils appartinssent. N'a-t-on pas, sur la foi de cette supposition, proposé de constituer des clubs d'hommes supérieurs, dotés d'un Q.I. de 140 et plus, à qui l'on pourrait soumettre les problèmes les plus divers de l'actualité et qui seraient capables de les résoudre tous? Projet illusoire, bien évidemment, car si l'on rencontre parfois des hommes d'une intelligence universelle, dans la plupart des cas, les hommes supérieurs ont une compréhension très élective du domaine où ils excellent et se montrent souvent inexperts dans les autres domaines. La remarque est classique par exemple du savant physicien ou mathématicien tout à fait maladroit dans l'appréciation des questions sociales, et réciproquement du diplomate avisé ou même de l'homme d'Etat qui ne comprend rien aux questions scientifiques.

Nous verrons, en présentant les tests de niveau les plus en usage, qu'ils font appel à la méthode synthétique d'évaluation globale. La principale critique faite à ces tests par les factoristes est précisément qu'ils ne mesurent pas des aptitudes intellectuelles *pures*, mais des aptitudes *mélangées* à d'autres facteurs, et que, par conséquent, il faudrait en bonne logique éliminer ces facteurs étrangers.

Mais toute la question est de savoir si c'est possible, c'est-à-dire *si l'intelligence peut être d'une part décomposée en facteurs, d'autre part isolée des facteurs non intellectuels qui constituent la personnalité globale.*

Il convient de souligner que les psychologues les mieux informés de l'évaluation de l'intelligence par les tests ont répondu à cette question par la négative.

TERMAN estime que, surtout *aux niveaux supérieurs de l'intelligence, il y a autre chose qu'un fort Q.I.*; qu'en dehors du facteur général d'intelligence de SPEARMAN (dont il accepte l'existence), il y a en effet un facteur affectif qui féconde l'intelligence elle-même, ou bien des facteurs divers jouant un grand rôle: facteur d'originalité, de rapidité, de tension, de maîtrise de soi, fort importants pour résoudre des performances difficiles. Il conclut qu'*intelligence et caractère sont en réalité indissolublement liés* dans l'action.

De son côté, David WECHSLER dit que *tout test d'intelligence mesure quelque chose de plus et souvent beaucoup plus que la pure aptitude intellectuelle;* ainsi certains traits de tempérament tels que la persévérance, l'effort, l'énergie. Les tentatives pour réduire ces facteurs afin d'obtenir des mesures « pures » de l'aptitude intellectuelle ont, dit-il, échoué pour la raison que *l'aptitude intellectuelle est une partie d'un tout plus large qui est la personnalité elle-même.* La théorie sous-jacente au Wisc est, dit-il encore, que *l'intelligence ne peut être séparée du reste de la personnalité,* et un effort délibéré a été fait dans ce test pour prendre en considération les autres facteurs, qui contribuent à l'intelligence totale efficace de l'individu. WECHSLER conclut en espérant que ce point de vue aidera à diriger l'attention sur la nécessité d'une conception de l'intelligence générale plus large que celle qui a cours actuellement dans les milieux psychologiques.

Nous trouvons une opinion assez voisine sous la plume du philosophe René LE SENNE, dont l'œuvre caractérologique, inspirée du système du hollandais HEYMANS, a conquis en France une grande notoriété. LE SENNE définit d'abord « l'intelligence pure » comme une *capacité de réflexion analytique, comme pouvoir d'abstraire, de dégager, à part des autres aspects de l'expérience, les éléments intellectuels, concepts, principes, méthodes, rapports.* Mais aussitôt après, il écrit qu'il s'agit là *de l'intelligence au premier degré, susceptible de servir de moyen*

à la grande intelligence qui, mettant la réflexion analy-
tique au service des ambitions les plus hautes et les plus
nobles de la vie, suppose autre chose que l'intelligence:
la puissance du sentiment ou une activité infatigable ou
la persévérance dans la systématisation [1]. Et il conclut:
il se trouve ainsi que l'intelligence, une fois qu'elle est
emplie de sa matière, exprime le caractère entier du moi.

De même encore, sous la plume d'Henri WALLON:
Celui qui utilise les tests doit être incité par l'usage même
qu'il en fait à ne pas confondre le sujet avec les quelques
mesures qu'il a prises sur lui. Elles ne peuvent circons-
crire toute son intelligence; l'intelligence, la personnalité,
le milieu sont des réalités qui s'emboîtent les unes dans
les autres et qui se débordent entre elles.

I

L'ÉVALUATION DE L'INTELLIGENCE
PAR LES TESTS DE NIVEAU

1. *La méthode empirique d'évaluation globale*

Quelles que soient les espérances qu'on puisse fonder
sur l'avenir de l'analyse factorielle, comme le pensent
ses promoteurs, le psychologue praticien n'a présente-
ment rien à en attendre et il doit faire appel aux méthodes empiriques, qui ont l'avantage de serrer de bien
plus près la réalité des faits. Il est en effet beaucoup plus
sûr d'étudier les aptitudes globales dans leur exercice
même que de chercher à les décomposer.

On arguera sans doute qu'il y a des cas où, par analogie avec une machine détraquée, si l'on veut com-

[1] Le Senne fait intervenir ici les 3 facteurs de caractère qui
constituent la base de la caractérologie de Heymans: l'émotivité, l'activité et la secondarité.

prendre un trouble pathologique de l'intelligence, il sera nécessaire de démonter tous les rouages et de les examiner un par un pour découvrir celui qui est défectueux. Il est fréquent par exemple qu'au cours d'une consultation, on découvre que le retard scolaire d'un enfant est dû à ce qu'il est partiellement aveugle ou partiellement sourd, ou encore que c'est un gaucher contrarié ne parvenant pas à se latéraliser correctement. L'on sait en effet la très grande importance en psychologie des examens sensoriels et des examens moteurs. Encore convient-il de ne pas se laisser abuser par l'apparente facilité de ces diagnostics élémentaires; il ne manque pas de cas où un déficit sensoriel ou moteur n'empêche nullement un enfant de faire de bonnes études, *parce qu'il le compense;* il le compense par son expansion vitale, par son ambition de réussir ou par son désir d'apprendre. Ici encore, nous sommes donc ramenés à la considération de la personnalité globale.

Le développement de l'enfant et les Baby-tests. Si l'on admet avec nous que la plupart des aptitudes sont innées et se développent au fur et à mesure des prises de contact du sujet avec l'environnement, l'étude de la manière dont s'effectuent la croissance et la maturation d'un enfant, spontanément et sous l'influence du milieu, peut nous apprendre beaucoup sur ses possibilités naturelles.

Dès la première année du nourrisson se dessine déjà dans sa manière d'être ce qu'il sera plus tard. Il convient donc, en prenant l'observation, de s'enquérir de la façon dont l'enfant se comportait dans ses premiers mois, en particulier si c'était un bébé vif, remuant, distribuant des sourires à son entourage, babillant de bonne heure, ou s'il était apathique et immobile dans son berceau, ce qui laissera présager pour plus tard un manque d'expansion vitale susceptible de marquer tout son comportement. De même la précocité de la station assise, de la station debout et de la marche est un signe de bonne expansion, le signe d'une dominante ultérieure des aptitudes motrices. La précocité du langage est en rapport avec le développement intellectuel, et l'âge auquel un enfant est capable de construire de petites phrases indique son aptitude à élaborer plus ou moins tôt des processus constructifs de pensée.

Le psychologue se devra d'avoir toujours présente à l'esprit *la règle de Heuyer:* « Un enfant qui marche entre 12 et 18 mois, qui parle entre 18 mois et deux ans et acquiert en même temps la propreté sphinctérienne est un enfant dont le développement psycho-moteur est normal ». Règle entraînant cette conséquence très précieuse pour le psychologue que si un tel enfant présente par la suite des difficultés scolaires importantes, il ne faudra pas en accuser une déficience héréditaire, mais des facteurs ayant agi après la première enfance: maladies générales ou nerveuses, ou bien facteurs psycho-pathologiques.

Dans la seconde enfance, il faudra noter la manière dont le sujet se débrouille dans les diverses circonstances de la vie, car elle est un bon témoin du développement de l'intelligence. Quelque réserve qu'on ait pu formuler à ce sujet, le comportement d'un enfant à l'école nous apporte des renseignements précieux. Il est toujours utile, quand on le peut, de joindre à l'observation l'opinion d'un maître qui connaît bien l'enfant, car un bon maître est souvent un bon psychologue, et il ne se trompe guère dans l'appréciation de la valeur de ses élèves. En particulier, on devra s'enquérir si l'enfant est parvenu à apprendre à lire couramment dans sa première année d'école, car c'est le témoin d'une intelligence normale.

On ne peut toutefois dans tous ces cas conclure que dans le sens positif. Car le retard du développement psycho-moteur, le retard dans l'acquisition du langage, les difficultés dans le débrouillage et dans l'apprentissage de la lecture, s'ils sont souvent le signe d'un défaut de développement cérébral, peuvent être aussi l'indice de tout autre chose, et il faudra une étude attentive pour départager les deux cas. C'est ainsi par exemple que le retard de la marche peut être dû au rachitisme, le retard du langage à de la surdité, le retard de la lecture à une tendance dyslexique.

Les Baby-tests. L'intelligence suppose d'ordinaire le langage, et la plupart des épreuves employées pour son évaluation utilisent la compréhension verbale. Mais le petit enfant manifeste son intelligence bien avant d'avoir acquis la maîtrise de sa langue maternelle. Il convient d'opposer, comme le fait PICHON, l'intelligence *sensu-actorielle,* qui est essentiellement faculté d'adaptation, permettant de se débrouiller dans les diverses circonstances de la vie enfantine, et l'intelligence *lingui-spéculative,* qui se développe plus tard à l'âge scolaire.

Nous avons vu déjà qu'on peut évaluer cette intelligence d'adaptation par la manière dont s'est effectué le développement. On peut ainsi établir pour chaque âge ce qu'un enfant normal est capable de faire. Les Baby-tests reposent précisément sur cette appréhension globale de l'aptitude à s'adapter.

L'américain GESELL est entré un des premiers dans cette voie en 1925 et le Baby-test élaboré sur ses indications par ses élèves Ch. BUHLER et H. HETZER permet de déterminer l'état de développement d'un enfant d'un mois jusqu'à cinq ans.

En langue française, nous avons le test BRUNET et LEZINE qui couvre également la période comprise entre un mois et cinq ans, et celui de BOREL-MAISONNY, applicable entre 15 mois et 6 ans.

Ce type de tests permet aussi du fait qu'il ne fait pas appel au langage, d'apprécier le niveau intellectuel des enfants atteints de surdi-mutité.

Echelle de DOLL. L'échelle de DOLL, dite *de maturité sociale,* est basée sur le même principe de performance que les Baby-tests, mais elle se prolonge jusqu'à l'âge adulte. Elle est d'un grand intérêt et mériterait d'être mieux connue en France.

Dans tous ces tests, on évalue en somme le comportement humain dans ses diverses directions:

1. Réceptivité sensorielle.
2. Mouvements et maîtrise du corps propre.
3. Socialisation.
4. Apprentissage.
5. Manipulation d'objets.
6. Productivité intellectuelle.

Le but essentiel est ici de se dégager des aptitudes verbales et purement scolaires qui, dans beaucoup de cas, ne peuvent donner une juste mesure de la véritable capacité intellectuelle.

Cette même préoccupation a inspiré les tests dits *de performance*: ainsi la série de GRACE ARTHUR, très usitée en Amérique, et celle d'ALEXANDER, pratiquée surtout en Angleterre. Nous verrons un peu plus loin qu'elle a conduit WECHSLER à un test original, que nous recommanderons comme un des meilleurs.

2. *L'échelle métrique de BINET-SIMON*

Nous avons vu que les factoristes, et à leur tête SPEARMAN, cherchent, par la voie théorique de l'analyse factorielle, à décomposer la complexité du processus intellectuel en éléments simples, indépendants les uns des autres. La position de BINET et SIMON est, tout à l'opposé, inspirée par *une vue empirique et globale* des processus mentaux. L'originalité de BINET n'est pas d'avoir proposé des épreuves d'intelligence, car on l'avait souvent fait avant lui, mais d'avoir eu le premier l'idée de *standardiser* ces épreuves en les classant par *niveau d'âge*. En somme, BINET ne s'est pas tant soucié d'évaluer l'intelligence en elle-même que d'apprécier si le niveau de développement intellectuel d'un enfant est conforme au niveau des enfants de son âge, ou supérieur, ou inférieur. Il lui a suffi pour cela, sans aucun recours à une théorie quelconque de la connaissance, d'instituer avec bon sens des épreuves pour chaque âge, en nombre suffisant pour compenser les erreurs accidentelles. Nous n'insisterons pas ici sur le détail du test, lequel est bien connu des psychologues. Soulignons simplement que l'américain TERMAN, considérant que la standardisation du B-S n'est pas assez précise, a fait une étude très approfondie qui l'a conduit à remanier le test initial et à l'expérimenter sur un nombre de sujets beaucoup plus important. On se plaît à reconnaître que cette révision, qui a abouti à la forme actuelle du TERMAN-MERRIL, marque sur le BINET-SIMON un très réel progrès. Mentionnons simplement que d'une part le TERMAN comporte, non plus 5 épreuves par année d'âge comme le B-S, mais six, ce qui donne 2 mois d'âge par épreuve réussie, et que d'autre part le test existe sous deux formes L et M, ce qui permet le retest (elles existent en langue française). Parallèlement à cette révision américaine, ZAZZO a poursuivi en France depuis 20 ans des recherches expérimentales qui ont abouti en 1966 à une *Nouvelle échelle métrique de l'intelligence,* inspirée du B.S. mais avec une détermination plus rigoureuse des items pour chaque âge, et une prolongation de la cotation au-delà de onze ans.

On a reproché au B-S et aux épreuves dérivées de faire une place trop importante aux connaissances scolaires. Il n'est que trop certain que si l'on veut évaluer l'aptitude intellectuelle en elle-même, il faut se garder de faire appel aux connaissances acquises, qui peuvent avoir été assimilées d'une manière toute mécanique. Mais lorsqu'il s'agit de *déterminer un niveau d'âge d'intelligence,* les questions relatives à ce qu'on sait peuvent être bonnes, car les lacunes de certaines connaissances, dont l'acquisition aurait été possible à un âge donné, montrent justement que l'enfant n'était pas mûr pour se les approprier ou manquait de la réceptivité intellectuelle nécessaire.

On a aussi reproché au B-S de ne comporter à peu près que des épreuves verbales, de favoriser par conséquent les enfants qui ont une grande facilité de langage et de pénaliser par contre ceux qui ont en ce domaine des difficultés particulières.

3. *Le test de* WECHSLER-BELLEVUE

C'est ce dernier reproche, à coup sûr mérité pour une part, qui a condut WECHSLER, expérimentant au Belle-vue Hospital de New York, à transformer le BINET-SIMON, de sorte que tout en maintenant les principales épreuves verbales, il y a ajouté un nombre égal d'*épreuves non verbales*. Ces dernières sont d'ordinaire appelées *épreuves de performance,* mais ce mot prête ici à équivoque: précisons qu'il ne s'agit nullement d'épreuves pratiques, mais d'épreuves d'intelligence analytique et synthétique, qui tout simplement ne font pas appel au langage.

Il importe de souligner que, comme dans le B-S, on ne se préoccupe pas ici de la structure de l'intelligence, mais qu'on cherche à évaluer celle-ci dans son fonctionnement global, tel qu'il se manifeste sous des modalités variables à propos des différentes épreuves. Un des avantages supplémentaires du test de WECHSLER sur le B-S est qu'il est applicable aussi aux adultes.

La forme pour enfants, adaptée en français, s'appelle le WISC (Wechsler intelligence scale for children). Elle nous paraît constituer, avec le B-S, *la batterie de tests la meilleure* pour évaluer le niveau d'intelligence. L'une et l'autre d'ailleurs se complètent. C'est ainsi par exemple qu'il est des cas où un échec au B-S peut être dû à une scolarité défectueuse; si l'on obtient alors un bon résultat aux épreuves de performance du WISC, notamment aux Cubes de Kohs, on peut conclure à une bonne intelligence.

En sens inverse, il est des cas où une réussite brillante au B-S est conditionnée par une grande habileté verbale ou un entraînement intensif, mais où un mauvais résultat au Kohs dénoncera le manque de véritable intelligence, sauf bien entendu l'exception déjà mentionnée des sujets intelligents qui ont des troubles de la structuration spatiale.

4. Le quotient intellectuel

Dans la cotation B-S, on apprécie l'intelligence par l'âge mental, et le retard éventuel par la différence entre cet âge mental et l'âge réel du sujet. Il en résulte toutefois une certaine imprécision, car un même nombre d'années de retard n'a pas la même signification à tous les âges. Supposons par exemple qu'un enfant de 5 ans ait deux ans de retard au B-S et que, le testant de nouveau à 9 ans, on lui trouve trois ans de retard. Pour savoir s'il s'est amélioré ou aggravé, il faut comparer le chiffre du retard à l'âge, afin d'évaluer le rapport des deux: à 5 ans, son retard relatif est 2/5, soit 0,40; à 9 ans, il est de 3/9, soit 0,33; il s'est donc légèrement amélioré, contrairement à ce qu'on aurait pu croire au premier abord.

Tel est le calcul que propose STERN, et ce qu'il appelle *quotient intellectuel* — Q I — est le rapport de l'âge mental à l'âge réel; dans l'exemple choisi, le Q I de l'enfant est à 5 ans de 3/5, soit 0,60 et à 9 ans de 6/9, soit 0,66.

Dans le WISC, on fait aussi usage de cette notion de Q-I, mais il importe de remarquer que ce n'est pas le même Q-I que dans le B-S. En effet, chaque épreuve est affectée d'une note, qui est ensuite *pondérée* pour que toutes les notes aient une part égale dans le résultat global.

La note totale est appréciée alors en référence à celle qui est obtenue par un groupe d'enfants représentant l'intelligence normale de leur âge, correspondant à la note 100 (dix épreuves de 10 points chacune), note que l'on exprime en Q-I.

D'autre part, le calcul séparé des notes verbales et des notes non verbales permet d'établir deux Q-I distincts, un Q-I verbal et un Q-I performance, dont les écarts sont souvent significatifs de quelque problème, comme on le verra.

5. Les percentiles

On doit au Suisse CLAPARÈDE une autre méthode de cotation, inspirée des *percentiles* de GALTON. Si nous prenons cent sujets au hasard et les soumettons à une épreuve chiffrable, nous pouvons les ranger tous suivant la note qu'ils ont obtenue, le numéro un ayant la note la plus basse, le centième la note la plus élevée. Par exemple, une épreuve consistant à écrire le maximum de lettres en une minute a donné 45 pour le minimum et 165 pour le maximum; si on classe les cent sujets d'après le nombre de lettres qu'ils ont été capables d'écrire, la rapidité moyenne est fournie par celui qui occupe le percentile 50, c'est-à-dire la 50ᵉ place; dans cette expérience elle est de 100 lettres. Possédant le tableau des percentiles, lorsque nous désirerons savoir si un enfant donné est supérieur dans cette épreuve à la moyenne et de combien, il nous suffira de considérer le rang qu'il occupe. Supposons qu'un enfant ait écrit 115 lettres en une minute; sur le tableau, cela correspond au percentile 75; cela veut dire que cet enfant est le 25ᵉ sur 100 pour la rapidité d'écriture.

Comme CLAPARÈDE l'a indiqué, on peut pour simplifier se contenter de *déciles* ou même de *quartiles*.

Si l'on exprime les résultats obtenus en un graphique, portant en abcisses les rangs ou percentiles et en ordonnées les valeurs, on obtient, si l'échantillonnage est suffisant, la *courbe en ogive* de GALTON. Il revient au même de faire l'inverse, de porter en abcisses les valeurs et en ordonnées les fréquences; par exemple, si l'on répartit cent enfants d'un âge donné suivant leur rang scolaire, on trouvera que 50 % d'entre eux sont dans la classe de leur âge, que 20 % ont un an d'avance, 20 % un an de retard, 5 % deux ans d'avance, 5 % deux ans de retard. La courbe figurative de ce résultat est *la courbe en cloche de Gauss,* qui exprime, comme la courbe en ogive, *la loi de probabilité des écarts,* suivant laquelle plus les écarts avec la moyenne sont importants, plus ils sont rares (fig. 17).

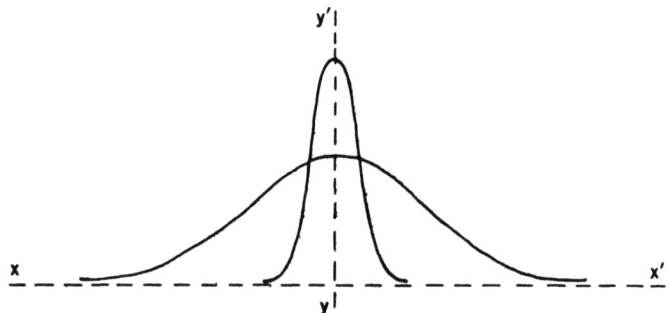

Figure 17 — Courbes en cloche de Gauss
avec deux valeurs différentes de l'écart-type

La méthode des percentiles a plusieurs avantages certains.

1. Elle permet au psychologue de ne pas se laisser tromper par les apparences. Ainsi, dans l'exemple ci-dessus, on pourrait penser que le sujet capable d'écrire 115 lettres à la minute est très éloigné du meilleur qui en écrit 165; en fait il se classe plus près du premier qu'on ne l'aurait cru.

2. La méthode permet de comparer un même sujet à des âges différents. Dans un exemple de CLAPARÈDE, un enfant, sur 15 mots qui lui sont présentés, se montre capable d'en retenir 5 à 8 ans et 7 à 12 ans; on ne peut savoir s'il a ou non progressé; or, d'après le tableau, aux deux âges il occupe le percentile 50; il était donc dans la bonne moyenne et s'y est maintenu.

3. La méthode permet de comparer les différentes aptitudes du même sujet et de dire en quoi il est le

meilleur. CLAPAREDE donne l'exemple d'un enfant de 8 ans qui répète 5 mots sur 15, fait 8 additions en une minute et écrit 90 lettres dans le même temps. D'après les tables correspondant à ces trois épreuves, cet enfant est au percentile 50 pour la mémoire des mots, au percentile 100 pour les additions et au percentile 75 pour la rapidité de l'écriture; il est donc dans les premiers de son âge pour l'aptitude à additionner vite.

4. Ajoutons que la réduction des valeurs en percentiles est particulièrement commode pour le calcul des notes pondérées qui permettent l'établissement des profils psychologiques, notamment dans le Wisc, comme nous le verrons.

5. Si nous avons pareillement insisté sur cette méthode des percentiles, c'est qu'elle est indispensable à connaître aussi pour les recherches scientifiques en psychologie. Si le psychologue praticien n'a que faire des calculs statistiques compliqués qu'on lui propose parfois et qui lui masquent la réalité clinique bien plutôt qu'ils ne la lui font découvrir, il ne peut toutefois tirer quelque résultat de ses études expérimentales s'il n'y introduit pas la loi de probabilité des écarts. Particulièrement, lorsqu'il se propose l'analyse comparée d'un groupe de cas suffisamment nombreux (au moins 100), pour que ce groupe soit bien représentatif d'une population donnée, il ne faut pas qu'il soit une sélection, mais un mélange de toutes les valeurs possibles; le moyen de le savoir, c'est d'exprimer par un graphique les résultats obtenus; si la courbe représentative est une courbe en cloche, c'est que l'échantillonnage est bon.

6. *L'analyse qualitative des résultats.*
   La dispersion et le profil psychologique

L'esprit de probabilité. L'on parlera quelque jour, il faut l'espérer, des inadmissibles abus auxquels le Q-I a conduit, surtout entre les mains de ceux qui croient à la valeur sacro-sainte des chiffres et qui manquent d'intuition clinique. Il faut reconnaître que le Q-I n'apporte qu'une appréciation somme toute assez grossière de l'intelligence d'un enfant, et *qu'on ne saurait fonder sur lui de façon certaine ni un diagnostic d'aptitudes, ni un pronostic d'évolution ultérieure.*

Tous les pratiquants expérimentés des tests de niveau sont d'accord sur ce point. ZAZZO, dont les recherches expérimentales en la matière font autorité, y insiste avec force. Parlant du chiffre global qu'on obtient en additionnant les items du test, il dit:

« L'esprit de rigueur n'est pas, à ce moment du test, dans l'art de faire correctement une addition qui aboutit à un âge mental, mais dans la lecture intelligente de cette addition. Il ne faut pas confondre rigueur et raideur. Tel enfant obtient à notre test, par exemple, un âge de 8 ans 3 mois. Le profane risque de se laisser abuser par ce chiffre, habitué qu'il est par ailleurs à considérer que le langage des chiffres est d'une précision parfaite. En réalité, 8 ans 3 mois n'est qu'une *valeur probable,* la plus probable eu égard à la structure de notre échelle et la définition de notre étalonnage. Quant à la structure de notre échelle, il faut rappeler que sa sensibilité est définie par des échelons distants de 3 mois. Avec une réussite de moins, l'enfant en question n'aurait que 8 ans d'âge mental; avec une réussite de plus, il aurait 8 ans et demi. En d'autres termes il n'est pas possible d'établir des résultats intermédiaires entre 8 ans et 8 ans 3 mois, entre 8 ans 3 mois et 8 ans 6 mois. La sensibilité de notre instrument étant ainsi définie, il faut maintenant souligner que les fluctuations d'efficience propres à l'enfant lui feront perdre ou gagner un minimum de 3 mois. C'est dire que la sensibilité détermine une infidélité d'au moins 3 mois de part et d'autre du résultat obtenu.

» La rigueur dans la lecture du résultat consiste donc, non pas à tenir ce chiffre de 8 ans 3 mois comme une mesure précise, indiscutable, mais à déterminer autour de ce chiffre une *zone de probabilité.*

» Bien entendu, ce que nous venons de dire de la marge de probabilité ou d'incertitude pour l'âge mental vaut aussi pour le Q-I. Un Q-I ne vaut avec le meilleur des tests qu'à 5 points près, en plus ou en moins du chiffre obtenu ».

ZAZZO insiste très justement sur la nécessité pour le clinicien d'acquérir cet « esprit de probabilité », qu'il définit comme « une rigueur dans l'incertitude ».

La manière dont l'enfant fait le test. Le psychologue qui pratique un test de niveau se doit d'être au moins aussi attentif à la manière dont l'enfant fait le test qu'au résultat chiffré.

Le degré d'attention, d'intérêt porté aux épreuves, la capacité de réflexion et de jugement critique, le désir de bien faire ou la désinvolture, la persévérance ou l'abandon rapide devant une difficulté, la lenteur par souci de trop bien faire ou par inhibition, la lassitude par fatigue, l'émotion qui fait échouer, la passivité qui fait quérir sans cesse une approbation — voici, présentés sans ordre logique, des facteurs qui interviennent très habituellement au cours du test pour en valoriser ou en amoindrir le résultat.

Dans chacune des épreuves, des sub-tests, le psychologue devra en conséquence ne pas s'attacher seulement au résultat, mais encore au *déroulement du processus* par lequel ce résultat est obtenu. Qu'il y a loin par exemple, à égalité de rendement, entre l'enfant qui procède par essais et erreurs et celui qui résout le problème posé d'une manière méthodique et réfléchie.

Dans cette analyse qualitative, une grande importance doit être donnée à l'homogénéité des résultats. Car si quand les résultats des différents items sont homogènes, l'interprétation du chiffre global est aisée, par contre, quand il y a hétérogénéité, un problème se trouve posé au psychologue.

Il s'agit alors d'établir ce qu'on appelle *la courbe de dispersion* des notes partielles obtenues (ou *scatter*).

Dispersion dans le B-S. Dans le test B-S et ses dérivés, la dispersion se mesure en comptant le nombre d'items entre le premier échec et la dernière réussite. ZAZZO, dans son récent ouvrage, a établi pour tous les âges des normes de dispersion, par rapport auxquelles on pourra apprécier la dispersion du cas étudié. Selon cet auteur, dont l'étude très approfondie peut servir de modèle, une dispersion nulle (la série des réussites s'arrêtant net au premier échec) comme une dispersion excessive conduisent à mettre en doute que le résultat global du test soit la mesure vraie des possibilités intellectuelles du sujet et à supposer que celui-ci n'a pas donné son maximum. La *dispersion nulle* fait penser que l'enfant s'est soudainement bloqué et n'a pu repartir en avant, soit à cause d'une certaine difficulté, soit par une maladresse du testeur.

La *dispersion excessive* fait penser que les possibilités intellectuelles sont supérieures au résultat global du test. Il conviendra alors d'expliquer pourquoi les virtualités de l'enfant sont meilleures que son efficience. Une bonne règle formulée par ZAZZO est de considérer que les réussites supérieures sont attribuables à l'intelligence de l'enfant, sans qu'il soit nécessaire de les expliquer autrement, et qu'il faut surtout s'efforcer d'expliquer les échecs. Ces échecs sont dus le plus souvent, soit à un facteur d'instabilité, soit aux variations d'intérêt et de disponibilité de l'enfant, soit à des déficits particuliers dont le plus fréquent est celui de l'organisation spatiale et temporelle qu'on trouve souvent à l'origine des dyslexies. Nous y aiouterons pour notre part les facteurs névrotiques que ZAZZO, en dépit de sa finesse de clinicien, semble vouloir systématiquement passer sous silence.

En résumé, conclut ZAZZO « l'analyse de la dispersion permet en certains cas d'interpréter le résultat global, de le confirmer, de le rectifier, de l'expliquer, et en d'autres cas de formuler des hypothèses qui orienteront vers un complément d'examen: au moyen d'autres tests ou d'investigations d'un autre ordre, médical, physiologique, social ».

Dispersion dans le Wisc. La dispersion revêt une autre forme dans le Wisc. Tout d'abord, un problème se trouve posé quand il y a une grande différence de valeur (dépassant 10) entre le Q-I verbal et le Q-I performance. Par exemple une forte supériorité du Q-I performance sur le Q-I verbal pourra tenir à ce que l'enfant ne maîtrise pas bien les questions de langage, soit par insuffisance de scolarité, soit parce qu'il est de langue étrangère, soit en raison d'une dyslexie; la moindre valeur du Q-I verbal n'est donc pas nécessairement un signe fâcheux pour l'intelligence.

En sens inverse, une forte supériorité du Q-I verbal, si elle offre lorsqu'on l'observe chez des enfants intelligents une bonne valeur prédictive pour la réussite scolaire, par contre, chez des débiles mentaux, elle signifie souvent psittacisme et pure mémoire verbale, comme l'ont bien montré DELAY et PICHOT dans une étude sur *l'analyse du scatter au Wechsler-Bellevue,* et il convient alors de considérer que le Q-I performance est un meilleur instrument de prévision d'adaptation que le Q-I verbal.

Il faut toujours, dans les cas de ce genre, comparer entre elles les notes des différents sub-tests, et le meilleur moyen d'établir cette comparaison, c'est de tracer *le profil psychologique* comme l'a enseigné le premier ROSSOLIMO.

Par exemple, pour les débiles mentaux à Q-I verbal fort étudiés par DELAY et PICHOT, on s'aperçoit que, dans le profil, les meilleures notes sont pour les épreuves de vocabulaire, d'information et de mémoire immédiate, tandis que la compréhension et le raisonnement sont mauvais, ce qui souligne le côté psittacique de leur intelligence, faite surtout d'une excellente mémoire.

Nous donnons ci-après, à titre d'exemple, un modèle de profil établi par MOOR. Les dix épreuves sont indiquées dans la marge de gauche. En haut sont portées les notes pondérées, les percentiles et les Q-I correspondants. On peut d'un seul coup d'œil constater si les notes pondérées se distribuent autour d'une valeur moyenne, ou si elles présentent une grande dispersion, dessinant

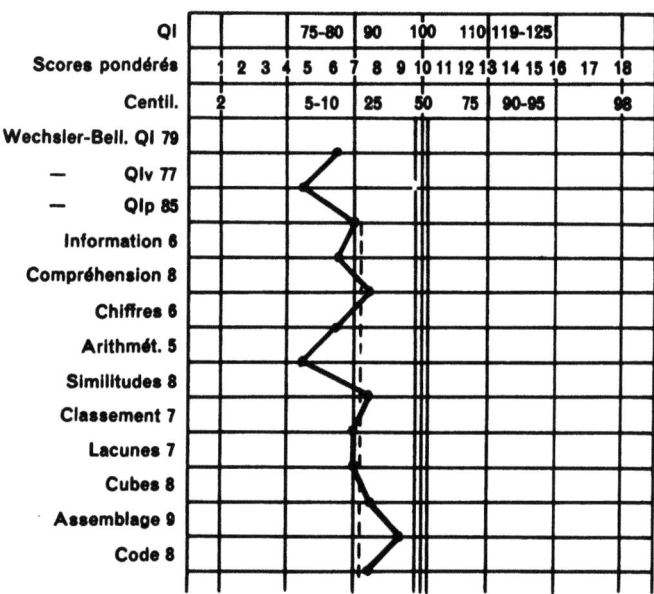

Figure 18 — Débilité mentale

La verticale en pointillé correspond à la moyenne des notes, soit 7, valeur moyenne dont toutes les notes se rapprochent, donnant un profil homogène.

une ligne en dents de scie. Ainsi dans les deux figures ci-après, empruntées à MOOR (fig. 18 et 19), on voit l'opposition d'un cas de débilité mentale, où les notes s'écartent peu d'une moyenne de Q-I de 80, et d'un cas de fausse débilité où, en dépit d'un Q-I de même valeur, la forte dispersion des notes indique qu'un problème est posé; les notes les moins bonnes sont relatives aux connaissances scolaires, tandis que celles où intervient un facteur de raisonnement sont bien meilleures; le

Figure 19 — Fausse débilité mentale

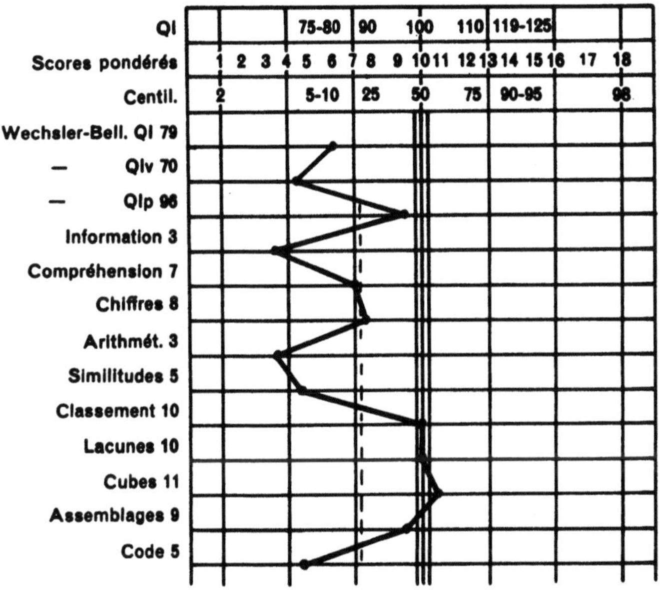

QI			75-80	90	100	110	119-125		
Scores pondérés	1 2 3	4 5 6	7 8	9 10 11	12 13	14 15 16	17	18	
Centil.	2		5-10	25	50	75	90-95		98
Wechsler-Bell. QI 79									
— QIv 70									
— QIp 96									
Information 3									
Compréhension 7									
Chiffres 8									
Arithmét. 3									
Similitudes 5									
Classement 10									
Lacunes 10									
Cubes 11									
Assemblages 9									
Code 5									

La verticale en pointillé correspond à la moyenne des notes, soit 7, comme dans le cas précédent. Mais ici la forte dispersion des notes (de 3 à 11) donne ce profil en dents de scie qui nous indique qu'il ne s'agit pas de vraie débilité.
Ces deux figures sont empruntées, avec la permission de l'auteur, au livre de L. Moor.

pronostic d'avenir est donc plus favorable que ne l'indique la valeur du Q-I.

La fréquence relative de ces scatters dispersés interdit le plus souvent de réduire le test de WECHSLER à un petit nombre d'épreuves, comme on l'a parfois proposé. Cette réduction est au premier abord assez tentante, car on pense qu'elle pourrait donner des résultats valables avec un temps de passation minimum. C'est ainsi que MAXWEL, ayant essayé toutes les combinaisons possibles de sub-tests, en a conclu que la combinaison du *Vocabulaire* (test verbal) et des *Cubes de Kohs* (test de performance) avait avec l'ensemble du test une corrélation de 0,921, ce qui permet de la considérer comme presque équivalente. La combinaison des cinq sub-tests suivants: *Vocabulaire, Cube de Kohs, Information, Similitudes et Arrangement d'images* offre avec l'ensemble du test une corrélation plus élevée encore, atteignant 0,972. Il s'agit là, il faut le remarquer, d'une appréciation statistique, à laquelle peuvent échapper par conséquent quelques cas individuels. D'autre part, si des séries abrégées de ce genre peuvent suffire pour établir un niveau général d'intelligence, elles offrent le grave inconvénient de ne pas permettre une différenciation qualitative suffisante, et par conséquent de ne pouvoir déceler certaines déficiences spécifiques.

II

LES FACTEURS NON INTELLECTUELS
DANS L'INTELLIGENCE

La psychologie traditionnelle ne s'intéressait à l'intelligence que sous son mode le plus accompli, sous la forme de cette raison logique qui est l'apanage exclusif de l'adulte cultivé. Elle ignorait l'enfant et les premiers balbutiements d'une pensée qui se cherche. Elle ignorait aussi en grande partie les situations pathologiques qui perturbent plus ou moins gravement le fonctionnement de l'esprit. Enfin elle postulait une opposition radicale entre le corps et l'esprit, entre le corps qu'elle considérait comme le siège des fonctions élémentaires de la vie, des automatismes inconscients, et l'esprit, siège pour elle des fonctions supérieures, des créations originales, et qu'elle plaçait d'autant plus haut dans la hiérarchie des fonctions qu'il était plus conscient.

Nous ne pouvons plus confondre aujourd'hui l'esprit avec la froide raison des logiciens. Comme nous l'avons montré au début de ce chapitre, tous les psychologues qui s'efforcent à une vue concrète de l'intelligence savent qu'il est impossible d'isoler la pensée de la personnalité totale de l'individu. Cette personnalité totale, comme nous l'avons montré en élaborant au Livre II notre *psychologie de l'expansion vitale,* prend sa source dans le dynamisme profond du corps, et elle comporte en particulier un ensemble d'éléments inconscients dont le rôle dans l'activité de l'intelligence est considérable, ainsi que nous l'a enseigné la psychanalyse.

Etant donné le but essentiellement pratique de cet ouvrage, nous ne nous proposons pas d'étudier ici le problème des facteurs de personnalité dans son ensemble, mais de l'examiner en fonction des situations cliniques concrètes qui se présentent fréquemment au psychologue.

Le problème le plus habituellement posé est celui-ci: *Un enfant échoue dans ses études; quelle est la cause de son échec?*

L'expérience nous apprend que, dans un premier groupe de cas, cet échec est dû à une inaptitude *native,* laquelle n'est pas nécessairement une inaptitude intellectuelle, mais peut concerner une fonction quelconque de l'organisme. Dans un second groupe de cas, l'échec a pour cause une influence pathologique qui a perturbé *à un moment donné* une fonction jusque-là normale.

Nous allons passer en revue les méthodes d'examen qui permettent au psychologue de déterminer auquel des deux groupes il a affaire.

1. Les insuffisances natives et les aptitudes électives

Comme nous l'avons dit, les tests de niveau fournissent une mesure globale de l'intelligence, sans qu'on puisse de prime abord distinguer ce qui revient d'une part aux connaissances acquises et d'autre part aux aptitudes innées qui ont permis ces acquisitions.

Toutefois, dans la mesure où ces tests font parfois appel aussi aux mécanismes en jeu, ils permettent au psychologue d'inférer l'existence probable d'aptitudes ou d'inaptitudes spécifiques. Mais cette inférence doit être confirmée par une étude particulière, visant à la recherche des causes.

1. *Les inaptitudes.* Les cas les plus évidents — encore ne le sont-ils pas pour tout le monde — sont ceux où une inaptitude native s'oppose *directement* au progrès de l'intelligence.

La situation la plus courante est évidemment celle de la *débilité mentale,* qui se traduit par un échec constant dans les activités scolaires, doublé le plus souvent d'un échec d'adaptation à la vie sociale.

Il est facile aussi de reconnaître les *graves déficiences sensorielles ou motrices,* celles de l'enfant aveugle ou sourd, ou bien celle du franc gaucher contrarié, et dans ce dernier cas, on n'a pas de peine à rapporter au malmenage dont l'enfant a été victime les difficultés dans l'apprentissage de la lecture et de l'écriture, facteurs de retards scolaires parfois importants.

Plus difficile à reconnaître est l'inaptitude qui se marque par un *retard dans la maturité du Moi.* Certains enfants, sans être des débiles mentaux, ne montrent pas à l'âge dit « de raison » la maîtrise des pulsions nécessaire pour suivre l'école avec fruit; ils sont instables, incapables de s'astreindre aux efforts demandés et confondent encore le réel et l'imaginaire. Ce défaut de maturité apparaît comme dépendant d'une dysharmonie évolutive entre la vie des pulsions et le développement du Moi, influençant fâcheusement l'adaptation mentale à la réalité.

Le psychologue devra être attentif aussi aux *déficiences sensori-motrices légères,* qui passent souvent inaperçues des parents et des maîtres. Il n'est pas rare qu'un échec scolaire soit dû à ce que le jeune élève ne voit pas au tableau ou n'entend pas clairement ce que dit le maître; comme lors des premières petites compositions, il obtient des mauvaises notes, on le relègue suivant l'usage aux derniers bancs de la classe, alors que pour compenser son insuffisance sensorielle, il faudrait faire le contraire. D'une manière analogue, il est des enfants atteints de *gaucherie larvée,* dont la dyslatéralisation est susceptible d'entraver les débuts scolaires.

2. *Les aptitudes électives.* Dans un certain nombre de cas, il ne s'agit pas d'inaptitude à proprement parler, mais bien plutôt d'aptitude élective, l'échec scolaire dépendant alors de ce que l'enseignement qui est dispensé à l'enfant ne répond pas à ses possibilités naturelles. Il est une règle constante dont le psychologue ne devra jamais se départir: c'est qu'il faut juger un enfant à ce qu'il est capable de faire, non à ce à quoi il n'est pas apte. L'école, basée sur des programmes uniformes, ignore le plus souvent le problème de la diversité des dispositions naturelles, et il se trouve par conséquent des sujets qui échouent aux études, non point en raison d'un défaut général d'intelligence, mais de par le caractère trop électif de leurs aptitudes.

Un des temps essentiels de l'examen psychologique d'un enfant devra donc être le *diagnostic des aptitudes natives.* Nous allons exposer les différentes méthodes utilisables pour ce diagnostic et, sans faire une analyse exhaustive de la variété des aptitudes, nous illustrerons chemin faisant notre exposé par quelques exemples courants.

Les aptitudes en action. La méthode la plus directe est,

on l'a vu, d'observer les aptitudes en action et d'apprécier leur valeur par les résultats obtenus. C'est ainsi que nous avons montré, en étudiant les *Baby-tests* et l'*Echelle de Doll*, qu'on pouvait apprécier la normalité du développement d'un enfant à la manière dont les différentes aptitudes se manifestent à l'âge attendu. Nous avons de même souligné, à propos de la règle de HEUYER, qu'on pouvait conclure de la manière dont s'effectuait la croissance psycho-motrice à la bonne qualité des structures innées.

La méthode du questionnaire. La méthode précédente se bornait à constater. Or la science c'est la prévision; elle doit donc être en mesure de déterminer les aptitudes natives d'un enfant indépendamment de ses réussites et de ses échecs; c'est-à-dire qu'elle doit être capable de les prévoir.

Le problème serait facile à résoudre si tous les sujets qu'on examine avaient une exacte conscience de leurs dons naturels, et qu'il suffisait par conséquent de les interroger. Les Orienteurs soumettent à cette fin les enfants en âge de devenir apprentis à un *questionnaire de choix des métiers.* Cela n'est applicable bien entendu qu'à des enfants assez âgés. Mais même alors, la grande cause d'erreur de la méthode, si bien entendu elle ne se doublait de critères d'appréciation plus objectifs, est que le goût ne se confond pas toujours avec l'aptitude, car sous l'influence de facteurs d'entraînement superficiels, on peut avoir le désir de faire ce à quoi on n'est pas vraiment apte.

Le *test des loisirs,* que nous pratiquons couramment, exprime d'une manière plus véridique que le questionnaire la personnalité profonde dans ses dispositions naturelles à telle ou telle activité. Il consiste à interroger sur l'*usage qu'un enfant fait de ses loisirs* (ou à l'observer directement, si l'on peut). En effet, à la différence d'un *travail imposé,* qu'on exécute par devoir ou en vertu d'un intérêt extérieur tel que l'attrait d'une récompense, ce qu'un enfant fait *spontanément,* avec un élan de tout son être, sous la seule pression d'une tendance qui domine en lui, permet de le juger à sa vraie valeur. Il convient donc de s'enquérir de la manière dont un enfant occupe ses Jeudis ou ses vacances, quand il dispose librement de son temps, n'étant soumis à aucune obligation particulière.

Certaines dominantes se dégagent alors qui permettent d'apprécier, non seulement les possibilités actuelles d'un enfant, mais encore ce qu'il sera capable de faire dans l'avenir, et ce vers quoi par conséquent il faut l'orienter.

On peut ainsi opposer les sujets *passifs,* qui ne font pas grand-chose de leur temps libre et rêvassent, ou bien attendent toujours des directives de leur entourage (« Maman, qu'est-ce que je peux faire? Je m'ennuie ») ou bien n'agissent que par l'entraînement de leurs camarades — aux sujets *actifs,* qui savent employer leur temps et font montre d'initiative.

Il convient en second lieu d'opposer les *moteurs* et les *cérébraux.* Les premiers ont un besoin constant de mouvement et sont toujours en action. Les seconds sont des sédentaires et s'intéressent surtout aux études, à la lecture des livres, à la musique.

Parmi les *moteurs,* il y a trois types différents. Les *moteurs impulsifs,* dont le besoin s'assouvit en pur mouvement (courses, jeux remuants), pour le seul plaisir de la dépense physique. Les *moteurs organisés,* qui apportent dans les jeux de mouvements un élément d'organisation (par exemple le jeu concerté au sein d'une équipe sportive). Les *moteurs constructifs,* plus sédentaires, dont le plus grand plaisir est d'édifier de leurs mains quelque construction.

Parmi les *cérébraux,* on peut distinguer schématiquement deux types. Les *passifs,* qui ont des dons d'assimilation et de mémoire remarquables, mais se bornent à emmagasiner, sans utiliser ce qu'ils retiennent en vue d'une réalisation effective; par exemple ils aiment la lecture, mais sans choix précis; elle est pour eux un stimulant au rêve bien plutôt qu'à l'action. A l'opposé, les *actifs,* qui font un choix dans ce qu'ils apprennent et d'autre part, l'utilisant, se montrent des réalisateurs.

Il y a certes des situations intermédiaires, où les aptitudes natives se dessinent moins nettement, mais dans un nombre assez grand de cas, lorsqu'un enfant fait montre de bonne heure d'une aptitude dominante bien caractérisée, on est en droit d'en tirer des indications pour son avenir professionnel. C'est ainsi par exemple qu'un enfant de type moteur ne devra pas être orienté vers des études supérieures, en dépit du désir contraire de certains parents trop férus de diplômes universitaires. Si la dominante motrice est du type impulsif, ne serait-ce que partiellement (car la dominante impulsive totale indique une immaturité incompatible avec une profession quelconque), il faudra orienter le sujet vers un métier de mouvement, non vers un métier sédentaire.

2. *La méthode morpho-psychologique*

Les différentes méthodes envisagées jusqu'ici ne permettent de diagnostiquer les aptitudes natives que dans la mesure où celles-ci se manifestent sans entrave, soit par leur apparition au cours du développement, soit par la conscience que le sujet en prend, soit par leur exercice spontané. Mais le problème se pose souvent en psycho-pathologie de détecter une aptitude native qui ne s'est pas jusque-là manifestée, parce qu'elle a été entravée par quelque cause, intérieure au sujet ou accidentelle. Par exemple il est très fréquent qu'en présence d'un échec scolaire, on ait à se poser la question de savoir si cet échec dépend d'une insuffisance mentale constitutionnelle ou s'il est dû à une inhibition acquise, et en pareil cas, il est nécessaire d'apprécier la capacité intellectuelle *indépendamment* des réalisations, soit à l'école, soit dans les tests.

La meilleure méthode pour y parvenir est l'analyse des structures morphologiques. Nous avons vu au Livre II que la maturation progressive des fonctions s'inscrit dans la morphologie du corps, et qu'on peut par conséquent, en examinant les formes, en déduire les aptitudes fonctionnelles. On a vu aussi que le développement de l'intelligence, bien loin d'avoir l'autonomie qu'on lui attribue communément, dépend pour une large part de celui des fonctions vitales essentielles.

Nous avons donc sur ces bases établi un *diagnostic morpho-psychologique des aptitudes intellectuelles*, suivant deux directions principales.

La première concerne l'*orientation des intérêts dominants*. Nous avons montré que, suivant la prépondérance des forces d'expansion ou des forces de conservation, cette orientation diffère. L'expansion ouvre le sujet au monde concret des objets environnants; la conservation le ferme au contraire et le conduit à s'abstraire de la réalité présente. Regard tourné vers le dehors; regard tourné vers le dedans; pensée concrète, pensée abstraite. Ce n'est donc pas comme on l'a cru longtemps l'esprit lui-même qui décide de son orientation; c'est l'organisme qui la décide pour lui et la lui propose.

La seconde direction concerne le *processus intellectuel* en lui-même. Rappelons ici succinctement, puisqu'aussi bien nous le développerons plus loin, que du mode de pensée primesautière et intuitive des Dilatés au mode abstrait et logique des Rétractés, en passant par la pensée réfléchie des Rétractés de front, se distribuent toute une gamme d'aptitudes intellectuelles différentes que la morphologie permet de diagnostiquer.

Nous allons ci-après développer ces données dans leurs grandes lignes, nous réservant de les exposer plus longuement dans une étude ultérieure [1].

[1] Ouvrage à paraître en 1969: *Le diagnostic des aptitudes intellectuelles par la morpho-psychologie.*

La pensée concrète des Dilatés. Quand l'expansion est prévalente, on l'a vu, les récepteurs sensoriels sont largement ouverts à l'environnement, et la compréhension du monde s'opère alors par contact direct et facile adaptation. Comprendre signifie ici sentir, reconnaître un monde familier, et l'intelligence est en pareil cas bien plutôt flair que réflexion. La pensée est donc essentiellement concrète et pratique.

Certaines modalités particulières du *processus* intellectuel peuvent être déduites des variantes morphologiques.

Quand l'*expansion passive* prédomine (fig. 20), ce qui se traduit par une certaine mollesse des chairs et des traits, un modelé uniformément arrondi (en particulier un front tout rond), une certaine atonie des récepteurs

Figures 20 et 21

Expansion passive   Expansion active

(bouche molle, yeux rêveurs), l'assimilation du monde extérieur se fait passivement, comme en une sorte de rêve, sous la forme d'images visuelles et sonores. Il n'y a aucune prise de conscience du Moi, ni aucune activité de l'intelligence pour *appréhender* (c'est-à-dire *saisir*) les problèmes. C'est, on l'a vu, la condition normale du tout

petit enfant, capable d'assimiler une quantité considérable de données concrètes (par exemple les mots de sa
langue maternelle), mais qui n'a aucune activité intellectuelle à proprement parler. Cette condition est pathologique lorsqu'elle se prolonge au-delà de la première
enfance, se traduisant alors par une réceptivité sans
critique (naïveté), une tendance à confondre le vrai et
l'imaginaire, un besoin constant d'approbation et de
soutien, une absence quasi totale de pensée personnelle
et de réflexion active.

Quand prédomine l'*expansion active,* ce qui se traduit
par un modelé sthénique, tant dans les chairs que dans
les récepteurs sensoriels, et par une large ouverture de
ceux-ci, la grande réceptivité au monde extérieur se
double d'un intense besoin d'activité. La pensée est ici
encore concrète et sensorielle, mais elle vise aux réalisations pratiques. D'autre part, la dominante active influence le processus intellectuel lui-même en ce qu'elle
rend les perceptions précises et les conceptions claires.

Morphologiquement, il convient de distinguer plusieurs
variétés. Le *Dilaté sthénique* (fig. 21), de morphologie
arrondie, de traits fermes, de récepteurs ouverts et de
tonus actif, et dont le front est de modelé arrondi
différencié, c'est-à-dire marqué de quelques méplats (en
particulier à la tempe); soulignons que la différenciation
a pour effet de réduire les volumes de sorte que, comparé
au front du Dilaté passif, celui du Dilaté actif est toujours
de dimensions moins grandes. Cette morphologie signifie
intelligence active, mais essentiellement pratique, ne s'intéressant qu'à ce qui a valeur d'utilité, répugnant à tout
ce qui est problème compliqué, abstractions ou théories,
peu apte par conséquent aux études telles qu'on les
conçoit le plus communément.

Le *Rétracté latéral* (fig. 22), type de dominante motrice, à longues jambes et longs bras, à épaules larges,
à visage allongé et de modelé plat. Mentionnons la
forme particulière du front qui est rectangulaire, encadré
par des tempes plates, incliné en arrière avec au départ

une saillie très accusée des bosses sourcilières, au demeurant de dimensions moyennes ou petites. L'expansion active est ici au maximum; nous avons affaire à un type d'action et de mouvement qui, comme le Dilaté, ne s'intéresse qu'aux choses concrètes et pratiques. Très

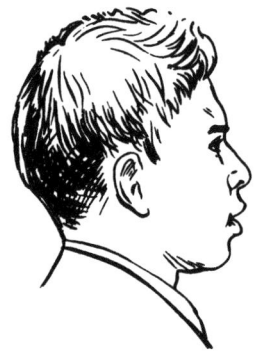 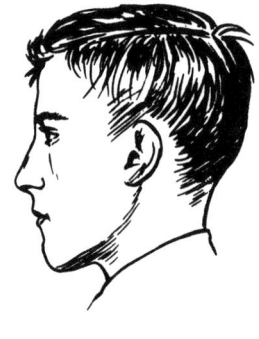

Figures 22 et 23

Rétracté latéral

Rétracté avec une
certaine fermeture des récepteurs

primesautier, il lui faut saisir un problème tout de suite avec son seul flair, car il ne peut y parvenir par la réflexion. A la différence du Dilaté, qui a une certaine stabilité, le Rétracté latéral est toujours en mouvement; il ne peut supporter une vie sédentaire; aussi à l'école se voit-il souvent qualifié à tort d'instable, parce qu'il ne peut s'accommoder des longues heures d'immobilité.

Ni le Dilaté, ni le Rétracté latéral n'ont d'imagination productive. Ils vivent dans l'immédiat et ne s'intéressent qu'à ce qui peut servir. Ils lisent peu, et prolonger leurs études ne leur plaît guère; ils demandent souvent qu'on leur permette de bonne heure de faire un métier. Ils répondent au type d'intelligence défini par PICHON comme *sensu-actorielle,* et n'ont que peu accès à l'intelligence *lingui-spéculative,* qui est par excellence celle qui est adaptée à la vie scolaire JAMPOLSKI fait très justement remarquer qu'il s'agit là moins d'une évolution de l'intelligence d'un stade primitif à un stade plus élaboré que de deux *types,* pouvant se développer indépendamment l'un de l'autre. Si toutefois certains de ces sujets, favorisés par leur grande volonté d'action, accèdent à des diplômes universitaires, ils n'en garderont pas moins leur tendance pragmatique et leur peu d'intérêt pour les spéculations pures de la pensée.

La pensée abstraite des Rétractés. Quand prédominent au contraire les forces de conservation, ce qui se traduit morphologiquement par un modelé rétracté et la fermeture des récepteurs (fig. 23), l'intelligence est peu ouverte au monde qui l'entoure et tend à se soustraire au réel concret et vivant. L'individualité prime ici l'adaptation; le sujet a des idées tout à fait personnelles sur les choses et n'accepte pas avec souplesse les leçons de l'expérience. Souvent ses opinions sont *arrêtées,* c'est-à-dire que de par son défaut d'expansion, il reste fixé à son passé et se montre incapable de progresser. La volonté est ici beaucoup plus entêtement et inhibition qu'énergie propulsive.

Quand *la rétraction est très prononcée* — se marquant par un visage et un crâne étroits, des récepteurs pincés, des yeux très rapprochés l'un de l'autre et très enfoncés dans l'orbite, — il en résulte une certaine imperméabilité à l'expérience, un refus d'assimiler toute donnée ne correspondant pas à ce qui est déjà dans l'esprit, une mémoire étroitement élective, c'est-à-dire comportant beaucoup de lacunes. Le résultat est une insuffisance mentale qui entrave les progrès scolaires.

Quand *la rétraction est moins accusée,* quand par exemple les yeux, tout en étant enfoncés dans l'orbite, sont grands et bien écartés l'un de l'autre, cela signifie non plus fermeture au monde, mais ouverture élective, et l'intelligence se montre alors réceptive à certains domaines privilégiés où elle peut réussir. C'est alors qu'on voit prévaloir la pensée abstraite sur la pensée concrète, la logique et la réflexion sur l'intuition prime-sautière, l'intelligence technique sur l'intelligence littéraire.

La pensée réfléchie des Rétractés de front. Nous avons vu que la majorité des sujets se placent entre la dilatation et la rétraction extrêmes et représentent un alliage des deux, une juste mesure d'adaptation et d'individualité. Nous venons d'en voir un exemple dans ce type de rétraction modérée comportant une ouverture élective au monde.

La caractéristique morphologique de ces types intermédiaires, c'est, comme nous l'avons dit, *le modelé rétracté-bossué,* signe de l'expansion contrôlée ou élective.

Avec le contrôle de l'expansion par les forces de conservations apparaît *la pensée,* nous l'avons vu. A l'adaptation primesautière des types d'expansion pure se substitue ici un processus plus complexe, la perception étant intériorisée, l'impulsion à agir étant momentanément arrêtée et faisant place, après un temps de réflexion, à une réponse délibérée. On voit naître, avec ce processus de réflexion, la pensée véritable, la comparaison de l'expérience présente à l'expérience passée, le jugement, la prise de conscience, l'application des règles de la raison.

Morphologiquement, nous l'avons vu, ce qui caractérise cette entrée en jeu de la pensée réfléchie, c'est la *rétraction de front;* d'une part, il y a réduction de l'expansion instinctive-affective qui déterminait sur le profil du visage la forte saillie « en museau » des 2 étages inférieurs et qui signifiait le « flair animal » des types d'expansion pure; d'autre part, le modelé prend ici la forme caractéristique du modelé ondulé (ou rétracté-bossué), où alternent bosses et creux. Grande est

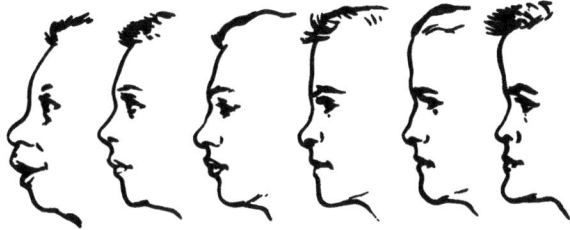

Figure 24
La rétraction de front progressive

l'importance de ce modelé au niveau du front, dessinant sur le profil une ligne serpentine caractéristique (saillie des bosses sourcilières, dépression susjacente, saillie du haut du front), et qui comporte toujours en même temps un certain redressement (fig. 24 et 25).

Figure 25
Rétracté de front

Figure 26
Front de scrupuleux

Notons en passant le style particulier du *front des scrupuleux*, marqué par la profondeur du creux intermédiaire aux deux zones en relief (fig. 26). On donne classiquement cette zone médiane comme étant celle de la réflexion, ce qui est vrai, car, étant zone de rétraction, elle représente un mouvement d'intériorisation, de prise de conscience, qui correspond au processus de réflexion. Quand ce mouvement est trop prononcé (creux profond), il correspond à une forte inhibition de la spontanéité, à une sorte de coupure entre la perception du monde extérieur et la réaction qui doit y répondre. Et l'observation nous montre en effet cette structure morphologique chez des enfants inhibés, impuissants à se décider entre plusieurs solutions possibles, et prolongeant exagérément le temps de la réflexion.

Soulignons que ces considérations morpho-psychologiques rejoignent les conceptions déjà exposées sur la structure de la personnalité infantile, et singulièrement celles qui concernent les mécanismes de défense du Moi. Nous avons montré que la force vitale est une et alimente toutes les activités de l'individu, que c'est elle par conséquent qui dynamise l'intelligence. Quand prédominent les forces d'expansion, le contrôle du Moi n'exerce que peu de contrainte sur les instincts, et la libre spontanéité avec laquelle ceux-ci s'expriment marque aussi l'expression intellectuelle qui en est solidaire; d'où une pensée toujours fortement lestée d'affectivité; d'où une dominante de flair, d'intuition et de réalisation pratique.

Quand prédominent les forces de conservation, la défense du Moi contraint les tendances à se refouler et leur substitue dans le conscient les formations réactionnelles contraires. On voit alors la pensée se substituer complètement à l'instinct, sous la forme d'une froide raison, privée de ces sources riches de vitalité qui pourraient la féconder.

Dans la situation intermédiaire d'expansion contrôlée, la conciliation des tendances et du Moi, par le processus que les psychanalystes appellent sublimation, aboutit, on l'a vu, à une pensée accordée au réel tout en s'enrichissant aux sources de la vie affective.

L'expansion élective. Nous avons montré au Livre II (ch. 3) que lorsque l'expansion vitale se manifeste électivement dans une zone déterminée du visage, on peut en déduire dans quel domaine psychologique l'enfant trouve son plus facile épanouissement, c'est-à-dire son aptitude la plus efficace.

L'être humain, quand on le compare aux animaux, se caractérise par la plus grande ampleur de son crâne et de son front, signe de la prédominance de l'expansion dans le domaine de la pensée.

Ce qui caractérise par contre les animaux, c'est le développement prépondérant des étages instinctif et affectif formant « museau », et qui indique la primauté de l'instinct et du flair.

Or, il y a aussi chez l'homme un *type instinctif-affectif,* caractérisé par le grand développement des deux zones inférieures du visage en hauteur, largeur et saillie

Figure 27

en avant; le front est ici proportionnellement plus petit, moins haut, plus étroit et fuyant en arrière, formé presque uniquement de la forte saillie des bosses sourcilières (fig. 27). Nous savons que cette structure indique une intelligence de type animal, faite d'instinct et de flair, tout entière au service des besoins matériels du corps, incapable de s'élever jusqu'à la pensée abstraite. Certains enfants ont cette structure: ils ne s'intéressent qu'aux choses utiles et refusent d'apprendre quoi que ce soit d'autre; on ne saurait dire que ce sont des débiles mentaux, car ils ont une intelligence pratique qui leur permet souvent de se débrouiller remarquablement bien dans la vie, mais ils ont peu d'aptitude pour l'école et l'instruction par les livres.

Au fur et à mesure qu'on passe du type instinctif-affectif animal au type cérébral humain, *le front s'élève et se redresse.*

Il s'élève en ce qu'il s'y ajoute une zone haute, ample et arrondie, qui est la zone de l'imagination, la zone des conceptions et des synthèses. Il se redresse et se met de niveau avec les autres parties du visage, par ce processus d'évolution morphologique que nous avons appelé la rétraction de front, introduisant comme on l'a vu la pensée réfléchie.

Les êtres humains se différencient le plus souvent par l'ampleur de leur front; mais il importe de souligner ici que ce n'est point par des mensurations qu'on doit apprécier cette ampleur. D'une part, un front, qu'il soit grand ou petit, ne l'est que par comparaison avec les autres zones du visage, et le coup d'œil est ici un plus sûr moyen ·d'appréciation que l'instrument de mesure. D'autre part, il faut examiner si ledit front est de proportions harmonieuses ou non, car la notion d'équilibre est primordiale en matière d'intelligence, et ici encore c'est le coup d'œil qui appréciera.

Les fronts petits. De ce que nous venons de dire de l'ampleur du front, caractéristique de la pensée humaine, il ne s'ensuit pas qu'il faille refuser l'intelligence à tous les fronts petits. Disons en bref qu'un front petit signifie débilité mentale lorsque:

1. Il est exagérément étroit et bas.

2. Il est dysharmonieux.

3. Il appartient à un crâne très peu développé (micro-céphalie).

4. Les yeux sont petits, enfoncés dans l'orbite et très rapprochés l'un de l'autre.

5. Les autres zones du visage offrent des signes de rétraction très accusée, ou bien une lourdeur massive (fig. 28).

Figures 28 et 29
Fronts petits

En 28, front petit dans un crâne petit, yeux exagérément enfoncés dans l'orbite. Le reste du visage est lourd, mais avec récepteurs peu ouverts, ce qui souligne le peu de perméabilité du sensorium et par conséquent de l'intelligence.

En 29, front petit, dans un crâne bien développé, yeux bien ouverts. Le reste du visage est très ouvert, traduisant les bonnes aptitudes à l'assimilation sensorielle primaire.

Par contre, un front petit peut indiquer un bon niveau intellectuel lorsque:

1. Il n'est pas trop réduit en comparaison du reste du visage.

2. Il a une structure harmonieuse.

3. Il appartient à un crâne assez ample.

4. Les yeux sont assez grands, peu enfoncés et écartés l'un de l'autre d'une bonne largeur.

5. Les autres zones du visage indiquent une expansion affective-instinctive harmonieuse (fig. 29).

Il s'agira toutefois, soulignons-le, d'intelligences concrètes, pragmatiques, peu douées pour la spéculation abstraite et pour l'invention.

Les fronts grands. De la notion de « type cérébral humain », on a souvent voulu conclure qu'un grand front indique toujours une grande intelligence. Mais c'est à tort. Il faut avoir bien soin d'opposer ici deux points de vue: le point de vue statistique des chiffres et le point de vue esthétique de la morpho-psychologie.

La proposition ci-dessus est certes vraie du point de vue statistique, comme l'a montré le premier l'anthropologue BROCA en comparant les périmètres crâniens de deux groupes de sujets: un groupe d'intellectuels et un groupe de travailleurs manuels.

Mais lorsque, quittant le terrain de l'étude des grands nombres, on s'attache à l'examen des cas individuels, il n'est plus possible d'établir un parallélisme constant entre l'ampleur du front et la valeur de l'intelligence.

Voici les conclusions auxquelles nos études morpho-psychologiques nous ont conduits:

En premier lieu, l'ampleur du front ne doit pas être grande intelligence que s'il est harmonieusement différencié.

En second lieu, l'ampleur du front ne doit pas être excessive par rapport aux autres parties du visage, car il faut qu'il y ait entre eux un certain équilibre, en accord avec ce que nous avons dit de l'importance des facteurs de personnalité dans l'activité de l'intelligence.

Autrement dit, l'ampleur du front n'autorise à elle seule qu'une conclusion: elle signifie expansion cérébrale, intérêt particulier pour les domaines de la pensée. Mais pour en inférer que cette expansion, que cet intérêt aboutissent à des réalisations intellectuelles, il faut faire une analyse morphologique plus précise.

Lorsque *l'expansion passive* prédomine (front grand et uniformément arrondi, yeux globuleux et d'expression atone), il y a réceptivité à toutes les impressions, pouvoir d'assimilation considérable des données sensorielles, emmagasinement d'un très grand nombre de choses que l'intelligence pourra peut-être utiliser plus tard, qui toutefois restent pour le moment à l'état potentiel dans les profondeurs de l'inconscient. Mais il manque le choix, la prise de conscience active, la netteté des pensées, le pouvoir d'élaboration. Le réel est souvent confondu avec les fantasmes de l'imagination. Les écoliers de ce type ont le plus souvent une mémoire d'érudition remarquable, mais ils ne peuvent fixer leur attention sur un problème précis et sont souvent « dans la lune ».

Lorsque prévaut *l'expansion active* (front d'ampleur moyenne, arrondi avec méplats, crêtes temporales saillantes avec tempes plates, yeux bien ouverts et d'expression très vivante), la réceptivité s'équilibre avec l'activité. Le monde des objets n'est plus seulement assimilé passivement, il est appréhendé. La mémoire acquiert le pouvoir de rappeler et d'utiliser les souvenirs. La pensée est active, conduisant à des réalisations. Les écoliers de ce type sont actifs et bien adaptés aux réalités concrètes; ils n'ont pas de pensée originale, mais assimilent bien tout ce qu'on leur enseigne.

Lorsque prévaut *l'expansion contrôlée* (front redressé, différencié en trois zones superposées, dessinant un profil sinueux) se concilient l'esprit pratique et l'esprit théorique, l'adaptation au monde et l'originalité personnelle. La mémoire devient élective et fait un choix parmi les données rappelées. A la spontanéité primesautière de l'expansion simple se substitue ici la réflexion, qui introduit la pensée. Les écoliers de ce type n'ont pas la grande souplesse d'assimilation des précédents, mais ils ont plus de méthode et de réflexion; ils sont capables d'abstraction et de conceptions d'ensemble. Ce sont aussi des électifs, c'est-à-dire qu'ils peuvent exceller dans certaines matières et pas dans les autres, mais ce qu'ils étudient avec intérêt, ils l'approfondissent beaucoup.

Il faut souligner ici que la différenciation du front en 3 zones, caractéristique de ce type morpho-psychologique, n'a de valeur que si elle est harmonieuse. Cette harmonie réside en premier lieu dans un certain équilibre entre les trois zones, la zone imaginative dominant d'ordinaire par son ampleur arrondie les deux autres zones, mais ne devant pas être excessive sous peine de laisser la pensée se dissoudre dans la passivité et le rêve. Certains écoliers à très grand front, qu'on croirait au premier abord très doués pour les études, en fait n'y réussissent pas, absorbés qu'ils sont par une pensée intérieure de rêve (distraits-absorbés). En second lieu, l'harmonie réside dans la régularité du modelé; signalons par exemple l'influence défavorable d'une zone de réflexion (zone moyenne) marquée par un creux profond qui fait une cassure dans le profil, car une telle rétraction a une influence inhibante, la réflexion s'éternisant en des si et des mais qui paralysent la décision. (cf. le front des scrupuleux fig. 26). Un autre cas fréquent est réalisé quand le redressement du profil au lieu d'être modéré, s'exagère, la zone imaginative se plaçant en surplomb, les deux zones inférieures se trouvant de ce fait en rétraction, c'est-à-dire en inhibition. Les écoliers de ce type sont, par doute et scrupule, d'une lenteur excessive dans tout ce qu'ils font; ils appliquent leur réflexion à des problèmes que le flair seul pourrait résoudre beaucoup plus vite, et par là, ils échouent dans toutes les situations où une certaine rapidité à conclure est nécessaire (fig. 30).

En troisième lieu, il faut, avons-nous dit, qu'il y ait *un certain équilibre entre le front et les autres zones du visage.* L'expérience nous enseigne en effet qu'un grand front correspond à une intelligence d'autant plus créatrice qu'il surplombe un visage puissant, large et de modelé sthénique, exprimant la force des pulsions vitales (fig. 31). Et cette observation vient appuyer la remarque déjà faite que l'intelligence ne peut être séparée de la vitalité globale de l'organisme, car elle y puise à la fois l'énergie qui l'alimente et ses directions d'intérêt essen-

Figures 30 et 31
Fronts grands

En 30, le front, grand, est légèrement en surplomb, et de ce fait, sa courbe n'est pas harmonieuse. Les yeux sont un peu trop enfoncés dans l'orbite. Enfin cette ampleur cérébrale ne s'équilibre pas bien avec une zone mandibulaire déficiente (nuque faible aussi).

En 31, le front est grand sans excès, bien différencié, légèrement incliné en arrière. Très bon équilibre des 3 étages et notamment mâchoire et nuque puissantes, indiquant une excellente insertion dans la réalité concrète.

tielles; c'est ainsi par exemple qu'on ne trouvera pas d'intelligence de valeur chez des hommes dont le grand front domine un visage trop amenuisé par la rétraction, car une telle structure indique une pensée « dévitalisée », une pensée qui, faute de s'appuyer sur une assise instinctive-affective solide, risque de perdre le contact avec la réalité.

Conclusions. En conclusion, pour apprécier les aptitudes intellectuelles natives d'un enfant, on ne devra pas se borner à l'analyse morphologique *de son front seul,* mais considérer toujours le visage dans son ensemble. On ne devra pas d'autre part s'attendre à ce que le diagnostic morpho-psychologique puisse donner un Q-I. En un sens, il est à ce point de vue moins précis qu'un test de niveau. Mais en un autre sens, il va beaucoup plus loin, en ce qu'il nous fournit une appréciation qualitative des aptitudes inscrites dans la structure de l'individu, et nous permet de dire si le développement intellectuel de l'enfant est en accord avec ses possibilités natives, ou si quelque situation pathologique, qu'il faudra déterminer, a empêché cet accord. En particulier, on pourra en général par cette méthode différencier les cas de pseudo-débilité mentale des cas de débilité mentale vraie.

3. *Les déficiences acquises*

Lorsque rien dans le développement psychique d'un enfant, ni dans sa structure objectivée par la morphologie n'explique son échec dans le domaine des réalisations intellectuelles, on doit penser à l'action possible de facteurs pathogènes, intervenus à un moment donné de l'évolution et ayant empêché le sujet d'actualiser pleinement ses potentialités natives, c'est-à-dire « de devenir ce qu'il est ».

Ces facteurs pathogènes sont de divers ordres: traumatismes, maladies organiques, troubles de l'affectivité. Lors de la prise de l'observation, une anamnèse attentive devra s'efforcer de les mettre en évidence dans l'histoire clinique du sujet, mais on se devra de passer au crible de la critique les déclarations de la famille, car elles n'ont pas toujours l'objectivité qui est désirable en pareille matière. Tantôt les parents, pour échapper au diagnostic d'une hérédité pathologique qui humilie leur fierté, insistent beaucoup trop sur quelque incident mineur survenu à un moment donné — choc sur la tête, maladie infectieuse bénigne, ou même « les vers » — l'accusant de la déficience de leur enfant, et le clinicien doit se poser la question de l'influence réelle dudit incident. Tantôt en sens inverse, les parents tairont certaines perturbations de l'atmosphère affective familiale, où leur responsabilité est engagée, perturbations qui, à un examen attentif, se révéleront avoir été déterminantes.

Le clinicien fondera ici son diagnostic sur cette règle de bon sens qu'une déficience, lorsqu'elle est native, d'une part se manifeste de très bonne heure, d'autre part est inscrite dans la structure morphologique. Si l'on nous dit par exemple que le retard scolaire d'un enfant est imputable à des convulsions ou à une chute sur la tête, que nous apprenions par ailleurs que cet enfant a parlé très tard et mal, et que l'examen morphologique nous révèle une microcéphalie, alors nous pouvons être assurés que la déficience constatée n'est pas acquise comme on le prétend, mais native.

Réciproquement, si l'on nous dit qu'un enfant a marché, a parlé et a été propre très tôt, offrant d'ailleurs dans ses premières années tous les signes d'une intelligence bien éveillée, et qu'à l'âge de 5 ans, après une maladie infectieuse au cours de laquelle le médecin a diagnostiqué des troubles cérébraux, tous ses progrès se sont arrêtés, qu'au demeurant sa morphologie est normale, alors il nous est possible de conclure avec certitude que c'est le processus encéphalitique qui est la cause de l'arrêt du développement (règle de HEUYER).

Les causes des déficiences acquises étant de divers ordres, comme on l'a vu, il faut pour les diagnostiquer une double étude: celle du médecin et celle du psychologue.

Il est du *ressort du Médecin*, à la condition qu'il soit particulièrement informé des maladies de l'enfance, de relever dans l'anamnèse du petit patient les accidents pathologiques responsables possibles d'une déficience mentale: encéphalites; méningites; fièvres éruptives à détermination encéphalo-méningée; traumatismes crâniens; épilepsie. Tantôt la déficience constatée est massive, et le fait qu'elle est consécutive à la maladie en cause ne laisse aucun doute sur leur relation étiologique. Tantôt elle est au contraire discrète, et il faut une analyse très fine pour en identifier la cause avec certitude. Il est par exemple des cas d'épilepsie larvée qui ne se manifestent que par des « absences », l'enfant perdant pendant quelques secondes conscience de ce qui se passe autour de lui; quand de telles absences sont fréquentes, il en résulte des lacunes d'attention dont la scolarité de l'enfant peut souffrir beaucoup; il est très habituel en pareil cas que l'état pathologique soit méconnu et qu'on sanctionne l'enfant pour ce qu'on considère comme de la « mauvaise volonté » de sa part.

Autre exemple: *les facteurs endocriniens*. Il est bien connu que les sécrétions internes ont une grande influence sur les processus mentaux. En particulier celle de la glande thyroïde a une action activante bien démontrée. Toutefois s'il est facile de rattacher à l'insuffisance de cette sécrétion thyroïdienne l'apathie et la lenteur d'idéation des *myxœdémateux,* chez lesquels la glande est gravement atrophiée ou bien est le siège d'une tumeur goitreuse, par contre les cas de simple dysfonctionnement thyroïdien posent un problème souvent plus difficile à résoudre.

Il est par ailleurs un domaine de la pathologie pour une large part encore ignoré de beaucoup de praticiens. C'est celui de *l'asthénie nerveuse*, se traduisant par un manque de goût au travail, de la difficulté à fixer son attention et une grande fatigabilité à l'effort. Pour notre part, nous l'avons dit déjà, nous considérons cette asthénie comme une réaction de l'instinct de conservation, destinée à empêcher le gaspillage des forces d'expansion

quand celles-ci ont été amoindries par un état pathologique quelconque. Le pédiatre doit savoir que cette
réaction « de mise à l'abri » peut s'observer dans les
conditions les plus diverses: incubation ou convalescence
d'une maladie de quelque gravité, réactions post-vaccinales, périodes de croissance difficile. On devra toujours
y penser en cas de fléchissement inattendu de l'activité
intellectuelle d'un enfant jusque-là bon écolier. C'est
ainsi que nous avons observé une fillette intelligente,
toujours première de classe, qui, dès la rentrée scolaire
de ses 10 ans, cessa de montrer le moindre intérêt à
l'étude et passa en quelques mois des premières au
dernières places, en dépit des exhortations et des pu-
nitions dont on l'accablait; or six mois après se déve-
loppait une primo-infection avec pleurésie; en pareil cas
il y a lieu de penser qu'avant la phase clinique d'une
maladie, il y a une phase pré-clinique marquée par la
formation de lésions qui suscitent déjà dans l'organisme
inconscient des réactions de défense utiles. Le fait est
beaucoup plus fréquent qu'on ne le croit communément
et, en particulier, il est courant que, dans les jours
précédant une fièvre éruptive, un enfant puisse se montrer grincheux, fatigable, et refuser l'école.

Quand l'examen du pédo-psychiatre ne décèle aucune
cause médicale à l'origine de la déficience intellectuelle
acquise, c'est que *la cause en est psychologique,* c'est-à-
dire réside dans un *trouble de l'adaptation* de l'enfant
à son environnement socio-familial.

Ici une distinction doit être faite suivant que ledit
trouble est extérieur ou intérieur.

En ce qui concerne le *premier cas*, on ne saurait trop
insister sur le fait que, pour avoir sa pleine efficience
intellectuelle, un enfant doit se trouver dans des conditions de vie familiale et sociale favorables. D'une part,
comme nous l'avons montré au Livre II, la maturité de
l'intelligence, son aptitude à distinguer le vrai de l'imaginaire et à entretenir des relations objectales avec l'envi-

ronnement, est sous la dépendance d'un développement affectif harmonieux. D'autre part, la capacité de faire les efforts que requiert le travail scolaire est elle aussi fonction de soutien affectif que l'enfant reçoit de son entourage.

Quant au *second cas,* celui du trouble intérieur, il pose le très important problème des *névroses enfantines* que nous étudierons en détail au chapitre 4. Bornons-nous ici à rappeler que, lorsqu'un conflit névrotique met aux prises le Moi et les pulsions, toute la force vitale étant accaparée par ce conflit, il n'en reste plus de disponible pour l'adaptation à la réalité extérieure. Il en résulte un état d'impuissance pathologique à l'effort, où nous retrouvons l'*asthénie* déjà étudiée précédemment sous l'angle purement médical. L'asthénie peut donc avoir aussi une cause psychique, et quand on ne découvre chez un enfant anormalement fatigué aucun facteur organique qui puisse expliquer sa fatigue, on doit toujours soupçonner l'existence d'une névrose. Ajoutons que lorsque l'affection névrotique se prolonge, le manque d'efficience de l'asthénie a pour effet d'entraver d'une manière très sensible le développement même de l'intelligence.

Lorsque l'asthénie est importante, non seulement tout effort intellectuel est impossible, mais encore la confusion s'installe dans les pensées et provoque des erreurs déconcertantes dans les moindres exercices de français ou de calcul. En pareil cas, les tests de niveau ne donnent pas de meilleurs résultats que les examens scolaires et font évaluer l'intelligence de l'enfant au-dessous de son Q-I réel.

Quand par contre l'asthénie est modérée, il n'y a point parallélisme entre la réussite aux études et la réussite aux tests. Le psychologue est surpris d'obtenir un Q-I de bonne valeur, en contradiction avec les résultats scolaires; c'est qu'alors joue le facteur fatigue, l'effort demandé par le maître à l'école se prolongeant plus longtemps que dans la situation de test, et d'autre part l'enfant n'étant pas, dans l'atmosphère collective et la monotonie d'une classe, soutenu par un intérêt affectif comparable à celui du test, avec la variété de ses épreuves et la présence dynamisante du psychologue.

Soulignons ici que les états névrotiques sont responsables de la grande majorité des cas de *pseudo-débilité mentale,* ainsi appelés parce que la déficience scolaire fait penser de prime abord à une débilité mentale native, alors que certains indices portent à croire qu'on a affaire à des enfants intelligents qui n'utilisent pas comme il faudrait leurs aptitudes intellectuelles.

Chapitre II

L'ÉVALUATION DE LA PERSONNALITÉ

INTRODUCTION

PERSONNALITÉ INNÉE ET PERSONNALITÉ ACQUISE

Pour la personnalité affective comme pour l'intelligence, il faut distinguer ce qui est inné et ce qui est acquis. Il est incontestable qu'il y a une grande part de vrai dans l'opinion des caractérologues, suivant laquelle un certain nombre de traits de la personnalité existent dès le plus jeune âge, en vertu de l'hérédité. Et il n'est pas contestable non plus, suivant l'opinion des psychanalystes, qu'une bonne part du caractère est acquise, se formant par réaction aux événements de la vie. Il n'est pas besoin d'ailleurs d'opposer ces deux conceptions, car dans la majorité des cas, elles sont toutes les deux vraies. A titre d'exemple, signalons que l'obstination têtue de certains sujets, allant jusqu'à la contradiction systématique, est un trait de caractère que la psychanalyse rattache aujourd'hui aux perturbations de la phase sadique-anale du développement, l'opiniâtreté mise alors par l'enfant à refuser d'être propre engendrant une manière d'être opposante qui se répétera par la suite en toutes occasions. Il est vrai, mais il faut considérer aussi que les enfants se comportant de cette façon lors de l'éducation à la propreté sont *déjà*, de par leur structure héréditaire (inscrite dans leur morphologie) dotés d'un caractère très obstiné, constatable en d'autres domaines. La structure innée peut donc disposer un enfant à certains modes de réagir qui, se répétant ensuite sous la provocation de circonstances favorables, renforceront la disposition naturelle. Il n'en reste pas moins que pour bien comprendre la genèse des états pathologiques, le psychologue devra être à même de discriminer ce qui revient à la personnalité innée et ce qui revient à la personnalité acquise. Il faut souligner une fois encore que les influences du milieu et des événements de la vie n'ont pas la même action chez tous les enfants, que leur action dépend pour une large part de la prédisposition constitutionnelle de chacun à réagir de telle ou telle manière. Il en résulte que lorsqu'un sujet invoque à l'origine d'un état morbide certains faits marquants de son enfance, il convient toujours de se demander si lesdits faits ont vraiment eu l'importance qu'il leur donne, s'ils n'ont pas été altérés, grossis le plus souvent, par la manière toute subjective dont ils ont été vécus. De même, comme nous le verrons, les traces traumatiques qui apparaissent dans les protocoles de tests projectifs ne correspondent pas d'ordinaire exactement à la réalité objective des faits, mais à une réalité réfractée à travers la sensibilité personnelle de l'enfant, ce qui oblige le psychologue à une interprétation critique.

Il s'en déduit qu'une bonne observation psychologique ne doit pas seulement comporter, comme il est d'usage, une relation aussi exacte que possible de la vie de l'enfant, des phases de son développement, de ses relations avec les différents milieux où il a grandi, des traumatismes qu'il a pu subir, mais encore une évaluation de sa personnalité native, et c'est par celle-ci que nous allons commencer.

I. *LA PERSONNALITÉ NATIVE*

Si les traits du caractère étaient des éléments fixes, comme par exemple la couleur des yeux, il serait facile de les déterminer. Mais tel n'est pas le cas, on le sait bien. Comme nous l'avons dit déjà, l'enfant « devient ce qu'il est ». Son développement psycho-physique consistera à actualiser ses possibilités latentes, et les traits principaux de son caractère n'apparaîtront que peu à peu, à l'occasion des événements de la vie qui les suscitent. Par exemple, comme nous l'avons montré un peu plus haut, une disposition native à l'entêtement ne se remarquera qu'à l'occasion du heurt avec les parents suscité par l'éducation à la propreté.

Ces potentialités latentes, qui forment la trame profonde du caractère, sont bien entendu inconscientes, et il faudra au sujet un effort particulier d'intériorisation pour en prendre lui-même conscience et connaître par-là son propre caractère. Encore beaucoup d'hommes ne font-ils pas cet effort et ne savent-ils jamais en vertu de quelle disposition naturelle ils se comportent de telle ou telle manière.

1. *Le questionnaire caractérologique*

La remarque précédente nous conduit à mettre en doute la valeur des questionnaires pour apprécier le caractère d'un individu. On sait que cette méthode est pourtant très usitée, en particulier dans la caractérologie la plus en faveur aujourd'hui, celle de HEYMANS-LE SENNE. Cette conception postule à la base de la personnalité trois éléments fondamentaux: la *sensibilité*, l'*activité* et le *retentissement,* qui sont ici considérés tous les trois comme innés. Suivant les valeurs de ces éléments sont décrits huit types principaux de caractère, qui se trouvent par-là même définis avec assez de précision. Un questionnaire a été établi pour mettre en évidence le degré de sensibilité, le degré d'activité, le retentissement primaire ou secondaire; et l'on soumet à ce questionnaire le sujet à l'étude, lequel par ses réponses inscrit en quelque sorte lui-même son diagnostic caractérologique.

Mais cette méthode du questionnaire est passible de très sérieuses critiques. En premier lieu, elle suppose que le sujet est sincère, qu'il ne cherche pas à tromper le psychologue, par exemple en voulant donner une meilleure opinion de lui-même; ainsi tel garçon peu actif répondra affirmativement aux questions concernant l'activité, parce qu'il pense ainsi disposer les gens plus favorablement à son égard. En second lieu, cette méthode suppose un certain entraînement à la connaissance de soi-même lequel, il faut le reconnaître, est une disposition d'esprit plutôt rare. D'ailleurs, et ceci est notre troisième critique, si comme nous l'avons montré les traits innés du caractère sont inconscients, c'est en vain qu'on prétendrait les diagnostiquer par des questions faisant appel au conscient.

Encore notre critique ne porte-t-elle ici que sur la méthode d'investigation. Il faudrait se demander aussi dans quelle mesure les éléments de base de la caractérologie HEYMANS-LE SENNE sont bien innés, ce qu'on pourrait contester. Plus importante encore est la critique qui nous est inspirée par notre conception du *globalisme* de la personnalité, suivant laquelle il n'est pas licite d'étudier à part un élément isolé du caractère, car les différents éléments ne prennent de valeur que par leur interaction mutuelle. Par exemple, LE SENNE désigne assez arbitrairement la sensibilité par le mot *émotivité*, qui est d'ordinaire réservé à la tendance à éprouver facilement des émotions, à l'occasion de provocations minimes. Or l'on n'est pas émotif à proportion de sa sensibilité; il faut en effet considérer en même temps la valeur de l'activité; chez les sujets actifs (qui sont les *Colériques* et les *Passionnés*), les impressions sensibles constituent un stimulant de l'activité et se dissipent en quelque sorte dans les actions auxquelles elles donnent naissance; par contre chez les sujets peu actifs (qui sont les *Nerveux* et les *Sentimentaux*), ces mêmes impressions, ne pouvant s'extérioriser en actions, s'intériorisent en émotions et engendrent un trouble en profondeur; elles ont donc dans le premier cas une influence dynamisante, tandis que dans le second elles sont perturbantes, et c'est alors seulement qu'elles méritent le nom d'émotivité. Si nous considérons de ce biais l'influence de la sensibilité sur l'intelligence, ici encore le point de vue du globalisme s'impose: dans la mesure où la réceptivité sensible alimente l'esprit en impressions, et où l'activité toujours présente fournit à la pensée une formulation claire et de faciles réalisations, l'intelligence s'en trouve fécondée; mais par contre, quand la sensibilité, mal soutenue par l'activité, se dégrade en émotivité, elle est pour l'intelligence un facteur de confusion et d'inefficacité.

Voici un autre exemple de la nécessité du point de vue synthétique. Selon HEYMANS-LE SENNE, il y a deux modes de retentissement, le primaire et le secondaire, et chacun de nous a soit l'un, soit l'autre. Pourtant, quand on pose les questions relatives à la primarité-secondarité, souvent l'on s'entend répondre: « Cela dépend », réponse qui veut dire que le sujet en question estime être tantôt primaire, tantôt secondaire. Et une telle réponse aurait dû faire réfléchir les promoteurs de la méthode, leur faire mieux comprendre qu'un caractère est avant tout un mode de réagir au milieu. Il est en effet évident que la réaction primaire se manifeste surtout dans un milieu favorable à l'expansion; que par contre la réaction secondaire intervient dans un milieu d'expansion difficile, quand certaines influences provoquent une inhibition et obligent le Moi à une adaptation plus élective, par une réflexion qui introduit un certain retard dans la réponse; qu'en conséquence, les types d'expansion contrôlée disposent des deux modes possibles de réaction, ce qui leur assure, comme on l'a vu, une bien meilleure adaptation que les types extrêmes: Dilatés de réaction primaire, Rétractés de réaction secondaire.

2. *La morpho-psychologie*

Ici encore, c'est au diagnostic morpho-psychologique que nous ferons appel, comme étant le mieux à même de nous renseigner sur les structures natives.

Nous ne reviendrons pas sur ce qui a été dit au Livre II *(Psychologie de l'expansion vitale)* concernant la vie instinctive et la vie affective, en tant qu'elles émanent des forces vitales d'expansion et de conservation, et s'objectivent dans la morphologie du corps et du visage.

Mais, puisqu'il vient d'être question de la caractérologie HEYMANS-LE SENNE, et que celle-ci est à tout prendre une des conceptions qui correspondent le mieux à la réalité psychologique, nous allons montrer que la morphologie fournit un diagnostic plus sûr des types caractériels que le questionnaire.

La *sensibilité* (E) s'objective dans la morphologie par la gracilité des formes: ossature et musculature fines (poignets fins); visage grêle, sculpté dans une ossature délicate; finesse de toutes les parties, notamment des récepteurs sensoriels. A l'opposé, le *défaut de sensibilité* (nE) se traduit par des formes épaisses et lourdes, tant dans le cadre qu'au niveau des récepteurs sensoriels (lèvres épaisses, nez fortement charnu).

L'*activité* (A) est liée à la force de l'expansion vitale, quand une bonne partie de celle-ci, n'étant pas absorbée par la satisfaction des tendances, est disponible pour des réalisations. Cela implique: d'une part un cadre de visage large, d'ossature et de musculature vigoureuses; d'autre part un modelé de caractère sthénique (fermeté des chairs — relèvement des coins de bouche, des narines et des yeux dans une expression dynamique).

A l'opposé, le *défaut d'activité* (nA) s'exprime par une

structure atone, un manque de reliefs osseux, des chairs flasques, et l'affaissement des récepteurs sensoriels (par exemple les yeux obliques en bas et en dehors « à la Greuze »).

Le *retentissement* se diagnostique au type morphologique général et à la structure des récepteurs sensoriels. Retentissement primaire des Dilatés et des récepteurs ouverts (ce qu'on appelle « un visage ouvert »). Retentissement secondaire des Rétractés et des récepteurs fermés (ce qu'on appelle « un visage fermé »). Sans oublier bien entendu la condition intermédiaire très fréquente des Rétractés de front, qui ont les deux.

Voici représentés huit types d'enfants répondant à peu près à la classification caractérologique (fig. 32 à 39). Pour le psychologue qui s'est quelque peu entraîné au diagnostic morphologique, un simple coup d'œil au visage d'un enfant peut apprendre beaucoup sur les dispositions naturelles et le mode de réagir du sujet. En particulier, s'il est facile de connaître le caractère des enfants extravertis, qui se montrent en quelque sorte à nu, l'on sait combien par contre il est difficile de comprendre les enfants introvertis, qui taisent ce qu'ils pensent et sentent. Il n'est pas rare par exemple qu'on juge à tort un hypersensible introverti comme un indifférent affectif, parce qu'il ne montre jamais ses sentiments; en pareil cas la coexistence de signes morphologiques d'hypersensibilité et de rétraction (par exemple chez le *Sentimental* ESnA), permet au morpho-psychologue de saisir immédiatement la véritable réalité de ce caractère secret.

Les types d'expansion élective. Rappelons aussi, comme un complément nécessaire de la caractérologie exposée ci-dessus, que les zones d'expansion élective du visage renseignent sur la prédominance dans un caractère, soit des pulsions instinctives, soit de la vie affective, soit des intérêts intellectuels; à la condition bien entendu, comme nous l'avons montré, de ne pas se borner à noter le

Figure 32   *Figure 33*
Figure 34   *Figure 35*

Voici huit portraits d'enfants, figurations entre d'autres possibles des types caractérologiques de Heymans-Le Senne. En 32, un Sensitif extraverti. En 33 une Sensitive introvertie. En 34 et 35, opposition, à vrai dire discrète, d'une fillette Active extravertie et d'un garçon Actif introverti. En 36 et 37, opposition tranchée d'une fillette Passionnée extravertie et d'une Passionnée introvertie. En 38 et 39, deux garçons, l'un Amorphe extraverti, l'autre Amorphe introverti (à la vérité peu introverti).

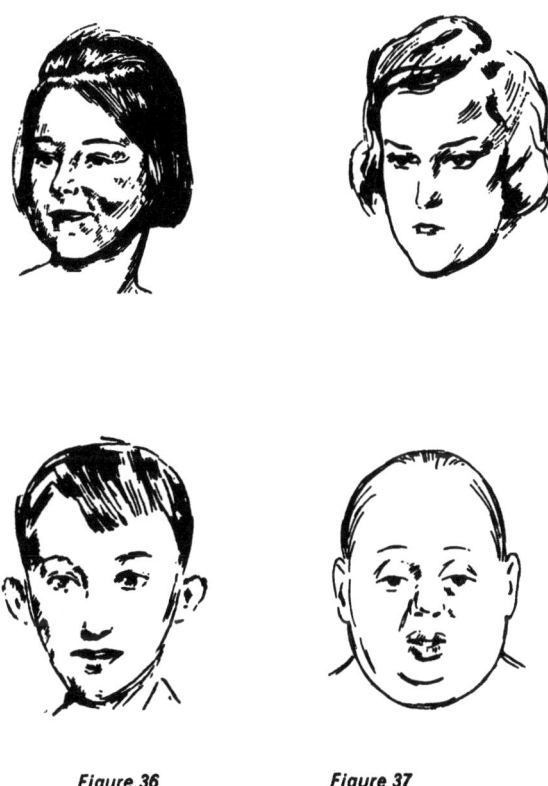

Figure 36   Figure 37
Figure 38   Figure 39

volume des parties, mais de les analyser qualitativement dans leur modelé, dans la structure des récepteurs sensoriels et dans l'équilibre des proportions avec les autres parties du visage.

Rappelons aussi que, lorsqu'il y a expansion élective

dans une zone du visage, par contre les zones en rétraction, qui sont des zones d'hypersensibilité intériorisée, représentent les domaines de la vie psychique les plus vulnérables, ceux qui sont le siège habituel des refoulements et des conflits.

Quelques illustrations. Ne pouvant ici, faute de place, développer dans toute son ampleur notre méthode de diagnostic morpho-psychologique, nous tenons toutefois à en illustrer la valeur par quelques exemples.

En premier lieu, le problème de l'*anorexie*. Il semble naturel que le défaut d'appétence pour la nourriture soit le fait d'enfants manquant d'expansion vitale, particulièrement dans le domaine de la vie instinctive-nutritive et présentant par conséquent une déficience de la zone mandibulaire (mâchoire étroite, menton en retrait, petite bouche). Et il est vrai que les enfants de ce type ont souvent dès la naissance des « appétits d'oiseaux » et ne prennent pas de poids. Mais très souvent aussi l'anorexie s'observe chez des enfants dotés d'une forte mâchoire et d'une large bouche qui sont les signes morphologiques d'une grande avidité orale; de cette contradiction, on peut conclure qu'il s'agit d'une anorexie névrotique, formation réactionnelle contre une avidité orale refoulée, significative d'un trouble des relations avec la mère nourricière.

En second lieu, le problème de l'*énurésie nocturne*. On sait que ce trouble fréquent est souvent qualifié par les familles « faiblesse de vessie », comme s'il était dû à un manque de tonicité du sphincter urinaire, laissant échapper passivement les urines pendant le sommeil. S'il en était réellement ainsi, ce trouble s'observerait surtout chez des enfants atones, aux chairs molles, à la bouche toujours entrouverte par manque de tonus. Or, on est frappé de voir que la grande majorité des énurétiques sont des enfants dotés d'une forte expansion instinctive, sans signe d'atonie. Et cette remarque mor-

phologique appuie dans le sens de la conception psychanalytique, qui voit dans l'énurésie une *activité* érotique
inconsciente, c'est-à-dire tout l'opposé d'un relâchement
atonique.

En troisième lieu, donnons l'exemple du *comportement
pervers*. Voici un petit garçon de 8 ans qui s'attaque
méchamment à son petit frère; qui plus est, il a un jour,
avec un papier journal enflammé, mis le feu au chat de
la maison, ce qui incline à croire qu'on a affaire à un
pervers constitutionnel, c'est-à-dire à un sujet inaffectif.
Or, par son visage, il réalise un type d'expansion affective bien caractérisé (pommettes saillantes, nez charnu,
diamètre bimalaire prédominant sur les autres, front
petit), structure qui est en contradiction avec le diagnostic
premier, et qui nous conduit à rattacher le comportement
du garçon à des problèmes affectifs de rivalité fraternelle.
La soustraction provisoire au milieu familial et la mise
en observation du sujet nous ont en effet permis de
confirmer l'importance en lui des sentiments affectifs et
ont justifié une action psychothérapique.

Soulignons à l'occasion de cette observation que le
diagnostic de pervers constitutionnel ne va jamais sans
une certaine expansion cérébrale, corrélative d'une rétraction dans les autres zones du visage. On constate en
effet chez le pervers un défaut d'expansion affective, une
imagination sadique et une tendance à calculer froidement toutes ses actions, qui impliquent nécessairement la
structure en question. Si le type d'expansion cérébrale
est fréquent et les pervers constitutionnels rares, c'est à
n'en pas douter parce que les tendances perverses suscitent chez beaucoup de sujets d'intenses conflits avec
la défense du Moi, aboutissant à la constitution d'états
névrotiques, qu'on peut considérer comme des « négatifs » de la perversion.

II. *LA PERSONNALITÉ ACQUISE*

Comme nous l'avons déjà souligné, il est difficile pour le psychologue de distinguer dans la personnalité d'un sujet ce qui est inné et ce qui est acquis, étant donné que le comportement est d'ordinaire une sommation des deux.

On peut toutefois aborder le problème de la façon suivante: lorsque le sujet trouve un milieu favorable à son expansion vitale et qu'il peut par conséquent se développer dans le sens même de ses dispositions naturelles, l'inné et l'acquis sont de même sens; alors, véritablement, « on devient ce que l'on est ». Lorsqu'au contraire le milieu entrave de quelque façon l'expansion vitale du sujet, il y a conflit: l'inné et l'acquis ne sont plus alors de même sens. Dans une certaine mesure, comme nous l'avons vu, le conflit est inévitable puisqu'il est inscrit dès le début dans l'antagonisme nécessaire des forces d'expansion et des forces de conservation. Mais il convient de considérer spécialement les cas où le conflit est intense, opposant fortement le sujet à son milieu, ou bien l'opposant à lui-même dans une situation névrotique lorsque le Moi, porte-parole de la réalité extérieure, entre directement en lutte avec les pulsions du Soi.

C'est principalement dans ces cas de conflits graves que le sujet présente des réactions pathologiques, lesquelles motivent l'intervention du psychologue. Tantôt lesdites réactions sont conscientes, et il suffit alors d'un entretien avec le sujet sur le mode conscient pour apprendre les raisons de sa conduite. Tantôt, et c'est surtout dans de tels cas que nous avons à intervenir, les réactions du sujet sont inconscientes, et il faut user d'une méthode particulière pour en découvrir les motivations.

Comme nous aurons souvent dans ce qui va suivre à parler de *troubles névrotiques,* il convient de souligner que la comparaison des dispositions innées et du comportement actuel fournit au psychologue le moyen de différencier les réactions névrotiques des réactions naturelles au tempérament natif. Voici ce que nous voulons dire par-là. Qu'à l'occasion d'un choc affectif, par exemple un deuil, un Dilaté réagisse par un chagrin bruyant, des cris et des larmes, au point de se donner parfois en spectacle au public; qu'à l'inverse un Rétracté réagisse par l'inhibition, le mutisme, le refus de manger, et se retire de la société, ce sont là des réactions naturelles qui vont dans le sens de ce que nous savons caractériser chacun de ces types morpho-psychologiques. Qu'un Rétracté latéral, être d'action et de mouvement, réagisse à l'anxiété d'une situation trop pénible par une fugue, voilà encore ce qu'on peut appeler une réaction naturelle. Qu'un enfant rétracté, aux yeux enchâssés dans une orbite profonde, présente à l'occasion d'une poussée de croissance un état de fatigue psychique qui interrompt ses progrès scolaires, c'est encore dans la ligne directe de son tempérament.

Par contre, quand un sujet ne trouve pas dans le milieu où il doit vivre des conditions favorables à son expansion particulière, il y a conflit et situation névrotique. Par exemple lorsqu'un enfant de type expansif est élevé par des parents pusillanimes qui craignent exagérément pour lui les dangers de l'expansion vitale, il pourra, introjectant les craintes parentales, créer en lui-même un conflit entre l'inné et l'acquis, et inhiber ses pulsions naturelles. Inversement, si l'on force à l'expansion un enfant de type rétracté, on fait naître un conflit entre l'attitude expansive du Moi en surface et le désir profond d'un milieu refuge de protection.

Le psychologue reconnaîtra donc ces situations névrotiques au contraste opposant la constitution native de l'enfant et son comportement habituel, et par surcroît à l'existence d'une angoisse toujours prête à se manifester dès que le sujet change de comportement, se laissant aller à son impulsion naturelle. Il apparaît ici que l'angoisse est la cloche d'alarme avertissant le Moi que sa censure va devenir inopérante et lui permettant par-là de renforcer à temps sa défense. Par exemple, lorsqu'un enfant doté constitutionnellement d'une forte expansion vitale et qu'on s'attendrait à voir toujours bruyant et remuant, nous est décrit comme ayant un comportement silencieux et calme, et se calfeutrant dans sa chambre pour rêver ou lire, nous pouvons affirmer une névrose avec phobie du mouvement.

Lorsqu'un enfant pourvu d'une forte mâchoire à angles très prononcés et à menton saillant en avant, d'où l'on est fondé à déduire de fortes pulsions sadiques-orales, nous est dépeint avec un comportement aussi peu agressif que possible, nous pouvons affirmer l'intervention acquise des formations réactionnelles du Moi, ayant abouti, par un processus névrotique, à retourner la pulsion initiale en son contraire.

Il importe de souligner ici que, dans les cas envisagés, le diagnostic morpho-psychologique paraît être en défaut, puisque le sujet ne se comporte pas comme on aurait été en droit de s'y attendre d'après sa structure. Mais le morpho-psychologue qui ne se laissera pas déconcerter par ces apparentes contradictions pourra en tirer deux indications précieuses: d'une part il sera mis sur la voie d'un état névrotique, comme nous l'avons dit; d'autre part, il saura déceler, derrière la conduite imposée par la névrose, des tendances plus profondes et plus authentiques. S'il dit par exemple au sujet dont nous venons de parler: « Vous aviez par nature une forte agressivité, mais vous l'avez dominée », l'intéressé, s'il est conscient de ce qui se passe en lui-même, acquiescera.

Si la morpho-psychologie peut nous aider beaucoup dans le diagnostic des conflits névrotiques, toutefois entre la constitution native qu'elle nous révèle, et le comportement actuel, raison d'être de la consultation, il manque un moyen terme, qui est le conditionnement particulier du sujet par les événements de sa vie et les influences du milieu où il a grandi. Comme nous l'avons dit déjà, ces événements, ces influences doivent être appréciés en fonction de la manière dont ils ont été subis par chaque individu, et par conséquent des traces qu'ils ont laissées dans l'inconscient. Pour cette appréciation, il faut au psychologue une méthode spéciale d'exploration de l'inconscient individuel; les instruments de cette méthode, ce sont les tests dits de personnalité, dont nous allons faire maintenant l'étude.

III. *LES INSTRUMENTS D'INVESTIGATION DE LA PERSONNALITÉ ENFANTINE*

Instruments pour l'investigation de la personnalité, et *méthode* pour se servir de ces instruments sont bien entendu étroitement solidaires. Pour la clarté de notre exposé, cependant, nous les examinerons séparément.

Une question se pose au départ: *quels sont les tests qui conviennent le mieux pour l'enfant?* Etant donné le but pratique de cet ouvrage, il n'est pas dans nos intentions de présenter tous les tests de personnalité en usage. Nous avons fait choix de ceux d'entre eux que nous estimons les plus aptes à permettre une étude à la fois rapide et approfondie. Ce choix a été expérimenté par nous au cours d'une longue pratique, et c'est pourquoi nous le recommandons. Mais cela ne veut nullement dire que les tests non retenus par nous ne soient pas valables. Nous reconnaissons volontiers qu'il y a un certain arbitraire à faire une sélection, à sacrifier ce qu'on ne choisit pas. Nous n'aurons donc que peu de chose à répondre à ceux qui nous reprocheraient nos exclusives. Toutefois, nous tenons à nous expliquer sur le fait que ni le *T.A.T.*, ni le *Rorschach* ne figurent dans notre batterie.

Le Thematic Apperception Test de MURRAY n'est pas selon nous un bon test pour l'exploration profonde de la personnalité enfantine. En premier lieu, à cause de la nature de ses images, qui n'intéressent guère les enfants. En second lieu, à cause de la succession arbitrairement imposée, qui ne laisse presque pas de place à la libre spontanéité du choix. En troisième lieu, à cause de la méthode d'interprétation, qui ne tient presque aucun compte des situations inconscientes. BELLAK a voulu échapper au premier de ces reproches en élaborant le C.A.T., estimant que la figuration animale parlait mieux à l'esprit de l'enfant, mais les deux autres critiques du T.A.T. s'adressent aussi à ce test, et nous en ajouterons une autre relative au fait que le « Héros » change à chaque image, ce qui empêche un engagement réel et nuit à la continuité de la projection.

En ce qui concerne le *Rorschach,* beaucoup s'étonneront que nous ne l'ayons pas retenu. Ce n'est pas que nous n'apprécions point ce test à sa valeur, qui est très grande. Il est de ceux qui, en dépit de l'extrême simplicité de l'instrument ou peut-être à cause de cette simplicité même, explorent la totalité de la personnalité et sont susceptibles de nous fournir de précieux documents à la fois sur l'intelligence et sur le caractère du sujet. Mais on sait qu'il est souvent très difficile, quand on interprète un RORSCHACH, de faire le départ de ce qui revient à l'intelligence et de ce qui revient à l'affectivité. Nous estimons quant à nous qu'il faut pour pratiquer ce test et l'interpréter avec fruit une expérience consommée qui ne peut s'acquérir que par des années d'études. Son utilisation relève donc des *spécialistes du Rorschach* et ne doit pas être conseillée dans l'exercice courant de la psychologie. A quoi nous devons ajouter cette remarque, très importante pour la pratique, que le RORSCHACH échoue dans un bon nombre de cas chez les enfants, ou ce qui revient au même donne des protocoles que leur pauvreté rend ininterprétables.

Voici les tests que nous avons retenus et que nous utilisons constamment dans notre pratique quotidienne.

1. *Le test du dessin de famille.*

2. *Le test du gribouillis.*

3. *Les fables de Louisa Düss.*

4. *Le test du village.*

5. *Le test PN.*

6. *Le psychodrame diagnostique.*

L'ordre dans lequel se trouvent ici classés ces tests est intentionnel. Il est réglé par deux considérations pratiques: d'une part le temps dont on dispose, et d'autre part la nécessité d'obtenir de l'enfant une bonne collaboration à l'épreuve.

Il faut en effet remarquer que, lors d'une première consultation, avec un enfant qui ne nous connaît pas encore et que nous devons examiner dans un minimum de temps, il est nécessaire de disposer de moyens d'investigation d'application facile et qui ne rebutent pas le sujet.

A notre Consultation, nous pratiquons systématiquement les deux premiers tests de la liste: le *dessin de famille* et le *gribouillis*. En premier lieu, il est tout à fait exceptionnel que ces tests soient refusés, même par des enfants anxieux ou inhibés. En second lieu, ils sont d'une exécution rapide (une demi-heure au maximum pour le dessin, quelques minutes pour le gribouillis). En troisième lieu, ils fournissent sur la personnalité et ses perturbations des documents très intéressants, qui suffisent dans un bon nombre de cas à établir un diagnostic.

Lorsqu'une exploration plus approfondie se révèle nécessaire, nous avons recours à l'un des trois autres tests de la liste et éventuellement à une ou plusieurs séances psychodramatiques.

Les *fables de Louisa Düss* ne demandent qu'un temps de passation d'une demi-heure et, dans la plupart des cas, elles renseignent bien sur les conflits de l'âme enfantine.

Le *test du village* et le *test PN* sont souvent complémentaires l'un de l'autre. Le *test du village* fournit un tableau général de la personnalité intellectuelle et affective, principalement dans son mode actuel de relation avec l'environnement; son temps de passation oscille entre trois quarts d'heure et une heure et demie. Le *test PN,* par contre, va beaucoup plus en profondeur, car il explore les événements du passé de l'enfant, ceux qui ont marqué le plus fortement les premières étapes de son existence, et ainsi il nous documente bien sur les causes lointaines des conflits actuels. Son temps de passation est du même ordre que pour le test du village.

Nous allons examiner rapidement chacun de ces matériels d'investigation, sans toutefois prétendre suppléer ici les manuels spéciaux, auxquels le psychologue devra se référer pour l'utilisation, et qui sont indiqués dans notre bibliographie, en fin de volume.

1. *Le dessin de famille*

La consigne que nous recommandons est d'inviter l'enfant à dessiner, non pas *sa* famille, mais *une famille de son invention,* car nous estimons que cette consigne favorise une plus grande liberté de projection et permet une meilleure exploration de la personnalité profonde. Le dessin, une fois exécuté, doit être l'objet d'un commentaire, l'enfant étant invité à caractériser chacun des personnages de sa famille imaginaire dans son individualité et dans ses relations avec les autres. Nous demandons aussi à l'enfant d'exprimer ses préférences affectives pour les personnages représentés et enfin de se placer lui-même dans cette famille en s'identifiant à un de ses membres (cf. plus loin la méthode des Préférences-Identifications).

L'épreuve est réalisable à partir de 5 ans et est applicable aussi bien aux enfants qu'aux adolescents.

Elle permet au psychologue de se rendre compte de la manière dont l'enfant *vit dans son for intérieur* ses relations avec ses parents et avec sa fratrie. Or comme lesdites relations constituent la majeure partie de l'existence quotidienne d'un enfant, les conflits qu'elles suscitent sont les conflits les plus habituels de l'âme enfantine.

Ajoutons que ce test peut fournir aussi des éléments d'appréciation sur l'intelligence et est susceptible de remplacer pour cela le dessin du bonhomme de GOODE-NOUGH. On notera ici qu'il faut utiliser pour cette appréciation *le personnage le mieux dessiné* de la famille, celui que l'enfant valorise au maximum par le soin qu'il met à le représenter, les autres personnages pouvant être l'objet d'une dévalorisation d'origine affective qui, si l'on n'y prenait garde, conduirait à estimer l'intelligence du sujet au-dessous de sa vraie valeur. Une fois de plus, nous remarquons la constante interaction de l'intelligence et de l'affectivité.

2. Le test du gribouillis

La *consigne* en est très simple: on demande à l'enfant d'écrire son nom au milieu d'une feuille de papier, puis de gribouiller ad libitum sur cette même feuille. Ensuite on lui fait répéter l'épreuve une seconde fois, pour obtenir une plus grande liberté dans le tracé.

Le test est réalisable à tout âge. Chez les très jeunes enfants, qui ne savent pas encore écrire, on peut à la place du nom leur faire figurer un petit bonhomme en leur disant qu'il les représente.

Ce test du gribouillis, que nous avons introduit depuis une dizaine d'années dans la pratique pédo-psychiatrique, fournit de précieuses indications sur la personnalité affective dans ses couches les plus profondes. Nous avons pu établir qu'il explore tout particulièrement le stade des pulsions sadiques-anales, tel qu'il a été vécu par l'enfant entre 2 et 3 ans, pulsions qui sont à l'origine des conflits les plus intenses avec la censure du Moi, et qui se projettent dans le tracé du gribouillis, non pas toujours sous leur forme sauvage première, mais telles qu'elles ont été modifiées par les mécanismes de défense du Moi. Nous avons donc, par ce test très simple, un moyen d'investigation privilégié des stades premiers du développement affectif.

3. *Les fables de Louisa DUSS*

Ces « fables » constituent en fait des *histoires à compléter*, histoires qui mettent en scène les principales situations de la vie enfantine. Elles requièrent bien entendu de l'enfant un certain niveau de compréhension et ne sont pas applicables aux débiles mentaux.

Quelques-unes de ces fables utilisent la symbolisation animale (fables de l'oiseau, de l'agneau, de l'éléphant) qui permet, on le sait, une projection plus facile des tendances, en évitant la censure qui s'exercerait sur ces tendances si elles étaient vécues par l'enfant lui-même.

La consigne est simple. On lit tour à tour chacune des histoires à l'enfant et on lui demande d'en imaginer la fin. La seule difficulté pour l'examinateur est qu'il doit bien mettre en valeur personnages et action, en évitant toutefois d'engager ses propres sentiments affectifs par exemple dans le ton de sa lecture, afin de ne pas influencer le sujet.

La manière dont l'enfant nous indique l'issue de chaque histoire nous permet de déduire comment il ressent en lui-même la situation évoquée, et nous fait considérer comme probable qu'il se comporte dans la vie de la même façon.

LOUISA DUSS conseille de vérifier cette inférence en reprenant l'enfant quelques jours après et lui disant, pour l'amener à une prise de conscience: « Si c'était à toi que cette histoire soit arrivée, que ferais-tu? » Elle souligne que, par cette méthode, on peut voir s'instaurer des défenses secondaires contre les tendances exprimées la première fois, ce qui nous renseigne sur les conflits intérieurs.

Comme on le verra plus loin, nous avons remplacé cette technique de DUSS par notre technique des Préférences-Identifications en demandant à l'enfant aussitôt la fin de l'histoire quel rôle il choisirait s'il était parmi les personnages en jeu, avec ce double avantage d'une part que cette technique n'exige pas une seconde séance de passation et d'autre part que, faisant moins appel au conscient, elle obtient des réponses plus sincères. On verra notamment, par l'étude que nous avons faite de la fable de l'agneau, l'approfondissement que cette méthode nouvelle apporte au *test de Düss*.

4. *Le test du village*

Ce test, popularisé en France par ARTHUS, puis par MABILLE, est un *test d'activité créatrice*. La consigne en est très simple: on dispose en vrac sur une table un matériel composé de maisons, d'arbres, de personnages et d'animaux, et on invite l'enfant à édifier un village avec ce matériel, en lui laissant toute liberté de faire ce qui lui plaira.

L'expérience montre que, dans la majorité des cas, le village édifié n'est pas la reproduction directe d'un village réel, mais qu'il est un pur produit de l'imaginaton de l'enfant. D'où l'on peut conclure qu'il est une projection de la personnalité du testé, d'une part une véritable figuration de son schéma corporel, d'autre part une représentation plus ou moins symbolique de la manière dont il vit ses relations avec le milieu qui l'entoure.

Comme dans toute projection, il y a symbolisme, travestissement, déplacement des accents, d'où se déduit que le village doit être interprété. Cette interprétation sera évidemment favorisée si l'enfant nous guide en nous disant ce qu'il a voulu représenter. Il faudra donc l'inviter à s'expliquer sur sa construction. Mieux encore il faudra l'amener à un jaillissement de spontanéité en le faisant vivre dans son village, dont il animera les personnages et les animaux et en s'y situant lui-même dans les conditions d'âge, de sexe et d'habitat qu'il voudra.

Certains auteurs ont voulu limiter la liberté d'action du sujet, de manière à réaliser des conditions comparables permettant une plus facile standardisation. C'est ainsi qu'on a voulu par exemple imposer le choix de certains bâtiments publics en en inscrivant le nom sur les maisons; on a voulu aussi obliger le sujet testé à utiliser l'intégralité du matériel mis à sa disposition; enfin on a prétendu imposer à l'enfant d'habiter ce village construit par lui.

Pour notre part, depuis qu'en 1928 ARTHUS nous a enseigné la pratique du test, nous avons été peu à peu amené à laisser le plus de liberté possible à l'enfant, à n'imposer à sa construction aucune limitation, ni dans le temps de passation, ni dans le choix des matériaux, ni dans son identification à un habitant. Sur ce dernier point, nous pensons en effet que le refus d'habiter le village, qui s'observe quelquefois, étant tout à fait significatif des problèmes personnels du sujet, doit être respecté et interprété.

C'est aussi la raison pour laquelle nous sommes partisans de mettre dans les mains du sujet des matériaux suffisamment variés pour qu'il puisse exprimer tout ce qu'il désire. Par exemple, au lieu d'imposer une église, nous présentons séparément le corps d'un bâtiment et un possible clocher, de manière que le sujet soit libre d'en faire un édifice religieux ou tout autre chose. Dans le même sens, nous avons été amené à ajouter aux matériaux premiers désignés ci-dessus: des barrières, des colonnes, de la pâte à modeler et des papiers de diverses couleurs, avec des ciseaux pour les découper à volonté. Il arrive par exemple assez souvent que l'enfant veuille mettre dans son village une pièce d'eau ou une rivière; il faut qu'il en ait la possibilité.

Nous tenons à insister sur le fait que ce test n'est presque jamais refusé, de sorte que, lorsqu'on se trouve devant un enfant soit hostile, soit inhibé, il est un moyen d'approche et d'investigation supérieur à tous les autres. Ajoutons que dans les cas assez fréquents où un enfant refuse de quitter sa mère et de suivre le psychologue dans son cabinet, le village est un des très rares tests que l'on puisse faire exécuter en la présence des parents, à la condition bien entendu d'obtenir d'eux qu'ils se tiennent tranquilles dans leur coin et n'interviennent en aucune façon; son village une fois construit, l'enfant se sera suffisamment familiarisé avec le psychologue pour qu'on puisse, au moment de l'entretien, inviter les parents à se retirer.

Il est à noter aussi que le test du village est un test complet, en ce qu'il permet une appréciation des aptitudes intellectuelles aussi bien que de la personnalité affective.

On consignera le degré d'attention à examiner les matériaux; le temps de réflexion sur leur utilisation possible; la manière primesautière d'édifier sans plan préalable ou au contraire la méthode qui procède d'un plan plus ou moins longuement mûri; la bonne adaptation des matériaux à leur destination ou au contraire l'illogisme avec lequel ils sont disposés et adaptés à leur fonction; la grande rapidité de la construction (par exemple dix à quinze minutes) liée en général à un manque de soin et de précision, ou à l'inverse la grande lenteur par inhibition ou perfectionnisme, avec les remaniements fréquents des méticuleux obsessionnels; la richesse de l'imagination ou sa pauvreté, objectivées par le degré d'expansion du village, le nombre des matériaux utilisés, l'abondance ou la pénurie des descriptions.

Toutes ces notations permettent au psychologue de se faire au cours du test une opinion sur la valeur intellectuelle globale du sujet.

Mais ceci dit, le test du village est surtout un test de personnalité, dont on pourra tirer des renseignements très fructueux.

5. *Le test PN*

(Les aventures de Pattenoire)

Nous avons élaboré ce test en 1959 pour combler une lacune. Il nous est apparu tout d'abord qu'il était particulièrement fructueux de se servir chez l'enfant de la symbolisation animale, qui permet des projections beaucoup plus faciles, comme l'avait déjà vu BELLAK en proposant, pour remplacer le T.A.T. son C.A.T. *(Children Apperception Test)*. Ensuite, nous avons suivi G.S. BLUM dont le *Blacky* nous paraissait constituer un grand progrès par rapport au CA.T. en ce qu'il mettait en scène les aventures d'un même héros, le chien Blacky, augmentant de ce fait la facilité pour l'enfant de s'engager et de s'identifier.

En présentant les *Aventures du petit cochon Pattenoire* (fig. 40), nous avons voulu explorer un plus grand nombre de tendances que par le Blacky. Notre matériel

Figure 40
Frontispice du test PN

comporte en effet 18 planches recouvrant tout l'éventail des possibilités. Le caractère dans l'ensemble plaisant des images (ce qui n'empêche pas que quelques-unes soient très anxiogènes) fait que ce test est toujours bien accepté, ce qui a une grande importance pratique, car il n'y a rien de plus décevant pour un enfant ...... et pour un psychologue que d'échouer et d'être obligés de remettre l'examen à plus tard.

Mais ce qui a surtout contribué au succès de ce test, un des plus pratiqués aujourd'hui dans les pays de langue française, c'est *la méthode de passation et d'interprétation* que nous avons élaborée, favorisant au maximum l'expression libre du sujet et apportant d'autre part de précieux compléments d'information grâce aux *Préférences-Identifications,* comme nous l'exposerons un peu plus loin.

Ajoutons qu'il existe maintenant une forme parallèle,

les aventures de
PATTE NOIRE

Figure 41
Frontispice du test P N
Forme " moutons "

avec des moutons au lieu de cochons (fig. 41). Cette forme, élaborée pour les Arabes et les Israéliens, qui ne sauraient, pour des raisons de tradition culturelle, accepter de s'identifier à un cochon, est encore peu diffusée et nous ne la conseillons pas aux pratiquants usuels de notre test[1].

6. *Le psychodrame diagnostique*

La psychothérapie à l'aide des psychodrames inaugurée par MORENO est, on le sait, une méthode de traitement qui a trouvé une place de choix en pédo-psychiatrie, parce que mieux en accord que les psychothérapies usuelles avec le tempérament prompt à l'action de la majorité des enfants.

Il convient de souligner ici que *le psychodrame a aussi une valeur diagnostique,* qui peut compléter heureusement celle des tests précédents. Il arrive en effet assez souvent que les tests de personnalité ne nous permettent que des conclusions hypothétiques. Si l'on décide alors d'instituer une psychothérapie, les thèmes proposés par l'enfant dès les premières séances, la manière dont il les joue, le rôle qu'il y assume, enfin l'évolution d'un thème à l'autre peuvent dans beaucoup de cas nous fournir la clé du problème jusque-là non résolu.

Signalons ici l'intérêt du psychodrame à l'aide de marionnettes, imaginé par Madeleine RAMBERT, particulièrement précieux quand on a affaire à de jeunes enfants, entre 5 et 10 ans, à un âge par conséquent où le psychodrame direct n'est pas facilement applicable.

IV. *LA MÉTHODE D'INVESTIGATION DE LA PERSONNALITÉ ENFANTINE*

Quand les motifs ou les mobiles qui font agir un enfant sont connus de lui, qu'il en est pleinement conscient, il n'est nul besoin d'une exploration spéciale de sa

[1] Elle est hors-commerce et on peut se la procurer en la demandant directement au Docteur CORMAN, Centre Hospitalier Universitaire de NANTES.

personnalité pour comprendre sa conduite; il suffit de gagner sa confiance et d'avoir un entretien avec lui.

Mais très souvent, nous l'avons vu, surtout dans les situations pathologiques, l'enfant agit pour des raisons que lui-même ignore et qu'il ne peut par conséquent nous révéler au cours d'un simple entretien. En pareil cas, le psychologue doit mettre en œuvre une méthode d'investigation spéciale, qui puisse *amener à la lumière ce qui est caché dans les profondeurs obscures de l'âme.*

Nous rencontrons ici encore le très important problème du refoulement, de ce refoulement dans l'inconscient des états d'âme que le Moi conscient refuse d'accepter. Les tendances ainsi refoulées, privées par-là de leur possibilité d'expression, n'en ont pas moins gardé leur dynamisme vital intact et s'efforcent sans cesse de franchir le barrage de la censure pour s'exprimer à nouveau dans la conduite du sujet. Si elles y parvenaient, elles provoqueraient l'entrée en jeu immédiate de la défense du Moi et seraient refoulées à nouveau. Cela s'observe certes, mais le plus souvent par une conduite de détour, les tendances s'extériorisant non sous leur forme première, mais sous des formes travesties qui leur confèrent en quelque sorte un laissez-passer. L'essentiel est ici que le sujet lui-même ne soit pas reconnu comme l'acteur de ce qui se passe et n'ait point par conséquent à en porter la responsabilité. Il lui suffira pour cela que les tendances refoulées soient *projetées* sur un personnage d'emprunt, vrai ou fictif, qui les assumera aux lieu et place du sujet.

Ainsi donc quand le sujet est mis en présence de certaines situations, le plus souvent figurées par des planches en images, qui peuvent avoir quelque rapport avec les conflits vécus par lui et générateurs de refoulement, il va dépeindre les situations-stimuli en fonction de ses propres problèmes, en donnant plus ou moins libre cours à ses tendances refoulées; mais celles-ci sont rapportées à une autre personne, à laquelle on est en droit de penser qu'il s'identifie en secret.

Tel est le *mécanisme de projection* qui est à la base des tests de personnalité, lesquels sont pour cette raison souvent appelés *tests de projection* ou *tests projectifs*.

1. *Nécessité d'une grande liberté dans la projection*

On a souvent voulu, par analogie avec les tests d'intelligence, établir pour les tests projectifs des règles qui permettraient dans chaque cas de se référer à des normes précises. C'est ainsi qu'on a tenté dans divers travaux d'établir pour chaque test les réponses qu'on peut considérer comme normales, espérant ainsi pouvoir décider aisément, par comparaison, de ce qui est pathologique.

Dans cette même intention de comparaison, on a voulu aussi *standardiser* la passation des tests de personnalité afin que, quel que soit le psychologue, l'interprétation puisse toujours s'appuyer sur des bases fixes. C'est ainsi par exemple que la méthode de MABILLE pour le *test du village* repose sur un matériel toujours identique et sur un mode de passation standardisé. De même, certains tests en images, comme le C.A.T. ou le *Blacky* comportent une succession numérotée de planches, qu'il faut toujours présenter au sujet dans le même ordre. De plus, dans le *Blacky,* le sexe du héros est réglé d'avance en accord avec celui du sujet testé. De même encore, le *test du dessin de famille* comporte d'ordinaire la consigne précise: « dessine *ta* famille ».

Mais un certain nombre de psychologues pensent au contraire qu'il est beaucoup plus essentiel dans l'étude d'une personnalité d'apprécier son originalité propre, c'est-à-dire non pas ce en quoi elle s'apparente aux autres, mais ce en quoi elle se distingue. Dans cette perspective, il convient de mettre en œuvre une méthode qui permette à la personnalité *de s'exprimer en toute liberté, sans aucune distorsion.*

Nous sommes en conséquence partisans de n'imposer au sujet que le minimum de consignes. C'est ainsi que dans notre *test PN,* pour lequel nous avons instauré une telle méthode, la seule imposition résulte de la structure précise des images, comportant une réalité à laquelle il n'est guère possible de se soustraire. En dehors de cela, *tout y est liberté.*

Liberté la plus complète dans la caractérisation des cinq personnages du Frontispice quant au sexe, à l'âge et aux rapports de parenté qui peuvent les unir.

Liberté dans le choix des images et dans l'ordre où on les décrira ensuite; donc liberté entière de rejeter les images dont on ne veut pas.

Liberté dans la description d'une situation en ce qui concerne ce qui a pu se passer avant la scène figurée et ce qui se passera après.

Liberté dans l'interprétation de la scène figurée et des sentiments des protagonistes.

Liberté dans la répartition finale des images en Aimées et Non-Aimées, ainsi que dans le choix de la plus aimée et de la moins aimée.

Liberté enfin, pour chaque thème, dans l'identification à un des protagonistes (cf. *Manuel du test PN,* p. 64).

Cette règle de liberté doit selon nous être appliquée dans tous les tests de projection. En n'imposant aucune contrainte au sujet, on obtient en effet une vue beaucoup plus authentique de sa manière d'être personnelle.

C'est ainsi par exemple que, dans notre *test PN,* si nous avions selon l'usage habituel imposé aux enfants un héros de leur sexe, nous n'aurions pu mettre en évidence la grande fréquence des identifications profondes à l'autre sexe, avec tout ce qu'impliquent ces sexes inversés. De même, c'est en laissant les enfants tout à fait libres de caractériser comme il leur plaît les deux parents-cochons que nous avons vu s'exprimer le thème assez inattendu du père-nourricier, le père remplaçant la mère dans sa fonction de faire les petits et de les nourrir.

Autre exemple. Nous avons vu que dans *le test du*

village, on veut parfois faire à l'enfant une obligation d'habiter ce village qu'il a construit, espérant par-là obtenir des descriptions plus riches. Pour nous, dans les cas où l'enfant refuse d'habiter son village, nous nous gardons bien de le contrarier, estimant qu'il y a dans ce refus une indication fort digne d'intérêt. Il est d'ailleurs possible de tourner la difficulté en invitant le sujet à venir visiter ce village comme le ferait un étranger. Nous fîmes un jour passer cette épreuve à un grand garçon de 15 ans, solidement bâti, d'une structure dilatée indiquant une forte expansion vitale native, mais cependant affligé, ce qui était névrotique, d'une timidité morbide. Assez inhibé, il construisit pourtant un village où se dressait au centre un petit château entouré d'un parc. Devant son refus d'habiter les lieux, nous lui suggérâmes une visite, qu'il accepta, venant d'un pays voisin à bicyclette. Mais il se trouva aussitôt dans une situation dramatique, car un bandit venait de s'introduire dans le château pour voler. Notre garçon prêta main-forte au gendarme qu'on avait appelé. Mais le bandit, s'attaquant au châtelain, l'avait tué. Notre garçon protégea la châtelaine, et le bandit fut mis en prison. Par la suite, le garçon revint plusieurs fois dans le pays et il finit par épouser la châtelaine. Le symbolisme œdipien de ce thème est parfaitement clair: le bandit, personnage imaginé, représente bien entendu les pulsions agressives du sujet, dirigées ici contre une figure paternelle, mais non assumées et projetées. Par contre, le sujet assume mieux la position de défenseur de l'ordre, mais il se fait surtout le chevalier-servant de la dame et il l'épouse, réalisant par ce détour ses désirs œdipiens. Nous comprenons en même temps pourquoi notre garçon ne voulait pas se trouver dans le village: c'est qu'il se défendait contre ses pulsions œdipiennes agressives et qu'il préférait mettre de la distance entre les images parentales et lui-même. Par-là, nous étions éclairés aussi sur les causes profondes de sa timidité, étroitement liée au refoulement de ses pulsions érotiques et agressives.

Il convient de souligner ici qu'il y a d'un test à l'autre d'importantes différences en ce qui concerne la liberté de projection. Moins en effet la consigne du test est précise et plus est grande pour le sujet la liberté d'exprimer ses tendances refoulées. Le psychologue devra bien entendu en tenir compte dans son interprétation. Il est certain par exemple que le sujet testé réagit différemment dans le T.A.T. suivant qu'on lui présente une planche comportant des figures humaines ou la planche blanche, qui autorise la plus grande fantaisie dans le récit. L'inconvénient de cette page blanche est qu'elle est très anxiogène et suscite souvent de ce fait une complète inhibition. Nous obtenons dans *le test PN* une bien plus facile extériorisation en suggérant à l'enfant d'imaginer un rêve de Pattenoire et en lui demandant de dessiner dans un grand espace blanc le sujet de ce rêve; cette figuration d'un rêve révèle très souvent des tendances refoulées qui n'ayant pu, dans le protocole du test, échapper entièrement à la censure du Moi, ne s'étaient pas manifestées aussi ouvertement. On n'en sera pas surpris, quand on sait la facilité avec laquelle les rêves de l'enfant peuvent exprimer sans aucun travesti les tendances qui sont censurées à l'état de veille.

Dans les *fables de Louisa Düss* aussi, la très simple consigne du « mauvais rêve » donne souvent des thèmes très significatifs des problèmes de l'enfant.

Ajoutons que le *psychodrame diagnostique,* où l'enfant est entièrement libre des thèmes qu'il choisit, permet dans beaucoup de cas une extériorisation de tendances supérieure à celle qu'on obtient avec les tests projectifs.

2. Les entraves intérieures à la liberté de projection

D'après ce qui vient d'être dit, on serait en droit de penser que si l'on pouvait n'imposer au sujet aucune consigne limitative, comme dans l'expression libre d'un rêve ou dans les psychodrames, il n'y aurait aucune entrave à l'extériorisation des tendances refoulées. Or l'expérience montre que des entraves subsistent, entraves qui dépendent, non plus d'une limitation imposée du dehors, mais d'une limitation intérieure, résultant de la censure du Moi.

Une conséquence en découle, capitale pour l'interprète des tests projectifs: c'est que les thèmes donnés par le sujet testé sont rarement l'expression pure et simple des tendances refoulées; ils sont le plus souvent des compromis de tendance et de défense. Qui plus est: ces compromis n'ont rien de statique; dans le cours même du test, on voit l'équilibre des deux éléments antagonistes se modifier, tantôt dans le sens d'une accentuation de la tendance, tantôt dans celui d'une accentuation de la défense. Complexité déroutante pour le psychologue qui n'est pas exercé à la débrouiller; mais enrichissement pour l'observateur expérimenté, qui peut dégager de ces mouvements contraires la nature particulière et la force des tendances, et en même temps la manière dont entre en jeu la défense du Moi.

Pour une première approximation, le conflit en question peut être exprimé en termes d'expansion et d'inhibition.

3. L'expansion et l'inhibition des tendances
L'investissement positif ou négatif

Dans le protocole d'un test projectif, ce qui se manifeste d'abord aux yeux du psychologue, ce sont les tendances et les sentiments qui ont une grande force expansive et qui de ce fait s'expriment ouvertement, en des thèmes bien fournis.

C'est le signe que lesdites tendances sont animées par un élan vital vigoureux, ce qu'on exprime encore, en langage psychanalytique, en disant qu'elles sont *investies* (investissement positif). Le mot est pris ici dans son sens habituel, contenu dans les expressions courantes: investir un magistrat d'une haute fonction, investir une place forte au cours d'une guerre, investir des capitaux dans une affaire.

A l'état normal, toutes les tendances sont plus ou moins investies, car de par le jeu mobile des adaptations, l'expansion vitale se répartit à peu près également dans les différents secteurs, et en pareil cas, il est de règle que dans les tests projectifs, on obtienne spontanément un assez large éventail de thèmes divers. De plus, dans les tests aux stimuli bien structurés comme le *T.A.T.*, les *fables de Düss* ou le *test PN*, le sujet répond à un stimulus donné par un thème adéquat (par exemple un thème agressif en réponse à une figuration de bataille).

C'est là une situation toute théorique bien entendu, car dans la plupart des cas, on observe que certaines tendances se trouvent préférenciées, les thèmes qui les expriment ayant une richesse particulière ou se répétant dans le protocole plus qu'on ne s'y serait attendu. Dans la méthode d'interprétation projective élaborée par MURRAY pour son *T.A.T.*, la force des tendances est cotée de 0 à 5, l'investissement positif correspondant à une cote élevée.

Il est des cas extrêmes — et nous abordons ici la pathologie — où une tendance accapare à elle seule toute la scène projective, s'exprimant même à propos de stimuli qui n'ont aucun rapport direct avec elle; l'adaptation au réel est alors en défaut, remplacée par le subjectivisme des pulsions dominantes.

Il convient de remarquer tout de suite que dans de tels cas les autres tendances sont muettes, toute la force expansive investissant la tendance principale et elle seule. S'il est légitime d'accorder aux tendances fortes, comme le soutient MURRAY, une grande importance, il est plus important encore de considérer les tendances faibles, celles qui sont l'objet d'un *investissement négatif*. Cette faiblesse est en effet le plus souvent le résultat d'une *inhibition* par refoulement. Or, comme on l'a vu, ce sont les tendances refoulées qui sont les causes les plus habituelles des troubles pathologiques. Dans la notation de MURRAY, on leur donne une cote voisine de 0, mais il faut ici faire appel à l'algèbre plutôt qu'à l'arithmétique et considérer qu'une note 0 peut aussi être obtenue quand une tendance forte (de cote 5) est fortement inhibée par la défense du Moi (cote — 5).

FREUD a très judicieusement comparé l'action inhibitrice du Moi sur les tendances à l'action de Dame Censure sur les journaux pendant une guerre. Cette action, s'exerçant sur des articles déjà écrits et prêts à l'impression, ne pouvait exiger que l'article fut remanié de fond en comble; tout ce qu'elle pouvait imposer, c'est que certains passages jugés dangereux — par exemple parce qu'ils risquaient de révéler un secret de guerre — fussent effacés des morasses d'impression. L'article devait alors paraître avec des *blancs*, et chacun savait, en le lisant, que ce qu'il importait le plus de connaître, le détail essentiel, révélateur de la situation réelle, ne se trouvait pas dans le texte imprimé, mais dans ce qui avait été censuré, et qu'il était par conséquent du plus haut intérêt de le deviner.

Tout pareillement, dans les tests de personnalité, *ce qui importe le plus, ce sont les blancs.* Lorsque là où l'on s'attend à trouver quelque chose, il n'y a rien, c'est que la chose escomptée a été supprimée. Ce qui est significatif de quelque problème, c'est donc moins la présence d'une tendance que son absence, car si elle est absente, c'est qu'elle a été interdite par la défense du Moi et refoulée, partant qu'elle est l'objet d'un conflit pathologique.

A titre d'exemple, voici le cas d'une fillette de 10 ans qui, dans le *test PN,* choisit en premier l'image de *LA FEE,* (Fig. 42) et la décrit comme une manifestation d'agressivité contre le héros: « La Fée a foutu Pattenoire à la porte »; ce thème sera répété exactement dans les mêmes termes à cinq reprises, à propos d'images sans rapport avec lui. On voit s'exprimer ici la relation masochiste de la fillette avec sa mère, vécue et revécue dans le test, réplique d'une situation réelle, la fillette ayant été à plusieurs reprises évincée de la maison, placée en internat pour son mauvais caractère et ses réactions de jalousie à l'égard de sa jeune sœur. Mais de l'agressivité du héros contre les autres, il n'est pas question dans ce test, la tendance agressive apparaissant

Figure 42
La Fée (test PN)

comme frappée d'inhibition; la réaction du héros en difficulté n'est pas de se défendre, mais de pleurer. D'où l'on peut conclure à un état pathologique de retournement contre soi des pulsions agressives, la punition se révélant ici moins anxiogène que les pulsions initiales.

4. Application des données précédentes à l'interprétation des tests projectifs

L'étude d'un protocole de test doit s'inspirer de ce qui précède pour apprécier d'abord quelles sont les tendances qui s'expriment librement (1) et quelles sont celles qui sont frappées d'interdit par la défense du Moi en raison d'un fort conflit intérieur (2).

1. *Tendances s'exprimant.* Aux premières s'applique principalement la méthode d'analyse projective de MURRAY. A vrai dire, ce psychologue a surtout considéré les conflits extérieurs, analysant les tendances dans leur nature, leur direction et leur force, et mettant en regard les forces favorisantes ou antagonistes de l'environnement. Dans cette perspective, chacune des histoires racontées par le sujet à qui l'on présente les images du test est centrée sur un personnage principal auquel le sujet attribue ses propres tendances. Ce « héros » est aisément reconnu, parce que c'est le personnage qui s'apparente le plus au sujet testé par le sexe, l'âge et la situation sociale. Les autres personnages du récit représentent par contre l'environnement et les forces que celui-ci développe dans sa relation avec le héros. La manière dont l'histoire se déroule et dont elle se termine fournit des renseignements précieux sur le mode de se comporter du sujet dans sa vie personnelle.

Mais cela n'est vrai que si la tendance qui se projette n'est pas du tout censurée par la défense du Moi. Un psychanalyste américain PIOTROVSKI a montré le premier que si la conception du héros selon MURRAY est juste quand les tendances peuvent s'exprimer avec assez de liberté, par contre quand il s'agit de tendances censurées et refoulées, la projection ne peut se faire que sur des personnages très différents du sujet, *d'autant plus différents de lui que le refoulement est plus intense,* afin qu'on ne puisse le reconnaître sous ses traits d'emprunt. On en a vu plus haut un remarquable exemple dans le cas de ce jeune homme qui, après avoir mis la plus grande distance possible entre lui et les personnages susceptibles d'éveiller son agressivité, finit par projeter celle-ci sur un bandit, tout en donnant satisfaction à sa censure en s'identifiant consciemment à un défenseur de l'ordre.

Ainsi donc, par l'action de la défense du Moi, les tendances instinctives, ne pouvant s'exprimer sous leur forme première, sont obligées de prendre des formes travesties, on pourrait dire des formes hiéroglyphiques, que le psychologue doit déchiffrer. PIOTROVSKI va jusqu'à dire — et nous pensons qu'il a raison — qu'un thème projectif peut être interprété comme un rêve, c'est-à-dire qu'il est, comme un rêve, la réalisation plus ou moins déguisée de tendances interdites. On s'engage fréquemment dans une voie fausse lorsque, en suivant MURRAY, on considère le héros comme ayant le privilège exclusif d'exprimer les tendances du sujet testé, les autres personnages de l'histoire figurant, eux, les forces favorables ou hostiles de l'environnement. Le plus souvent, comme dans un rêve, le sujet est à la fois tous les personnages de son histoire, chacun d'eux représentant la projection d'une tendance particulière, de sorte que ce que MURRAY voit comme un conflit entre le sujet et son milieu est bien plus fréquemment un conflit intérieur entre des tendances qui s'affrontent. Même dans les cas où l'on peut reconnaître dans un des personnages mis en scène un membre du milieu familial ou social du sujet, la plupart du temps ce personnage n'est là que dans la mesure où il symbolise une des tendances du sujet et dans la mesure où il est pour celui-ci une identification possible.

Chez l'enfant, cette interprétation d'un thème projectif comme un rêve s'impose plus encore que chez l'adulte, du fait du narcissisme foncier de cet âge, surtout dans les situations pathologiques.

Ajoutons que cette conception nous permet aussi d'expliquer la facilité avec laquelle le sujet s'identifie tantôt à l'un tantôt à l'autre des personnages mis en scène ; c'est que, par une partie de sa personnalité, il était d'avance chacun d'eux.

Il résulte de ce qui précède que d'une part la richesse d'un thème et l'investissement privilégié d'un personnage central sont le signe d'une forte expansion vitale portant le sujet testé dans la direction indiquée; et d'autre part, que moins le héros du thème ressemble au sujet, plus il convient de penser à une active censure du Moi.

En ce qui concerne *les thèmes,* le psychologue devra donc être attentif à leur mise en valeur: à l'intérêt privilégié que le sujet leur porte, au développement qu'il leur donne dans son récit. Tout spécialement il devra noter les cas où un même thème se répète — obsédant — en dépit de la diversité des stimuli.

Dans *le test du village,* par exemple, le thème dominant peut se présenter, au cours de la construction, sous la forme d'une zone que le sujet édifie avec un soin particulier, en s'y attardant longuement, en y revenant plusieurs fois et même en la remaniant. Il est fréquent qu'ensuite il décrive avec beaucoup d'intérêt ce qui se passe dans cette zone privilégiée, qu'il nous la montre comme la plus vivante du village. Mais il arrive aussi qu'après coup il n'en dise pas grand-chose ou même refuse d'en parler; on pourra en déduire qu'elle était objet d'investissement, mais que la défense du Moi est intervenue secondairement pour la censurer.

On doit savoir que le geste est souvent plus important à considérer que la parole. Un jeune schizophrène de 30 ans nous en offrit un jour un exemple remarquable, plus éloquent que tout ce qu'il aurait pu nous révéler par ses dires. Ingénieur brillant, mais inadapté affectif, il était entré dans la psychose par une fugue délirante, au cours de laquelle il avait désespérément tenté de réaliser l'acte sexuel avec des prostituées, dans le dessein manifeste de triompher d'une impuissance qui le tourmentait depuis toujours. Or, dans son test du village, il s'efforça pendant plus d'une demi-heure de faire entrer un cylindre de bois sous la voûte arrondie d'un pont d'un calibre plus petit — sans jamais y parvenir. Le symbolisme de son geste obsédant était clair: il n'y avait pas pour lui dans le monde d'autre problème important que celui qui se rattachait à son complexe de castration.

Dans les cas de ce genre — où le même thème se reproduit sans que rien dans la situation extérieure ne le justifie — on est en droit de parler d'*état obsédant* et d'en inférer, suivant la règle psychanalytique, qu'une tendance forte, refoulée dans l'inconscient, veut à tout prix s'exprimer et n'y parvient que sous une forme détournée, compensant la satisfaction directe qui lui est refusée par une répétition sans fin. Au psychologue de la reconnaître sous le travesti qu'elle a pris. Nous en avons eu déjà plusieurs exemples: celui de la fillette qui symbolisait sa relation avec sa mère par le thème de « la fée a foutu Pattenoire à la porte »; celui du jeune homme qui projetait sur trois personnages différents ses sentiments œdipiens, lui-même, le bandit et le gendarme; enfin celui de notre jeune agrégé, sexualisant les objets les ˒plus anodins.

Le psychologue devra aussi être attentif à cet autre fait, conforme à la conception de PIOTROVSKI, que tous les déplacements sont possibles, et que les tendances les plus ouvertement exprimées peuvent dans certains cas être le substitut d'autres tendances dont l'expression est interdite. On verra par exemple dans notre *test PN* avec quelle fréquence les tendances orales peuvent être mises au premier plan comme substitut régressif des tendances œdipiennes censurées.

Les personnages investis. Parallèlement le psychologue devra noter quels sont les personnages les plus investis, c'est-à-dire les mieux dépeints, décrits en premier avec le plus de détails, et dont le rôle est au centre des récits

Ce peuvent être des personnages réels, appartenant à l'environnement du sujet; leur mise en valeur indique qu'ils sont pour le sujet testé des identifications possibles. Ils peuvent symboliser un idéal du Moi, et en pareil cas ils ont souvent un rôle compensateur; c'est ainsi par exemple que, dans notre *test PN,* qui détecte bien les identifications féminines des garçons, dépendant d'un complexe de castration, il est habituel de voir le sujet mettre spécialement en valeur le personnage paternel, celui qui possède cette virilité puissante dont le garçon-fille est dépourvu.

Dans *le dessin de famille,* le personnage valorisé est le plus souvent celui qui est figuré en premier, car c'est à lui que l'enfant pense d'abord et auquel il accorde le plus d'attention, le dessinant plus grand que les autres personnages, l'exécutant avec plus de soin, et avec des détails surajoutés significatifs (ornements dans les vêtements, chapeau, canne, parapluie, sac à main, pipe, etc...). Il arrive souvent qu'il occupe une place centrale (au sens figuré du mot), les regards de tous les personnages convergeant vers lui. Enfin il est mis en valeur aussi par le rôle que l'enfant lui fait jouer (fig. 55).

Pareillement, dans *le test du village,* l'importance donnée à un personnage est le signe de son investissement privilégié.

Il est fréquent aussi que le personnage investi soit un personnage imaginaire, créé de toutes pièces par le sujet pour représenter une tendance majeure de sa personnalité. Nous déduisons des règles de PIOTROVSKI que *lorsqu'un personnage surajouté est ainsi mis en valeur, c'est qu'il est le support d'une tendance du sujet que la défense du Moi interdit d'exprimer directement.*

On en a vu plus haut un exemple remarquable dans le test du village de ce garçon de 15 ans chez qui l'agressivité œdipienne s'était projetée dans un personnage surajouté: le bandit, s'attaquant à l'image paternelle représentée par le châtelain, tandis que le sujet lui-même s'identifiait à un défenseur. Comme il finissait par épouser la veuve du châtelain, nous voyons ici, par un processus fréquent, défense et tendance se satisfaire en même temps avec un minimum d'angoisse de culpabilité: défense contre les pulsions œdipiennes meurtrières projetées sur le bandit, tendance œdipienne aboutissant au mariage avec la châtelaine.

Un cas particulièrement intéressant est celui où le personnage surajouté est *un animal,* surtout un animal sauvage de type agressif. Cela est fréquent dans le *test du village,* dans les *psychodrames* et dans le *test PN.* Même si son action agressive est fortement critiquée, même s'il est donné comme s'attaquant au sujet en personne, il ne faut pas se laisser induire en erreur et il faut conclure résolument à la projection sur l'animal choisi de pulsions agressives inavouables.

Voici un exemple de cette figuration animale de l'agressivité dans *le dessin de famille* (fig. 43). Une fillette de 7 ans présente depuis plusieurs mois un caractère grin-

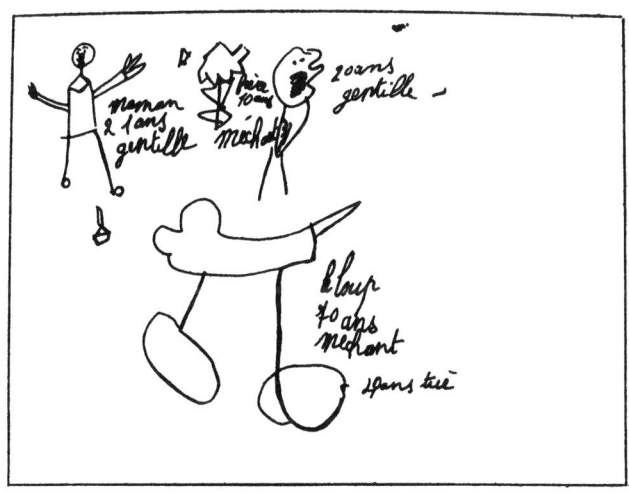

Figure 43
Le dessin de famille du loup

cheux et irritable avec des réactions de bouderie anorexique. La cause manifeste en est la naissance du petit frère, à qui elle a dû céder sa place dans la chambre des parents. Ce petit frère est le préféré, et la jalousie de Viviane lui a fait dire à plusieurs reprises « Je le tuerai ! » ce pourquoi elle a été très fortement grondée par ses parents; ceux-ci sont d'ailleurs très sévères et ne toléreraient sans nul doute aucun geste agressif. Viviane, fillette intelligente (il faut le souligner devant ce dessin très mal dessiné) a figuré d'abord la maman, qui a à peu près forme humaine; puis le frère, stylisé d'une manière extravagante, et le père, assez déformé aussi. Si le petit frère est entre les 2 parents, par contre Viviane ne s'est pas représentée. Mais elle a figuré en dessous, très grand, un animal bizarre, qu'elle déclare être « le loup, 70 ans, méchant », et qu'elle dira ensuite « être âgé de 40 ans et tué ». Elle s'identifiera à cet animal « parce qu'il mange tout le monde ».

Il est une règle constante dans le dessin de famille: c'est que, quand un enfant ne se fait pas figurer dans son dessin, ce qui est signe de dépression, il y a lieu de se demander où il se trouve, dans quel personnage il s'est projeté. Ici la mise en valeur du loup, personnage surajouté, nous indique qu'il est le support des tendances agressives de Viviane, s'attaquant à tout le monde, c'est-à-dire aussi bien aux parents qu'au petit frère chou-chou. D'ailleurs Viviane nous le dit elle-même, puisqu'elle s'identifie au loup. Mais en dépit du travestissement de l'agressivité, celle-ci est fortement censurée puisque pour finir le loup est tué.

Cette agressivité sadique-orale de Viviane, que le loup personnifie, nous la retrouvons aussi dans son *test PN* puisque, dans trois images *AUGE, BATAILLE* et *DÉPART,* intervient un loup comme personnage surajouté.

Il en est de même dans *ses psychodrames.* Viviane y met à plusieurs reprises en scène un loup qui veut manger les enfants de la maison. Elle en joue le rôle avec beaucoup de cruauté, mais ensuite, anxieuse de ce qu'elle a fait, elle donne le rôle du loup à la psychologue pour prendre, elle, celui de la maman qui protège les enfants. Ce renversement des rôles, fréquent dans les psychodrames, nous présente ici successivement l'assouvissement de la tendance, puis l'intervention de la censure.

La symbolisation de défense peut être poussée plus loin encore quand il y a un fort conflit entre la tendance à exprimer et les interdits qui la frappent. En exemple, voici le cas d'une fillette de 12 ans qui après avoir fait le *test du village,* est invitée à caractériser les personnages qu'elle y a mis. Elle n'a aucune peine à typer la fillette, qui la représente, puis sa mère, mais elle hésite longuement avant de désigner son père, dit qu'il n'y a dans la boîte aucun santon assez beau pour remplir ce rôle, et le représente en fin de compte par un arbre élancé, dont la signification symbolique saute évidemment aux yeux. Or cette fillette est atteinte d'une dysphagie anxieuse rattachable au complexe d'Œdipe; elle a pour son père des sentiments très ambivalents: prise de distance et refus apparent dissimulant des sentiments d'adoration profonde; et elle se rejette par régression vers une attitude infantile de fixation à sa mère.

2. Tendances frappées d'interdit. Déjà, dans ce qui précède, les tendances que nous avons vu figurer au premier plan dans les thèmes n'en sont pas moins soumises à une certaine censure du Moi qui, sans les empêcher de s'extérioriser, leur impose cependant des travestis symboliques susceptibles de compliquer la tâche d'interprétation du psychologue.

Plus grande encore est la difficulté quand la défense du Moi par son intensité *inhibe* complètement certaines tendances, leur interdisant toute expansion vitale, ce qui correspond aux notions psychanalytiques de refoulement et de retrait d'investissement.

Lesdites tendances sont *absentes* des thèmes projectifs; absents aussi les personnages qui pourraient les assumer. Or, comme nous l'avons dit déjà, ce sont ces tendances refoulées qui ont la plus grande importance pathologique. Le psychologue se trouve donc dans cette situation paradoxale d'avoir, pour expliquer les troubles, à trouver quelque chose qui, du fait de l'inhibition, ne figure pas dans le protocole du test.

Nous avons exprimé symboliquement cette situation par la notion de *blancs*.

Quand le refoulement inhibiteur atteint des secteurs importants de la personnalité, ce qui s'exprime cliniquement par un comportement timide, hésitant, paralysé par le plus petit obstacle, *les zones blanches* sont très étendues. Dans les tests comportant un récit, cela se traduit par des thèmes pauvres, où la plupart des tendances actives font défaut, entrecoupés par surcroît de silences prolongés.

Dans *les tests de dessin,* où la feuille de papier repré-

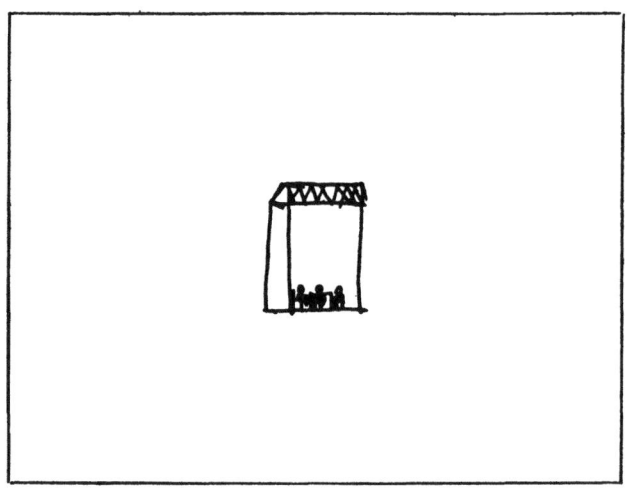

Figure 44
Dessin de famille d'inhibition

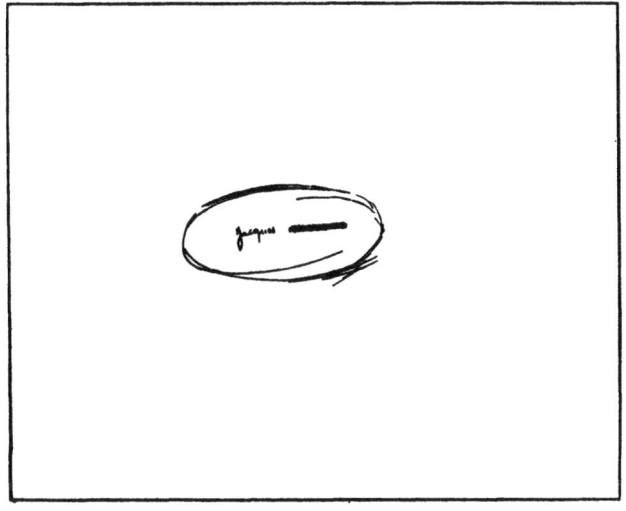

Figure 45
Gribouillis d'inhibition

sente l'espace vital offert à l'expansion du sujet, ce
dernier ne crayonne que sur un champ très limité, et
une grande partie de la feuille reste blanche. *Dessin de
famille* miniature avec des personnages tout petits
(fig. 44). *Gribouillis* limité au centre de la page ou à
quelque autre secteur; voici par exemple un cas extrême
où le tracé du gribouillis est très limité, au surplus
filiforme, peu appuyé, indiquant que l'expansion vitale
est censurée dans toutes les directions, que tout contact
est interdit, aussi bien avec les parents qu'avec l'environnement (fig. 45); il s'agissait en effet d'un jeune
homme de 30 ans, grand anxieux agoraphobe, que sa
maladie condamnait à ne plus sortir de chez lui et à
garder constamment la chambre, la plupart des activités
à la maison étant par surcroît soumises aussi de par la
névrose à de sévères restrictions.

Dans *le test du village,* de même, le sujet inhibé cantonne sa construction à une petite partie de la table.

Quand par contre le refoulement est électif, portant sur une tendance particulière, les zones blanches sont plus limitées, et il est souvent possible en les interprétant de déterminer quel est le secteur touché. Par exemple l'agressivité, et elle seule, sera absente des thèmes, comme nous l'avons vu dans le *test PN* de la fillette qui disait que « la Fée avait foutu Pattenoire à la porte ». Très souvent cette absence porte sur les manifestations œdipiennes: ainsi par exemple quand, dans le *test PN,* les images œdipiennes *BAISER* et *NUIT* sont refusées au début, ou bien décrites avec scotomisation de la scène qu'elles représentent.

Dans le *test du village,* nous avons montré, en menant auprès du sujet une enquête approfondie, que certaines zones blanches, vides de toute construction, ne sont pas des zones où il n'y a rien, des zones sans intérêt, mais des zones que le sujet ressent comme dangereuses, des ravins, des nappes d'eau, des bois sauvages, où les gens du village ne s'aventurent pas sans qu'il leur arrive quelque accident. Nous en avons inféré qu'il s'agit là de l'extériorisation de pulsions dangereuses émanant du sujet, mais fortement censurées par le Moi et projetées sous la forme d'une menace extérieure (on en verra un exemple remarquable un peu plus loin, dans l'observation du jeune Christian).

Dans le *test du gribouillis,* la répartition des zones gribouillées et des zones blanches est très importante à considérer aussi. Zones blanches autour du nom, préservant le Moi socialisé contre les pulsions agressives du Soi. Zones blanches extérieures indiquant un interdit sur l'expansion vitale.

Nous avons montré en particulier l'importance du *gribouillis sous le nom* pour apprécier le degré de maturité psycho-sexuelle du sujet (par exemple fig. 46). En accord avec notre conception de la psychologie de l'ex-

Figure 46
Gribouillis sous le nom

pansion vitale, nous voyons dans la moitié inférieure de la feuille où l'on gribouille (sous le nom) la zone des forces de conservation, qui maintiennent (ou font revenir) le sujet dans l'atmosphère protégée de ses premières années, c'est-à-dire dans une relation duelle exclusive avec la mère-nourricière (non la mère œdipienne) — et dans la moitié supérieure, au-dessus du nom, la zone des forces d'expansion, qui lancent le sujet dans la vie et lui font en particulier assumer pleinement son Œdipe. Ainsi donc, quand on fait gribouiller un enfant de plus de 7 ans, un adolescent ou un adulte, et qu'on obtient un tracé localisé au-dessous du nom, on peut en déduire que le sujet n'a pas pu réaliser le nécessaire dépassement œdipien, et qu'il a fait une régression vers le stade oral de dépendance et de protection. C'est ainsi que les sujets atteints de névrose asthénique ou de névrose de doute et de scrupule gribouillent toujours dans la seule zone de l'instinct de conservation. Tout se passe donc pour eux comme si l'affrontement avec le père, soit pour entrer en compétition avec lui (les garçons), soit pour le séduire (les filles) était frappé d'interdit; d'où la zone blanche au-dessus du nom.

Dans *le dessin de famille*, l'investissement négatif d'une personne se traduit aussi par un blanc, c'est-à-dire que la personne en question est absente du dessin. Quand donc un des parents ou un des frères et sœurs manque, c'est que l'enfant souhaite dans son cœur sa disparition. Etant donné la consigne du test: « dessine une famille », et la hiérarchie que cela implique d'ordinaire dans l'esprit de tout enfant: « mon père, ma mère, mon frère et moi », il est normal que soit d'abord investi la personne d'un des parents; quand, ce qui est plus rare, c'est le sujet lui-même qui est objet d'investissement et représenté en premier, cela est le signe, comme nous l'avons montré, d'un *repli narcissique,* par impossibilité d'investir les images parentales, impossibilité liée presque toujours à des difficultés inhérentes à l'Œdipe. Lorsque au contraire c'est le sujet lui-même qui manque, c'est le signe d'une dépréciation du corps propre, pouvant aller jusqu'à une véritable dépression.

Le désinvestissement peut toutefois ne pas aller aussi loin et s'exprimer seulement par une *dévalorisation*. Le personnage en cause est alors dessiné plus petit que les autres, ou placé en dernier, ou bien mis à l'écart, au-dessous des autres. Il est souvent mal dessiné, ou avec des détails d'importance manquants, par exemple les traits du visage, ou les mains, ou les pieds (cf. fig. 43).

5. *L'angoisse et les défenses du Moi*

Nous venons de voir le rôle joué par la censure du Moi dans l'inhibition des tendances. Nous sommes par-là toujours ramenés au problème central de la personnalité: *le conflit des forces d'expansion et des forces de conservation.*

Rappelons que les forces d'expansion, manifestations de la vie jaillissante, ont besoin d'être contrôlées par les forces de conservation. Vivre en expansion, en effet, c'est vivre dangereusement, car c'est affronter sans cesse des milieux nouveaux, donc inconnus et possiblement hostiles. Mais vivre en expansion, c'est aussi satisfaire toutes ses pulsions vitales, sous le règne du principe du plaisir. Quand on voit avec quelle force d'entraînement l'être vivant, tout particulièrement dans l'enfance, recherche le bonheur et le plaisir, on est amené à se demander comment le Moi réussit à contraindre le sujet à renoncer, fût-ce pour une part seulement, à ses satisfactions instinctives.

Le rôle essentiel est ici joué par *l'angoisse,* signal d'alarme qui avertit le Moi de l'imminence d'un danger et le conduit à faire jouer à temps les forces de conservation. Hormis les cas où elle s'explique tout naturellement par l'existence d'un danger extérieur qui menace la vie, *l'angoisse est toujours une angoisse du Moi devant les pulsions du Soi, c'est-à-dire devant les dangers de l'expansion sans frein.*

Le danger — toujours éprouvé comme pouvant être mortel — émane de trois sources possibles: l'environnement physique et ses menaces; les interdits formulés par les parents; et les mêmes interdits introjectés en Surmoi.

Tous les individus connaissent l'angoisse dans leur vie, mais à des degrés divers dont on peut dire qu'ils dépendent de quatre facteurs. Le premier est *la prédisposition native,* tenant à une grande sensibilité de défense, liée comme on l'a vu précédemment à la dominante des forces de conservation du type morpho-psychologique rétracté. Le second est *l'intensité des forces d'expansion,* facteur de heurts particulièrement violents avec les forces extérieures et qui, elle, se mesure par contre à la dominante vitale du type morpho-psychologique dilaté. Le troisième est *la sévérité des interdits parentaux,* introjectés ou non en Surmoi, culpabilisant plus ou moins l'expansion libre. La quatrième est *la force du Moi,* son pouvoir de résoudre et d'assumer les conflits en réduisant l'angoisse à une intensité supportable.

Quand les sources d'anxiété se cumulent et que le Moi est faible se trouve constitué cliniquement un état anxieux qui motive la consultation. Il est de règle alors que, lors de la passation des tests projectifs, se manifeste un état de crainte et d'émotivité qu'on devra consigner comme un élément majeur. L'enfant a, à la lettre, peur de lui-même, jette sur le psychologue des regards apeurés, fond en larmes parfois, et n'ose ni parler ni agir. Toutes les tendances actives peuvent se révéler frappées d'interdit. Dans d'autres cas, certains thèmes, fortement marqués de culpabilité nous indiquent la cause particulière de l'angoisse.

Voici par exemple le cas de Christian, petit garçon de 6 ans atteint de névrose d'angoisse aiguë. Dans le *test du village,* sa construction, faite avec une grande inhibition, se résume dans une rue étranglée, située dans la zone basse, terminée à droite par un petit bois. Dans l'entretien qui suit, Christian dit qu'il y a dans ce bois un loup qui mange tout le monde et notamment va bientôt manger une dame qui habite avec un papa dans la maison la plus centrale de la rue. L'anxiété du garçon se manifeste encore dans cette affirmation qu'il n'aime pas ce village et ne veut pas y habiter. Les gens du village ne vont d'ailleurs jamais eux non plus vers la droite et cherchent à aller habiter ailleurs, parce qu'on s'y fait souvent écraser; la dame dont il a été question va aussi être écrasée.

Son *test PN* se déroule également dans un état anxieux d'inhibition extrême: thèmes exagérément courts et de ce fait peu interprétables; pas de liens entre les personnages, qui ne sont pas nommés; aucune action; il n'y a dans ce test pas trace d'agressivité ni de rivalité fraternelle. Par contre le sentiment dominant est que les petits cochons ne sont pas contents et pas heureux.

La seule originalité est à l'image NUIT (fig. 47): « Il fait noir. Il y a la lune, le loup, les cochons. Il y en a deux qui dorment, un qui regarde par la fenêtre ». Lequel est-ce? « Le bébé (il nomme ainsi Pattenoire) ».

Figure 47
Nuit (du test PN)

Que voit-il? « Un loup ». Que pense-t-il? « Il croit qu'il va le manger ». Pourquoi? « Parce qu'il n'est pas dans sa maison ». Christian a donc vu un loup à la place des parents-cochons. Après coup se révélera l'importance de ce thème, car Christian refusera de s'identifier à aucun des personnages en répétant cinq fois « qu'il n'aime pas les petits cochons parce que le loup va les manger ». Et tout à la fin, il ajoutera que « le loup va manger

Pattenoire, parce qu'il a une patte noire pour avoir été dans la boue ».

A une première lecture, il apparaît que, dans les deux tests, plane sur le héros une menace agressive personnifiée par une bête fauve, encore que dans le *test du village* la menace est au premier chef contre une figure maternelle. Comme on l'a vu plus haut, l'introduction dans un test d'un personnage imaginaire fortement investi indique toujours que ledit personnage symbolise une tendance frappée d'interdit. Chez Christian, nous l'avons dit, les tendances agressives directes sont absentes, et nous sommes en droit de penser qu'elles ont été projetées sur le loup, ce loup qui s'attaque au personnage maternel dans le village. Les règles projectives nous autorisent à penser que, dans l'image NUIT, c'est la vue de l'intimité parentale qui mobilise l'agressivité du garçon, et qu'en vertu de la loi du talion, cette agressivité frappée d'interdit se retourne contre lui, déterminant un état dépressif anxieux.

La psychothérapie par *psychodrames* aussitôt entreprise nous en a apporté la preuve. Christian a dans tous ses thèmes fait montre d'une agressivité sauvage principalement contre la mère. Mais après le cinquième psychodrame, sans doute en vertu d'une certaine prise de conscience de cette agressivité, la névrose d'angoisse s'est intensifiée, et à partir de la sixième séance, le garçon a mis en scène un loup dévorant sur lequel il a par conséquent déplacé son agressivité, et soit qu'il en joue lui-même le rôle, soit qu'il donne ce rôle à la psychologue, il participe toujours avec beaucoup de joie aux agressions sadiques-orales de l'animal. *Le loup des tests projectifs, c'était donc bien lui,* comme nous l'avons pensé dès le début, mais le travesti des fortes pulsions agressives du garçon sous le masque d'une bête n'avait pas suffi à éteindre l'angoisse de culpabilité, et il avait fallu, pour réduire l'angoisse (encore restait-elle très intense), le mécanisme de défense du retournement contre soi.

Le *test du gribouillis* nous a offert le même dynamisme évolutif. A la première consultation, Christian a tracé sur toutes les pages des lignes parallèles festonnées évoquant des lignes d'écriture et indiquant l'intensité de ses formations réactionnelles (fig. 48). Plus tard, par contre, au cours de la psychothérapie, son gribouillis est devenu beaucoup plus libre, couvrant la page de traits qui s'entrecoupaient dans tous les sens et dénotaient de fortes décharges d'agressivité.

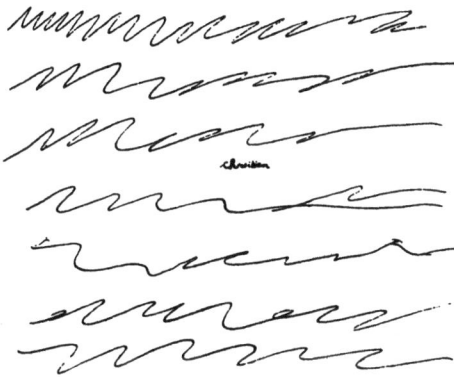

Figure 48
Gribouillis de formation réactionnelle

6. *La force du Moi*

Dans le cas que nous venons de relater, l'angoisse est au premier plan, tant cliniquement que projectivement, et la défense du Moi ne parvient que difficilement à l'endiguer. Dans beaucoup d'autres cas, par contre, les mécanismes de défense réussissent dans leur rôle, et l'angoisse semble absente au cours du déroulement du test projectif.

La variété de ces mécanismes de défense est très

grande: le Moi fait usage simultanément ou successivement de plusieurs d'entre eux, et il est très difficile d'en donner un exposé systématique. Nous essaierons toutefois de les classer suivant la force du Moi, car ce qui en définitive intéresse le psychologue, c'est de savoir comment se comporte le Moi du sujet dans les conflits de l'existence qu'il a à résoudre.

1. *Le Moi et les pulsions.* Chez le très jeune enfant, *le Moi est encore faible* devant les pulsions du Soi. Comme tous les faibles, il tend à user de violence, en vertu de la loi du tout ou rien. Dans une première éventualité, les tendances s'assouvissent d'abord sauvagement, en des thèmes projectifs forts, exprimés avec une grande joie expansive, au point qu'on pourrait penser à une impulsivité perverse; mais soit à la fin du récit, soit dans le récit suivant, se produit une sorte de choc en retour, la loi du talion s'appliquant alors dans toute sa cruauté; par exemple l'enfant qui avait voulu éliminer ses frères rivaux sera lui-même éliminé.

Dans une seconde éventualité, la cloche d'alarme de l'angoisse joue même avant toute expression de pulsions, et le Moi, incapable dans sa faiblesse d'aménager celles-ci, les supprime purement et simplement en les refoulant dans l'inconscient. Cela se traduit dans les thèmes par *la négation* de tout ce qui provoque l'angoisse: refus total ou partiel du test, inhibition avec silence prolongé, scotomisation d'une partie du stimulus. Par exemple, il est très fréquent que, dans le *test PN,* un enfant ayant un fort complexe d'Œdipe, ce qui comporte toujours un refoulement des sentiments œdipiens, rejette au début les images BAISER et NUIT, qui figurent l'intimité des parents, surveillée par le héros; ou bien refuse d'y reconnaître le père et la mère et y voit des cochons étrangers.

Voici un exemple de négation dans la *fable du rêve de Düss.* Un jeune garçon de 9 ans, très anxieux, dit, se projetant immédiatement dans la situation: « Je rêve des choses affreuses, qu'un garçon que je ne connais pas pousse dans l'eau son petit frère Daniel et le noie ». Or Daniel est effectivement le nom du frère du sujet: une très forte rivalité fraternelle cherche donc ici à s'exprimer, et tout ce que la censure du Moi réussit à faire, c'est de nier la responsabilité du sujet dans l'aventure: « un garçon que je ne connais pas ». Encore cette négation n'a-t-elle pas empêché le sujet d'éprouver aussitôt une forte angoisse et de réclamer en pleurant qu'on le reconduise à sa maman.

Dans une troisième éventualité, le rejet en bloc de la situation anxiogène par le Moi entraîne un retour en arrière, une *régression* à une étape de vie antérieure, ce qui supprime *ipso facto* le conflit actuel. Le plus remarquable exemple en est la régression orale devant l'Œdipe; l'enfant, se replaçant dans la situation d'un nourrisson en relation exclusive avec sa mère nourrice, supprime de ce seul fait les difficultés inhérentes à la situation triangulaire de l'Œdipe, et la culpabilité anxieuse qui s'attache à des sentiments œdipiens violents. Cela nous explique en particulier la fréquence avec laquelle, dans le *test PN,* les thèmes de dépendance orale ont la première place, alors que les thèmes œdipiens sont absents.

Dans le *dessin de famille,* il est fréquent qu'un enfant en rivalité avec un frère plus jeune, se représente seul avec ses parents, en se donnant un âge régressif qui le reporte à l'époque où il n'avait pas encore de rival.

2. *Le Moi et le Surmoi.* La défense du Moi est mieux organisée, quoique marquée encore d'une certaine faiblesse, quand le Surmoi imprime sa marque au contrôle des pulsions.

Dans une première éventualité, le Moi ne refuse pas de reconnaître la réalité d'un événement vécu, mais il le dévitalise en quelque sorte en refoulant électivement les pulsions et les sentiments qui y sont attachés et que le Surmoi condamne. Dans la projection, le sujet fournit alors des thèmes assez étoffés, conformes au stimulus, mais en des récits froids, sans action ni sentiment; de protocoles de ce genre, il est en général impossible au psychologue de rien tirer, car la banalisation rationnelle des thèmes ne laisse rien deviner de la personnalité propre du sujet. Dans le *dessin de famille,* au lieu de se laisser aller à la spontanéité de ses sentiments, le sujet se borne à reproduire sa propre famille, dans l'ordre hiérarchique banal des âges et des importances, figurant les personnages dans un garde à vous impersonnel, sans liens les uns avec les autres. Dans le *gribouillis,* la spontanéité vitale du geste est remplacée par un tracé bien réglé, très proche de la discipline rigide des lignes d'écriture (fig. 49).

Figure 42
Jeux sales (du test PN)

Dans une deuxième éventualité, le Moi substitue dans le conscient aux tendances refoulées les tendances exactement contraires *(retournement en contraire)*, ce que l'on appelle les *formations réactionnelles du Moi*, dont nous avons déjà longuement parlé. Ainsi, dans le *test PN*, l'image JEUX SALES (fig. 50), qui dépeint les ébats joyeux des petits cochons dans le purin, est souvent refusée ou bien est l'objet d'une critique sévère, le sujet testé

Figure 50
Tétée 1 (du test PN)

s'identifiant au petit cochon propre « qui ne joue pas avec les autres, parce qu'il n'aime pas la saleté ». De même en ce qui concerne l'avidité orale: il est de règle que l'image TÉTÉE 1, où Pattenoire est seul avec sa mère, soit préférée à TÉTÉE 2, où l'on voit les frères et sœurs rivaux accourir; dans le cas de formation réactionnelle contre l'avidité orale, c'est l'inverse; TÉTÉE 2 est préférée et TÉTÉE 1 critiquée, parce que ce n'est pas bien que Pattenoire veuille être seul à profiter de sa mère (fig. 50 et 51).

Dans une troisième éventualité, la sévérité du Surmoi impose au Moi le *retournement contre soi* des pulsions.

Figure 51
Tétée 2 (du test PN)

Il est fréquent alors d'obtenir des thèmes projectifs remarquables par leur masochisme, le sujet acceptant de subir ce qu'il serait bien plus naturel qu'il inflige aux autres. On est porté à penser que le principe du plaisir est ici en défaut; mais non! car l'acceptation du talion est à tout prendre génératrice d'une angoisse moindre que la culpabilité. On a vu un peu plus haut un excellent exemple de ce retournement contre soi dans le cas du jeune Christian.

3. *Le Moi autonome.* Dans les six éventualités précédentes, le Moi n'apparaît pas comme une force autonome, disposant de lui-même, puisque tantôt il doit user de violence pour dominer des pulsions qui risquent de le submerger, tantôt il doit se soumettre aux injonctions du Surmoi.

On ne peut parler d'un Moi fort que dans le mécanisme de défense de *la sublimation,* quand, rappelons-le, une bonne partie de la force expansive des tendances peut être utilisée à des fins civilisées. En fait, comme nous l'avons montré, la sublimation est un mécanisme composite, où il peut entrer une part de refoulement, une part de formation réactionnelle, une part de retournement contre soi, une part de refroidissement des affects par rationalisation, éventuellement même une part de régression. Ce qui caractérise essentiellement la sublimation, c'est *la liberté,* la marge de liberté dont le sujet dispose pour réaliser des buts qui ne sont pas strictement pulsionnels.

Tous les mécanismes de défense ci-dessus, s'il sont employés avec modération, peuvent donc contribuer à la sublimation. Par exemple, au lieu de la négation, l'atténuation. Au lieu de l'élimination totale, une relation à distance qui diminue la proximité des personnages. L'essentiel est ici que le Moi parvienne à établir des compromis qui sauvegardent à la fois le principe du plaisir et le principe de réalité, c'est-à-dire qui permettent aux tendances de s'assouvir tout en assurant une bonne adaptation aux conditions de la vie dans la société. Par de tels compromis, l'angoisse n'est pas nécessairement supprimée, mais elle est réduite à un niveau supportable et, comme nous le verrons plus loin, elle peut être alors pour la personnalité un facteur non plus paralysant, mais dynamisant.

Le psychologue ne devra donc pas s'attendre à pouvoir caractériser dans les tests projectifs le mécanisme de sublimation par des signes précis. Ce mécanisme *se déduira* bien plutôt de l'ensemble du protocole, de l'aménagement des thèmes, sauvegardant l'expression des tendances et des sentiments sous une forme socialisée, des issues favorables à l'expansion de la personnalité, de la capacité d'assumer par un jeu souple d'identifications.

Nous devons toutefois faire une exception pour le *test du gribouillis,* où l'on peut lire directement le processus de sublimation dans l'ampleur d'un tracé vigoureux qui couvre tout l'espace vital de la feuille, d'un trait continu de directions variées, mais sans noircir le papier, ménageant au contraire entre ses volutes des zones blanches qui donnent à l'ensemble un aspect aéré caractéristique (fig. 52).

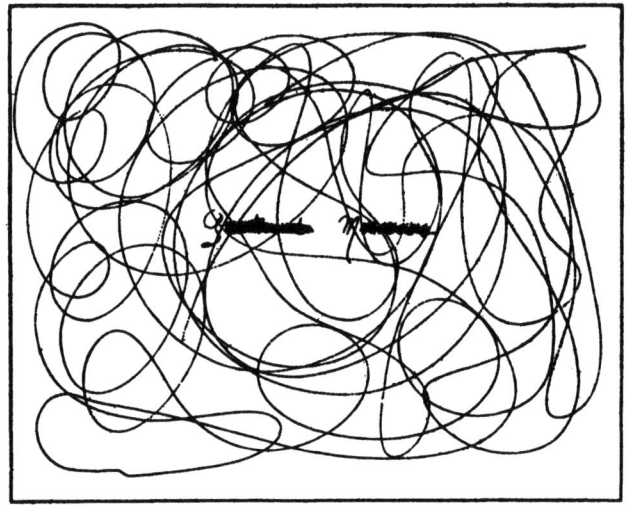

Figure 52
Gribouillis de sublimation

7. Le dynamisme de la projection et la méthode des préférences-identifications

Nous avons vu au début de cet ouvrage que l'équilibre des forces d'expansion et des forces de conservation est un équilibre dynamique, sans cesse variable selon les moments de la vie, selon les exigences de la situation présente. C'est ainsi que, dans le temps d'un nychthymère, chacun de nous passe d'une attitude diurne d'expansion à une attitude nocturne de conservation. Même équilibre dynamique au cours de la croissance où, comme nous l'avons montré, l'enfant alterne sans cesse progression et régression. Dans le domaine psychologique, il est bien connu depuis FREUD que la force des pulsions, manifestant l'expansion constante de la vie, est en conflit avec les défenses du Moi exprimant les forces de conservation, et que ces dernières sont variables dans leur intensité, se relâchant notamment dans les moments de distraction, de fatigue ou au cours du sommeil. Ajoutons qu'elles se relâchent aussi dans la situation particulière des tests projectifs, ce qui favorise, comme on l'a vu, l'expression des tendances refoulées.

Vigilance du Moi, relâchement du Moi alternent dans le cours du déroulement d'un test projectif, ce qui nous explique que le sujet aille parfois jusqu'à contredire à la fin ce qu'il avait dit au début. Tout imprégné de logique rationnelle et d'exigences d'unité, le psychologue peu expérimenté est au début déconcerté par ce qui lui apparaît, à vues statiques, comme de l'incohérence, alors que, dans une perspective dynamique, on peut au contraire y découvrir la substance même de conflits révélateurs.

La variété des situations projectives est ici très grande. Pour mettre un peu d'ordre et de clarté dans notre étude, nous allons les schématiser en deux situations opposées, selon que prévaut l'expression des tendances ou leur inhibition.

1. *Expression des tendances.* Le caractère particulier de chaque enfant joue un rôle dans son mode de réagir aux stimuli projectifs. Les sujets de réaction primesautière (ceux que la caractérologie *Heymans-Le Senne* appelle primaires) donnent en général d'emblée libre cours à leurs tendances expansives et fournissent au début des thèmes riches qui apparaissent comme le témoin d'une vie pulsionnelle intense. Il est de règle presque constante en pareil cas que l'enfant ne prenne conscience de ses tendances qu'après les avoir extériorisées, ce qui explique que la défense du Moi n'entre en jeu que dans un second temps.

Il arrive toutefois que cela se produise très vite, avant même que le récit ne soit achevé. Par exemple à la fin d'un récit de bataille entre frères et sœurs, l'enfant dira que c'était « pour s'amuser »; ou bien dans un thème où le héros se conduit mal, il sera dit en dernier mot que ce n'est pas lui qui est le fautif, mais un personnage étranger.

Dans d'autres cas, on voit s'exprimer après coup un thème compensateur par le choix d'un récit qui corrige l'effet traumatisant du précédent. Ainsi, dans le *test PN*, il est fréquent qu'à un thème d'agressivité succède un thème de punition (à la faveur des images CHARRETTE, JARS, TROU). En sens inverse, après un thème pénible pour le héros, il sera fait choix d'une image consolatrice de refuge oral (par exemple TÉTÉE 1).

La variété des thèmes d'un test projectif peut donc dépendre des variations de la défense du Moi d'un moment à l'autre. La règle de fidélité, qu'on voudrait imposer comme condition majeure de valabilité aux tests de projection, et selon laquelle le même sujet devrait réagir de la même manière quand on lui fait passer le test à nouveau, doit être comprise ici dans une perspective dynamique, en tenant compte de la variation possible du point d'équilibre des forces en présence. En voici un exemple remarquable dans le *test PN*. Un jeune garçon de 8 ans, Yves, donne des thèmes marqués par une fixation orale intense; davantage, dans les cinq images de tétée, se répète identiquement le même thème sadique: « Pattenoire (ou un blanc) mord la maman ». Pourquoi? « Parce que la maman a été méchante; elle l'a battu et l'a mordu. » Que va-t-elle faire? « Elle va le mordre à nouveau. » Or, soumis une seconde fois au test huit mois après, Yves nous a donné des thèmes de père nourricier intégral: c'est toujours le père qui fait les petits et les nourrit; de la mère, il n'est pas question; elle n'est pratiquement pas nommée. Et comme, le test fini, nous interrogeons l'enfant, lui demandant où est la maman de Pattenoire, il nous répond que « Pattenoire n'a pas de maman, que sa maman ne l'aimait pas, n'a pas voulu de lui et qu'elle est partie dans la forêt ». Nous savons que la situation clinique du petit Yves ne s'est en rien améliorée dans cet intervalle de 8 mois, qu'il pâtit toujours des graves frustrations maternelles de sa première enfance. Comment expliquer alors le changement des thèmes? Eh bien, nous y trouvons la même tendance agressive contre une mère frustrante, mais dans le premier test, elle s'exprime ouvertement, tandis que dans le second, la défense du Moi est intervenue, refoulant la tendance et établissant avec la mère, objet d'agressivité, une relation à distance; ce qui nous le prouve d'ailleurs, c'est qu'il suffit d'interroger le garçon pour retrouver, sous-jacente au thème du père nourricier, la revendication agressive contre la mère.

La fréquence des changements dynamiques qui se produisent dans le cours même d'un test par suite de la variation d'équilibre entre les pulsions et la défense du Moi nous a conduit à élaborer une méthode projective nouvelle que nous avons appelée *Méthode des Préférences-Identifications*.

Cette méthode introduit dans la passation du test, après l'expression libre des thèmes, un second temps qui consiste à inviter le sujet, d'une part à dire ses préférences affectives à l'égard des différentes situations du test, d'autre part à assumer un rôle dans chacun de ses thèmes.

Par exemple, dans le *test PN*, pour lequel nous avons d'abord imaginé cette méthode de passation, une fois les thèmes racontés, nous demandons au sujet de reprendre toutes les planches et de les classer en deux groupes suivant qu'il les aime ou ne les aime pas. Nous le prions ensuite d'étaler devant lui les images aimées et de choisir celle qu'il aime le plus, en en donnant la raison, puis celle qu'il aime le plus en second, et ainsi de suite jusqu'à la fin du lot. Nous procédons de même en sens inverse avec les images non aimées, en demandant quelle est la moins aimée de toutes, la moins aimée en second et ainsi de suite. Enfin, pour chacune des images, nous demandons à l'enfant son identification, c'est-à-dire le rôle qu'il désirerait assumer dans la situation figurée.

Dans un test comme *les Aventures de Pattenoire,* où c'est le même héros qui est vu dans toutes les planches, le sujet testé se projette nécessairement dans ce personnage privilégié; il en résulte que chaque fois qu'il refuse cette identification et fait choix d'un autre rôle, nous savons que la prise de conscience du Moi l'a conduit à censurer la tendance exprimée.

On voit par-là le grand intérêt de la méthode des P-I. L'appel fait à l'affectivité et à la conscience des responsabilités mobilise la défense du Moi. Dans les cas que nous considérons ici, où les récits fournis extériorisent les tendances, cette mobilisation de la défense du Moi se fait toujours dans le sens d'un renforcement des interdits. Nous pouvons alors, en comparant les deux parties du protocole: *thèmes* et *P-I,* connaître d'une part les tendances en jeu, et d'autre part les défenses du Moi.

Par exemple, la planche qui avait suscité au début l'expression joyeuse d'une tendance sera l'objet d'un refoulement qui la fera placer dans les non-aimées, avec un thème de critique et un refus d'assumer. Ou bien, situation plus subtile, il arrive que le thème du début soit maintenu, et que c'est seulement au moment d'assumer que le sujet se dérobe, se donne une identification d'esquive, par exemple à un simple spectateur de l'action, ou même à personne; en pareil cas, le seul fait du refus d'assumer nous indique que la tendance en question, en dépit de son extériorisation ou peut-être à cause de cette extériorisation même, est fortement chargée de culpabilité.

2. Inhibition des tendances. Chez les enfants inhibés, soit du fait de leur caractère très marqué de secondarité (au sens *Heymans-Le Senne*), soit du fait d'un conflit névrotique, la situation projective déclenche en général d'emblée une inhibition. Cela peut se traduire, comme on l'a vu, par le refus total du test. Le psychologue se doit bien entendu de tout mettre en œuvre pour éviter un tel refus, en choisissant comme il convient son matériel d'étude. Les tests dont nous avons recommandé l'emploi pour les enfants sont des tests « qui marchent ». Le *test PN* en particulier n'échoue jamais, même chez des enfants très inhibés, et sa réussite tient à la fois à la nature même de ses images et à sa méthode de passation très libre.

L'inhibition se traduit alors d'une manière plus limitée par le rejet d'un certain nombre de planches. Il est facile de l'interpréter en considérant que lesdites planches représentent pour le sujet des tendances refoulées, leur seule vue provoquant d'emblée une angoisse plus ou moins vive.

L'inhibition s'exprime en second lieu dans les thèmes par la durée insolite du temps de réaction, par la brièveté des récits, ou la prise de distance très grande par rapport aux personnages, ou la scotomisation de certains détails importants. Ici encore on peut conclure à des refoulements, faciles à localiser par les « blancs » des thèmes.

Le refoulement peut aussi, comme nous l'avons déjà montré, ne porter que sur l'affectivité: les thèmes donnés se résument alors dans une description très exacte des planches, sans aucune scotomisation, mais cette description est froide, en ce sens qu'il ne s'y exprime ni sentiments, ni action, comme si l'enfant n'y était pas véritablement engagé. Une variété particulière de ce mode descriptif s'observe parfois quand le sujet insiste surtout dans son récit sur des détails sans importance, scotomisant complètement la scène principale ou à tout le moins la décrivant en dernier; ou bien ce qui revient au même, en sens inverse, après avoir décrit succinctement la scène centrale, s'en évade aussitôt pour insister exagérément sur des détails périphériques secondaires. Ce refoulement électif de l'affectivité est, on le sait, caractéristique du mode de réagir obsessionnel, qui ne s'observe pas seulement chez les névrosés de ce nom, mais chez un grand nombre d'inhibés dont l'intelligence est active et qui rationalisent leurs défenses.

Les protocoles obtenus ainsi n'apportent le plus souvent au psychologue, dans leur banalité, que des documents peu révélateurs des problèmes du sujet testé. C'est pour de tels cas que la méthode des P-I se montre particulièrement fructueuse. Il est en effet très rare que l'enfant, dont la névrose est seulement en voie de formation et n'a pas encore acquis une structure rigide, puisse maintenir indéfectiblement ses censures inhibitrices dans le climat libérateur d'un test de projection. L'appel fait à l'affectivité au moment des P-I tend à la faire jaillir des sources profondes où elle se trouve refoulée, et il est exceptionnel qu'il ne se produise pas alors, en dépit de la défense du Moi, quelque *percée* significative.

Voici par exemple le cas de Madeleine, fillette de 10 ans, aînée de famille nombreuse, qui, fortement inhibée par des censures éducatives sévères, n'a jamais manifesté de rivalité fraternelle, mais présente un comportement passif, qui est en particulier la cause d'une stagnation scolaire par manque d'intérêt. Dans son *test PN*, elle se place dès le frontispice en position d'enfant unique, donnant les deux petits blancs, non comme frères et sœurs de Pattenoire, mais comme copains. Cependant, les thèmes qu'elle fournit ensuite sont d'une grande banalité et l'on n'en peut tirer aucune indication valable. C'est ainsi qu'à l'image PORTÉE (fig. 53), on ne décèle qu'une légère rivalité fraternelle, en un thème qu'on peut considérer comme normal: « La mère de Pattenoire a eu des petits. Alors Pattenoire et ses petits amis regardent. Il y a des fermiers qui s'occupent d'eux... Pattenoire est un peu jaloux... Il va vouloir aller aussi avec ses petits frères. » Mais, aux P-I, nous assistons soudain à une percée très significative: PORTÉE est placée dans les non-aimées, avec l'attendu: « On voit Pattenoire qui est jaloux d'avoir des petits frères. Il voudrait aussi que ce soit lui le dernier; il est jaloux que ses parents s'occupent un peu d'eux; alors il voudrait que ce soit le contraire, que ses parents s'occupent de lui. » Va-t-il boire aussi?

Figure 53
Portée (du test PN)

« Il va retirer les autres petits cochons et rester tout seul avec sa maman. » C'est-à-dire? « Il va les noyer dans l'eau. » Mais cette intention criminelle est aussitôt censurée, et Madeleine nous dit: « La maman va gronder Pattenoire et va vite aller les chercher... ils ne seront pas noyés parce qu'ils sont au bord de la mare. » Et la fillette désire s'identifier, non à Pattenoire « parce qu'il a été méchant avec les tout petits », mais à la maman, c'est-à-dire à l'instance censurante et protectrice. D'ailleurs, par un choc en retour de culpabilité, Madeleine met aussi TÉTÉE 1 dans les non-aimées, en disant: « Il voudrait être avec ses petits amis... il ne va pas boire longtemps; il va aller les rejoindre », ce qui est bien entendu le retournement en contraire du désir de la fillette d'avoir la mère pour elle toute seule.

Voici encore l'exemple d'un garçon de 11 ans, prénommé Michel, qui, devant l'image BAISER du *PN* (fig.

54), reste 35 secondes silencieux, signe d'inhibition, après quoi il donne une thème banal: « c'est le père à Pattenoire qui avait été travailler, se promener et qui revient... et puis il embrasse sa femme... puis il y a le petit Pattenoire qui regarde ». Il est manifeste que la défense du Moi s'est organisée pendant le temps d'inhibition afin de fournir une description correcte de l'image sans

Figure 54
Baiser (du test PN)

toutefois s'y engager affectivement puisqu'il ne nous est rien dit des sentiments du héros. Cette inférence se trouve confirmée par le placement ultérieur de BAISER dans les non-aimées avec l'attendu que c'est parce que le père et la mère s'embrassent. Il apparaît donc que Michel est jaloux de l'intimité de ses parents, mais n'ose consciemment exprimer son sentiment. Nous en aurons la preuve à propos des deux images: RÊVE P et RÊVE M, qui avaient été refusées au début et qui sont, elles aussi, placées dans les non-aimées, parce que, dit le garçon, ce sont des rêves tristes. Pour RÊVE P, c'est parce que Pattenoire rêve « qu'on va emmener son père à l'abattoir ». Pour RÊVE M, c'est parce que « Pattenoire rêve qu'il voit sa mère pleurer à cause que le père part ». Cela nous est confirmé par le thème de CHARRETTE où « Pattenoire rêve qu'il voit partir à l'abattoir son père et ses frères ». Ajoutons que, dans ses souhaits à la FÉE, Pattenoire demande de bien dormir et de ne plus rêver la nuit. Nous voyons par-là que Michel vit fortement en rêve sa jalousie œdipienne, parce qu'elle est trop coupable pour qu'il puisse l'assumer à l'état de veille. Cela éclaire le problème clinique de ce garçon qui a toujours couché dans la chambre des parents et qui nous est donné comme s'endormant très tard, ayant des nuits agitées et ayant été énurétique nocturne jusqu'à l'âge de 7 ans.

Généralité de la méthode des P-I. Nous avons surtout présenté la méthode des Préférences-Identifications dans le *test PN* parce que c'est pour ce test qu'elle a été élaborée en premier. Mais nous tenons à souligner ici qu'elle peut être appliquée avec avantage à la plupart des tests projectifs; on sait d'ailleurs que le choix préférentiel réduit à la plus aimée et la moins aimée a déjà été pratiqué dans le *Rorschach* et le *Blacky*.

Par exemple, dans les *fables de Düss* ou le *C.A.T.* de BELLAK, qui donnent souvent dès l'abord des thèmes assez banaux (rendus banaux par la défense du Moi), l'invitation à classer les diverses situations d'après les préférences affectives donne souvent des résultats inattendus qui révèlent ce qui était caché derrière la banalité des thèmes initiaux.

Par exemple, il est fréquent d'obtenir à la *fable de l'agneau* un thème de soumission à la volonté maternelle qui paraît au premier abord indiquer l'absence de tout conflit de rivalité avec la fratrie. Or il arrive qu'aux P-I, cette fable soit la moins aimée, avec l'attendu par exemple que le grand agneau en veut au tout petit qui lui a pris le lait ou bien à sa mère, attitude de jalousie coupable et comme telle refoulée. L'appel fait à l'affectivité a donc eu pour résultat de provoquer la brusque extériorisation de la tendance refoulée.

8. *Les identifications*

L'originalité de notre méthode des P-I réside surtout dans l'invitation qui est faite à l'enfant de s'identifier à un des personnages de la situation. Cette identification, nous devons le souligner, s'accompagne presque toujours d'une prise de conscience, et par-là, face aux thèmes tendanciels, elle représente la censure du Moi.

Nous avons vu que, dans la méthode de MURRAY, on considère que le sujet s'identifie au personnage qui est au centre du récit élaboré par lui, au « héros ». A quoi il convient d'ajouter, avec PIOTROVSKI, qu'en cas de refoulement, le personnage d'identification se présente comme très différent du sujet lui-même, en vertu des mécanismes de travestissement qui sont de règle quand il y a censure du Moi.

La détermination du « héros » incombe dans cette méthode au psychologue qui analyse les thèmes projectifs. Elle est parfois compliquée par l'existence de « héros secondaires », mais dans la plupart des cas, il n'est pas douteux que le sujet est identifié au personnage central de son récit.

Le problème est alors de se demander *s'il consent ou non à assumer ce rôle.* Nul ne peut mieux le savoir mieux que lui, et la meilleure méthode consiste à lui poser la question. L'idée de cette méthode nous est venue à propos de la *fable de Düss* à laquelle il a été fait allusion un peu plus haut; puisque cette fable de l'agneau est donnée comme révélatrice de la rivalité fraternelle, il s'en déduit que, dans tous les cas cliniques où un enfant est intensément jaloux de ses frères et sœurs, on doit obtenir des thèmes projectifs où la rivalité s'exprime avec force. Or à cette règle il y a une exception: l'enfant qu'on connaît comme jaloux et qui fournit cependant à la fable un thème de soumission intégrale, sans aucune

agressivité ni contre la mère, ni contre le tout-petit.
Nous avons eu en pareil cas l'idée de demander au
sujet: « Si toi tu faisais partie de cette histoire, qui serais-
tu? », et nous avons le plus souvent eu pour réponse:
« Le tout-petit ». Certes la loi fondamentale d'identification demeure vraie; il n'est pas douteux que l'enfant
se met à la place du grand agneau, le fils de la mère-
brebis; mais au fur et à mesure que l'histoire se déroule,
soulignant l'éviction du grand et l'avantage accordé
au petit, une nostalgie saisit l'enfant d'être à la place
du privilégié, et pour finir il s'y identifie. Nous comprenons alors que le thème de soumission était dicté
par le Moi qui censurait comme coupables les pulsions
agressives de l'enfant, et que l'identification au tout-petit
offre le double avantage de supprimer cette culpabilité
et de procurer des satisfactions régressives.

De même si, dans la *fable de l'anniversaire* un garçon
projette sur l'enfant qui s'en va seul au fond du jardin
ses sentiments de rivalité œdipienne et sa crainte d'être
grondé par son père, il est fréquent que le garçon
choisisse de s'identifier au père, ce qui lui procure le
triple avantage de ne pas ressentir d'angoisse de culpabilité, de ne pas souffrir d'être grondé, et de réaliser
son désir d'être l'époux de sa mère.

La défense par régression que nous venons de voir à
l'œuvre dans la fable de l'agneau est un mécanisme
fréquent. Dans le *test PN*, il arrive que l'image PORTÉE
soit plus ou moins refusée par des enfants chez lesquels
la vue des nouveau-nés choyés par leur mère cause une
angoisse insupportable. Or il n'est pas rare que cette
image refusée soit ensuite placée dans les aimées, voire
choisie comme la plus aimée, avec un attendu où les
tout-petits cochons sont particulièrement mis en valeur,
sans que les grands qui regardent en ressentent de
déplaisir. La contradiction s'explique car, au moment
de l'identification, l'enfant dit vouloir être « un tout-
petit ».

Voici le cas d'une fillette de 7 ans, anorexique mentale,

asthénique, inhibée, qui donne le thème suivant: « Un Monsieur qui leur donne à boire; un autre qui amène de la paille » (ici, très long silence qu'il faudra interrompre en questionnant: Et après?... Que vois-tu encore?). D'une voix étranglée par l'émotion la fillette dit: « Des enfants qui veulent boire et peuvent pas ». Pourquoi? « Parce qu'il y a une barrière »... Que vois-tu encore? Elle dit avec élan: « Des tout-petits... il y en a trois ». La vue de la mère-truie allaitant ses tout-petits produit donc d'abord chez cette fillette une vive anxiété de frustration (et une hostilité contre la mère, qui n'est pas nommée); mais soudain un revirement se produit: ces nouveau-nés que la fillette refusait de voir au début, brusquement elle les voit; c'est que dès ce moment, elle a décidé dans son cœur de s'identifier à eux, sa situation d'enfant exclue étant trop pénible pour qu'elle puisse la supporter. Et c'est en effet cette identification qu'elle choisira.

L'analyse des identifications dans un test projectif nous renseigne bien sur la force du Moi, c'est-à-dire sur sa capacité d'assumer des situations. Si le Moi n'exerçait aucune censure sur les tendances, il serait normal que l'enfant assumât toutes les situations qu'il imagine. De même si la sublimation des tendances se réalisait d'une manière parfaite, on aurait toujours un accord entre les thèmes et les identifications au personnage central.

Mais, dans la plupart des cas, qui sont intermédiaires aux deux précédents, il est normal qu'une part seulement des tendances soit assumée; on aura donc quelques identifications à d'autres que le héros. Par exemple les 16 planches du *test PN* donnent en moyenne 6 à 7 identifications à Pattenoire, les 9 restantes se distribuant entre les autres personnages.

Un nombre beaucoup plus élevé d'identifications à Pattenoire est un signe de rigidité, fréquent en particulier dans la névrose obsessionnelle.

Un nombre inférieur à la moyenne indique souvent que la majorité des tendances représentées sont censurées par la défense du Moi; on a alors d'ordinaire à la fin du test cette confirmation: Pattenoire le moins gentil et le moins heureux, mécontent de sa tache noire; thème qui indique en général une forte angoisse de culpabilité.

Le psychologue ne devra pas se borner à compter les identifications, mais il devra *les analyser qualitativement*. Par exemple les identifications au héros pourront être dans le *test PN* des identifications à un Pattenoire actif, joyeux de vivre des aventures, ou au contraire ne se trouver que dans des thèmes où Pattenoire rêve ou bien est le spectateur passif de l'action qui s'accomplit. On conçoit qu'on puisse en tirer des déductions intéressantes sur la manière de se comporter du sujet dans sa vie.

De même, quand un enfant s'identifie plusieurs fois à un parent, il convient de se demander s'il montre bien par-là une attitude progressive conforme au nécessaire dépassement de l'Œdipe. Ce n'est pas toujours le cas; en particulier il est assez fréquent que de telles identifications aient le sens d'une *identification à l'agresseur,* c'est-à-dire au puissant qui dispose du pouvoir de punir. C'est une sorte de retournement en contraire, pour surcompenser une crainte anxieuse d'impuissance.

Le cas s'observe notamment avec une grande fréquence chez les garçons-filles, qui ont très peu d'identifications au héros et beaucoup aux puissants, particulièrement au père. Le dynamisme psycho-pathologique est le suivant: le garçon projette dans un héros féminin son incapacité d'assumer la position virile; mais ensuite, devant les images représentant les aventures de Pattenoire, il recule et se trouve pour la seconde fois dans l'incapacité d'assumer. Il se rejette alors vers l'identification au père, c'est-à-dire à celui qui possède la puissance virile dont lui, le garçon, est dépourvu.

Un autre exemple particulièrement intéressant, et qu'on

observe aussi bien chez les garçons que chez les filles, est une identification massive à une mère donnée comme frustrante et dans une relation agressive avec le héros. Nous avons montré que cette situation est caractéristique d'un état dépressif, celui-ci se réalisant par l'introjection d'une mère frustrante, qui aboutit à une identification.

Soulignons pour finir que le refus de s'identifier à aucun des personnages d'un récit est souvent l'indice d'une forte angoisse de culpabilité. Nous en avons vu plus haut un bon exemple dans le cas du jeune Christian, qui refusait d'être un petit cochon parce que le loup allait les manger, thème qui signifiait le retournement en contraire de sa propre agressivité; en conséquence il s'identifiait seize fois à Personne.

Quand il n'y a par contre qu'une ou deux identifications à Personne, on peut en déduire que le thème correspondant suscite une anxiété particulièrement vive.

Les trois types d'identification. On peut encore distin-guer les identifications selon qu'elles se rattachent à un secteur différent de la personnalité.

L'identification de désir ou *de tendance* est celle où le sujet s'identifie au personnage qui jouit pleinement de la tendance exprimée, où il n'y a par conséquent pas de conflit avec la défense du Moi.

L'identification de réalité, ou identification du Moi est celle qui est par contre conforme au principe de réalité, c'est-à-dire celle qui est la plus proche de la situation réelle du sujet testé.

L'identification de défense est celle où le sujet s'iden-tifie à l'instance censurante, soit extérieure, soit intro-jectée dans le Moi en Surmoi.

Par exemple, dans l'image BATAILLE de notre *test PN,* l'identification de réalité est à Pattenoire qui se bat; l'id. de désir peut être chez certains sujets au petit cochon blanc · qui a peur et qui se réfugie auprès des parents; l'id. de défense est aux parents qui vont punir les batailleurs.

Dans la *fable de l'agneau,* l'id. de réalité est au grand agneau que sa maman envoie manger de l'herbe; l'id. de désir est souvent au tout-petit privilégié; l'id. de défense est à la maman qui renvoie son enfant ou au berger qui le sépare de sa mère.

Dans le *dessin de famille,* l'investissement privilégié du personnage dessiné en premier nous indique que ce personnage est toujours une id. de désir; mais il se peut que la défense du Moi intervienne pour interdire cette id., et que l'enfant s'identifie à un autre. Par exemple en cas de complexe d'Œdipe, un garçon qui figure son père en premier à côté de sa mère et qui voudrait dans son cœur prendre sa place, pourra s'en trouver empêché par la censure du Moi et contraint de s'identifier soit à lui-même (id. de réalité), soit à un plus petit, par régression (autre id. de désir).

9. Quand faut-il conclure à un état pathologique?

Au début de la pratique des tests projectifs, on s'attend naturellement à voir s'exprimer dans les thèmes, d'une manière plus ou moins directe, la situation clinique pathologique, et le fait est que cela se produit assez fréquemment. Le psychologue doit toutefois se garder de conclure, en sens inverse, du caractère en apparence pathologique des thèmes projectifs à l'existence d'un état névrotique. Il doit savoir en effet que la différence entre l'état pathologique et l'état normal ne réside pas dans la présence ou l'absence de fortes pulsions, ou de conflits très accusés, ou de signes d'angoisse. Non! Cette différence réside essentiellement dans la manière dont le sujet se comporte vis-à-vis de ses pulsions, de ses conflits, de son angoisse, et il convient de rappeler — en accord avec notre conception globaliste de la personnalité — la nécessité de faire prévaloir la considération du tout sur celle des parties, le tout étant ici la synthèse des divers éléments de la personnalité, aux fins de la meilleure adaptation.

1. *Les tendances.* Ni la force avec laquelle se manifeste une tendance dans un thème projectif, ni l'intensité des défenses qu'elle suscite ne sont en soi pathologiques. On a certes souligné le caractère morbide des pulsions quand elles se projettent dans les tests en des thèmes sauvages; mais il faut ici toujours faire entrer en ligne de compte l'âge du sujet; il faut se garder de conclure pour l'enfant comme pour l'adulte, car l'enfant est plus près de la sauvagerie primitive des instincts et s'y laisse bien plus facilement retomber que l'adulte.

Il faut toujours en pareil cas interroger l'ensemble du protocole: une tendance très forte ne signifie rien si elle est isolée; elle ne prendra de signification que si elle s'exprime de façon répétée, en réponse aux stimuli les plus divers, faisant voir par-là qu'elle accapare toute la force expansive et qu'elle submerge la défense du Moi. Par exemple, dans le *test PN,* si un enfant, analysant l'image PORTÉE, s'identifie aux nouveau-nés, alors que dans les autres images, il est le plus souvent le héros, on n'est pas autorisé de ce seul fait à conclure à une régression pathologique. Mais si un enfant donne au début à Pattenoire un âge très régressif et l'appelle ensuite tout au long de son test le « bébé », en mettant particulièrement en valeur toutes les situations orales, il y a lieu de penser qu'on se trouve en présence d'un état névrotique.

Pareillement, lorsque l'oralité s'exprime sous la forme d'une grande avidité à propos des images orales, on ne peut en inférer un état anormal. Mais qu'un garçon de 15 ans, que nous avons soigné pour une schizophrénie, ne retienne que 7 images sur les 16 du PN et les décrive dans la séquence ci-après, est le signe certain d'une grave régression pathologique.

Portée. — Là ils sont à la tétée.

Tétée 2. — Là aussi, mais il est plus grand déjà.

Hésitation. — Il regarde les autres boire.

Jeux sales. — Il éclabousse sa mère.

Rêve P. — Il rêve à son Père.

Tétée 1. — Là il tète.

Rêve M. — Là il rêve à sa Mère.

A la question: Comment l'histoire se termine-t-elle?, il répond: « C'est un rêve. Il rêve qu'il tète, qu'il boit, qu'il joue ».

L'âge, comme nous l'avons dit plus haut, doit entrer en ligne de compte, et un état régressif durable a un caractère pathologique d'autant plus grave qu'on a affaire à un sujet plus âgé. Voici par exemple *le dessin de famille* d'un garçon de 16 ans (fig. 55) qui, à deux reprises, figure en premier un bébé en maillot, objet de l'admiration conjuguée des parents et des grands-parents, et

Figure 55
Dessin de famille
(L'identification à un bébé)

s'y identifie. Cela veut dire que cet adolescent est incapable d'investir une autre image que celle d'un bébé,

personnage imaginaire dans lequel il se projette inté-
gralement.

Dans les trois cas que nous venons de citer, la tendance
régressive est d'une telle force, s'exprime avec un tel
mépris de la réalité qu'on peut en conclure que le Moi
est très faible, et notre déduction qu'il s'agit sans aucun
doute d'états pathologiques repose au moins autant sur
la constatation de la faiblesse du Moi que sur celle
d'une tendance très forte.

2. *Les conflits et l'angoisse.* On ne saurait non plus
considérer une *situation de conflit* comme nécessairement
pathologique. Nous avons vu au début de cet ouvrage
qu'une dynamique conflictuelle était inscrite dans le très
précoce antagonisme des forces d'expansion et des forces
de conservation, et qu'un tel conflit était nécessaire
à l'équilibre de la personnalité, puisque si l'enfant était
livré aux forces exclusives soit d'expansion soit de conservation, il ne pourrait s'adapter, ni même se maintenir
en vie. Il s'en déduit que la situation de conflit *peut*
avoir pour la personnalité une valeur dynamisante et
maturante. Nous le montrerons en particulier par l'exemple de la rivalité fraternelle qui, loin d'être pathologique,
apparaît au contraire, lorsqu'elle s'exprime librement,
comme un facteur essentiel du développement psycho-
social de l'enfant (cf. ch. 3).

De même on ne doit pas considérer *l'angoisse* comme
un état pathologique en soi, car elle peut être pour la
personnalité un stimulant très efficace. Une défense du
Moi opportune ne doit pas viser à supprimer complètement l'angoisse, mais seulement à la réduire à un
niveau supportable. Nous retrouvons ici encore l'opposition du refoulement et de la sublimation; comme on
l'a vu, quand le Moi, débordé par l'angoisse, fait un usage
trop intensif de la défense par refoulement, il n'obtient
d'autre résultat que d'inhiber une bonne part de l'expansion vitale et de l'activité créatrice, sans pour autant
se débarrasser de l'angoisse, puisque celle-ci est toujours

présente dans l'inconscient et pourra reparaître à la première occasion.

La solution du dilemme: « normal ou pathologique » nous est fournie ici encore par la *conception globaliste.*

Si le Moi domine le conflit et l'angoisse, c'est-à-dire s'il reste maître de la situation et des issues, s'il réussit à sauvegarder un quantum suffisant d'expansion vitale créatrice, alors conflit et angoisse sont utiles au développement et à la maturation de la personnalité.

Si par contre le Moi est dominé par le conflit anxiogène au point que, pour tenter de récupérer sa maîtrise perdue, il est obligé de mobiliser toute sa force disponible dans une lutte sans cesse renouvelée et d'employer la violence, s'il ne peut s'autoriser le moindre relâchement de vigilance sans risquer de voir le conflit le submerger à nouveau et l'angoisse s'intensifier jusqu'à un niveau insupportable, alors conflit et angoisse sont pathologiques.

3. *Souplesse et rigidité.* Il se déduit de ce qui précède que *l'état normal* est caractérisé par *la souplesse de l'adaptation.* En premier lieu, dans les protocoles de tests projectifs, surtout quand ceux-ci comportent une gamme très variée de stimuli (comme les *fables de Düss* et le *test PN*), ou une très grande liberté d'expression (comme le *gribouillis* ou le *test du village*), cette souplesse s'exprime par une grande diversité de tendances. En second lieu, les mécanismes de défense sont eux aussi variés, chaque situation conflictuelle suscitant une défense qui lui est adaptée. En troisième lieu, les identifications se font tantôt au héros principal, tantôt à d'autres personnages si la position du héros est par trop pénible à assumer.

L'état pathologique est, à l'inverse, caractérisé par sa *rigidité.* En premier lieu, la subjectivité d'une tendance dominante envahit tout le protocole du test, signe que toute l'attention du sujet est accaparée par un conflit unique. En second lieu, on observe une forte propension à employer dans toutes les situations le même mécanisme de défense, lequel se retrouve par conséquent dans tous les thèmes. En troisième lieu, les identifications se font, d'une manière stéréotypée, toujours au même personnage. Nous avons par exemple signalé cette rigidité d'identification dans notre *test PN*, quand le nombre d'identifications au héros dépasse 6 ou 7. Rappelons aussi l'identification quasi systématique à la mère qui, lorsqu'elle s'associe à des thèmes de frustration agressive, est le signe d'une introjection morbide caractéristique de l'état dépressif. Egalement l'identification massive à Personne qui, comme dans le cas du jeune Christian cité plus haut, indique une réaction fortement anxieuse d'évitement systématique.

4. *Référence à la Clinique.* Comme on vient de le voir, il est des situations bien tranchées où l'on peut conclure avec une grande probabilité à un état pathologique de par le seul protocole d'un test projectif. Mais dans un grand nombre de cas, la distinction du normal et du pathologique repose sur des nuances, et le psychologue se doit de montrer beaucoup de prudence dans ses conclusions. Il agira sagement en se référant toujours à la Clinique, car c'est le comportement du sujet dans sa vie qui nous autorise en général à conclure au caractère normal ou pathologique de ses thèmes projectifs. On peut dire que quand un enfant est atteint de troubles névrotiques, les anomalies constatées dans ses tests de personnalité ont une grande importance, comme pouvant nous renseigner sur les motivations profondes de son comportement. Mais si un enfant se comporte normalement dans la vie, ce qu'il nous révèle dans ses tests projectifs, quelque intéressant que cela puisse être pour l'intelligence de sa personnalité secrète, ne saurait être considéré comme pathologique.

Par exemple, dans le cas de ce garçon de 15 ans qui nous a montré dans le *test PN* une fixation orale exclusive, encore que le caractère franchement anormal de ses thèmes nous autorisait à soupçonner fortement un état pathologique, nous étions d'autant plus fondé à conclure dans ce sens que nous avions cliniquement la notion d'une forte régression schizophrénique, le garçon ayant depuis un an abandonné ses études et passant ses journées dans l'inertie la plus complète.

De même, dans le cas du jeune Loïc (fig. 55), il y a parfaite convergence du dessin de famille et de la clinique, en ce sens que cet adolescent, gravement frustré dans sa petite enfance, est resté très immature et a un comportement ainsi qu'une mentalité d'enfant de 6 ans. Le test nous confirme donc ici le désir du sujet de retrouver la condition heureuse d'un bébé choyé, désir qui est à l'origine de son comportement anormal.

Les remarques précédentes soulignent ce que nous avons dit déjà de la quasi-impossibilité pour un psychologue de faire des interprétations projectives aveugles, et de la nécessité, pour élaborer des conclusions valables, de posséder les éléments d'information clinique qui permettront de faire une synthèse clinico-projective.

Chapitre III

SYNTHÈSES CLINIQUES

Nous avons envisagé dans les chapitres précédents les différents *problèmes psycho-pathologiques* qui se posent usuellement au psycho-clinicien et que celui-ci aura à résoudre en mettant en œuvre les techniques d'examen décrites.

La tâche la plus importante est de faire la *synthèse* des documents recueillis, en ne négligeant rien de ce qui peut nous amener à mieux comprendre le problème posé. Comme nous l'avons dit, le psychologue doit être ouvert à beaucoup de choses n'appartenant pas strictement à sa spécialité. Le temps est sans doute proche où l'on fournira aux psychologues les éléments d'une science *plus largement humaine* que la psychologie actuelle, les éléments d'une psychologie qui débordera sur la médecine, la psychiatrie, la psychanalyse, la morphologie structurale et la pédagogie, non pas apprises par chapitres séparés, mais comprises dans une synthèse de l'homme tout entier.

Dans cette même perspective de synthèse, le psychologue doit être préparé à reconnaître la fréquente *surdétermination* des troubles par des facteurs étiologiques multiples, appartenant aux diverses sphères de la personnalité.

Comment on peut réaliser cette approche synthétique, nous voudrions le montrer ici en examinant les problèmes qui se posent le plus fréquemment dans une consultation d'enfants, rassemblant dans ce dessein les documents épars dans notre ouvrage.

I. LES RETARDS SCOLAIRES

Lorsqu'un enfant est en retard par rapport aux autres écoliers de son âge, le problème qui se pose au psychologue est de savoir si ce retard est dû ou non à un défaut d'intelligence.

1. La débilité mentale

Sous ce vocable général, qu'on spécifie en y ajoutant les qualificatifs: légère, moyenne ou profonde, on désigne les insuffisances natives d'intelligence. Quand le diagnostic en est posé, la cause du retard scolaire est trouvée, et il ne reste plus qu'à promouvoir des méthodes pédagogiques spéciales pour faire valoir au mieux les aptitudes insuffisantes de l'enfant.

Rappelons ici que ce diagnostic repose: *en premier lieu* sur l'anamnèse, quand celle-ci décèle des anomalies dans le développement des fonctions psychiques dès les premières années; *en second lieu* sur l'examen actuel, et en particulier les tests de niveau, donnant un Q.I. global au-dessous de la normale et, dans certains cas, soulignant certaines déficiences spécifiques: *en troisième lieu* sur la morphologie, quand celle-ci révèle une dysharmonie des structures natives.

2. Intelligence normale

Quand l'intelligence de l'enfant est reconnue normale, il faut expliquer son retard scolaire par d'autres causes.

Comme nous l'avons dit, il y a souvent multiplicité de facteurs étiologiques, et le psychologue devra se montrer éclectique. Une anamnèse attentive lui fournira dès l'abord un certain nombre d'éléments d'appréciation.

1. *L'absentéisme*, ou bien du fait de fréquentes maladies au cours de la scolarité; ou bien du fait d'autres causes tenant soit à l'enfant (par exemple école buissonnière) soit à la famille (négligence des parents), les unes et les autres empêchant l'enfant de suivre et lui faisant rapidement perdre pied.

2. *Le malmenage scolaire* de l'enfant qu'on veut à tout prix « pousser » alors qu'il n'a pas encore la maturité requise, ou bien de l'enfant qu'on a changé plusieurs fois d'école ou de maître dans l'année, ou bien encore de celui à qui l'on apprend à lire tour à tour par deux méthodes différentes.

3. *L'ambiance familiale défectueuse*, quand l'enfant a des parents dépourvus d'instruction, incapables par conséquent de l'appuyer; ou quand l'harmonie familiale est troublée par un climat de disputes continuelles (par exemple père alcoolique); ou quand la mère travaille au-dehors et que l'enfant trouve la maison vide en rentrant le soir; ou quand la trop grande exiguïté des locaux ne laisse pas à l'enfant le moindre coin pour faire ses devoirs.

4. *Les carences corporelles*, c'est-à-dire toutes les déficiences de la santé générale susceptibles de retentir sur le travail scolaire. Manque de nourriture (« ventre affamé n'a point d'oreilles »); manque d'air; manque de sommeil. Maladies chroniques telles que végétations adénoïdes, otites à répétition, insuffisances endocriniennes, primoinfection tuberculeuse, asthme.

Mentionnons aussi, sur un plan un peu différent, l'excitation sexuelle précoce qui détermine une grande dispersion de l'attention.

5. *Les troubles de la croissance*, quand l'enfant, grandissant trop vite, a toutes ses forces vitales accaparées par

l'édification de son corps et ne dispose plus d'aucune énergie pour quoi que ce soit d'autre (asthénie de croissance). On apprend alors qu'il a beaucoup grandi — sans grossir — depuis un certain nombre de mois et que le fléchissement scolaire a été parallèle.

3. *Intelligence normale avec déficience sensorielle ou motrice*

Le psychologue devra être toujours attentif à dépister les déficiences sensorielles, particulièrement celles de la vue et de l'ouie. Il est en effet fréquent qu'elles restent méconnues durant plusieurs années, années qui sont en général perdues pour le progrès scolaire. Leur dépistage devrait bien entendu être systématique et fait par les médecins scolaires, équipés d'une instrumentation adéquate. Mais dans l'état de choses actuel, il incombe encore souvent au psychologue.

On devra d'une manière analogue dépister les anomalies de latéralisation, particulièrement fréquentes, on le sait, chez les gauchers qu'on a contrariés.

Le psychologue doit savoir, bien entendu, qu'il ne suffit pas de constater chez un enfant une anomalie sensorielle ou motrice pour être à même d'expliquer ses difficultés scolaires, car il y a des sujets qui, avec les mêmes anomalies, réussissent bien dans leurs études parce qu'ils parviennent à « compenser ». Il lui faudra donc rechercher les autres causes possibles, souvent de nature affective, qui, s'additionnant au trouble sensitivo-moteur, en aggravent les effets.

4. *Intelligence normale avec aptitudes électives*

Comme nous l'avons dit, il y a des enfants qui échouent à l'école parce que le programme d'instruction qu'on leur impose ne s'accorde pas avec leurs aptitudes dominantes. En particulier, le régime scolaire très livresque qui est de règle en France handicape les enfants dont l'intelligence est surtout pratique. Le dépistage de ce type d'enfants peut se faire de plusieurs manières, comme nous l'avons vu. Le test des loisirs nous montre qu'ils sont naturellement beaucoup plus portés vers les activités pratiques que vers les livres. Les tests de niveau leur donnent d'ordinaire un Q.I. qui les fait classer dans les débiles mentaux, et cependant leur évolution ultérieure dans la profession prouve qu'ils sont capables d'une très bonne adaptation sociale et technique. Nous avons vu que le *test de Wechsler* a été élaboré pour introduire dans l'évaluation du Q.I. une certaine mesure de vie pratique (épreuves de performance); mais il faut compléter ce test par l'appréciation du débrouillage, telle que le révèlent certains tests psycho-techniques d'orientation professionnelle, et l'*échelle de Doll.*

La morpho-psychologie est ici d'un appoint très précieux en nous montrant la dominante d'intelligence pratique inscrite dans l'expansion instinctive-affective, avec rétraction cérébrale. Comme on l'a vu, cette expansion s'observe chez deux types principaux: Le *Rétracté latéral,* être de flair, d'intuition et de mouvement; le *Type d'expansion instinctive-active,* qui allie à un grand bon sens une aptitude constructive.

5. *Intelligence normale avec perturbations affectives*

Il est un bon nombre d'enfants retardés scolaires qui le sont, non en raison d'un défaut d'intelligence ni de quelqu'une des causes qui viennent d'être mentionnées, mais par suite de perturbations dans leur vie affective, retentissant sur leur activité intellectuelle. C'est le groupe le plus important de ce qu'on appelle les *pseudo-débiles mentaux.*

1. Un premier sous-groupe se compose des enfants qui sont *en conflit ouvert,* soit avec le maître d'école, soit avec leurs parents. On sait bien que, sauf exceptions assez rares, les enfants ne fournissent un bon travail scolaire que s'ils sont soutenus affectivement, s'ils ont

de bonnes relations affectives avec ceux qui les instrui-
sent. Ainsi il n'est pas rare que le même enfant travaille
bien avec tel maître, mal avec tel autre. Pareillement
un enfant en révolte contre ses parents peut exprimer
son opposition en refusant l'école, soit complètement,
soit partiellement. Il est par exemple des cas de dyslexie
qui relèvent de cette cause, l'enfant manifestant par le
biais de ce refus électif une opposition qu'il n'ose exprimer ouvertement. On devra en particulier être attentif
au fait qu'à notre époque de travail féminin, beaucoup de
mères ne s'occupent de l'enfant rentré de l'école que
pour lui faire faire son travail scolaire, non sans de
fréquents rappels à l'ordre et de fréquentes gronderies
qui ne tardent pas à envenimer leurs relations affectives.

2. Un second sous-groupe comporte des perturbations
affectives moins faciles à déceler que les précédentes,
car elles sont inconscientes et ne se manifestent pas
ouvertement. C'est ici que le psychologue aura à faire
œuvre vraiment psychologique. Dans tous les cas envisagés précédemment, alerté par un test de niveau lui
révélant que le retard de l'enfant n'était pas dû à un
défaut d'intelligence, il lui suffisait de se livrer à une
anamnèse très attentive, celle-ci exigeant d'ailleurs, il
faut le reconnaître, une grande sagacité clinique pour ne
rien laisser échapper des causes possibles de la déficience.

Mais quand il y a des perturbations affectives inconscientes, l'anamnèse simple ne nous apprend rien. Les
tests de niveau peuvent nous fournir un premier indice,
soit quand il donnent un résultat global qui, par sa bonne
valeur, est en contradiction avec ce que faisait supposer
la déficience scolaire; soit quand, avec un Q.I. insuffisant,
la dispersion importante des résultats partiels fait rejeter
l'hypothèse de débilité mentale. L'indication est alors
posée, nous l'avons vu, d'un test de personnalité qui
puisse détecter les conflits profonds.

Nous n'entrerons pas ici dans le détail de ces conflits,
qui seront étudiés plus loin. Mais soulignons qu'ils ont

tous sur le travail scolaire une action inhibitrice. Comme on l'a vu, la lutte du Moi contre les pulsions, qui caractérise le conflit névrotique, accapare toutes les forces d'expansion et n'en laisse pas de disponible pour ce secteur non conflictuel du Moi qu'est l'activité de l'intelligence. Il en résulte que l'enfant névrotique ne montre pas d'intérêt pour les études, que son attention est sans cesse absorbée par ses problèmes intérieurs (distrait-absorbé) et qu'il ne peut soutenir un effort intellectuel quelque peu prolongé (asthénie).

Ce domaine de la pseudo-débilité mentale par *complexes inconscients* est un des plus importants de la psychologie clinique, et l'on est en droit de s'étonner qu'on puisse encore prétendre former des psychologues aux seules techniques des tests de niveau et du Q.I., comme si l'enfant, du seul fait qu'il est à l'école, était coupé de toutes ses connexions vitales et ne pouvait être influencé dans son activité intellectuelle par les perturbations de sa vie affective.

II. *LES TROUBLES CARACTÉRIELS*

Nous conformant à l'usage et dans un but de clarté didactique, nous séparons ici l'étude de l'intelligence et celle de la vie affective, encore que comme on l'a vu, ces deux domaines s'entrepénètrent constamment.

Les perturbations de la vie affective se traduisent par des *conflits.* Tantôt il s'agit de *conflits extérieurs,* opposant l'enfant à son entourage familial ou social, et c'est dans ce cas que l'on parle de *troubles caractériels.* Tantôt il s'agit de *conflits intérieurs,* opposant l'enfant à lui-même, on a vu par quel processus, les interdits parentaux s'introjectant en Surmoi ou Idéal du Moi qui, à partir de ce moment, entre en lutte avec les pulsions instinctives; ces conflits intérieurs sont, on le sait, à la base de ce qu'on appelle les *névroses.*

Les troubles caractériels sont un motif fréquent de

consultation. Ils se manifestent en général avec plus d'intensité chez les garçons que chez les filles, et c'est une des raisons pour laquelle on est plus fréquemment consulté (environ deux fois plus souvent) pour des garçons. Ils posent d'emblée au psychologue le problème de leur authenticité; nous voulons dire par-là que lesdits troubles ne sont pas toujours pathologiques; ils sont parfois une réaction tout à fait saine à une attitude parentale d'intolérance ou d'incompréhension. Comme nous l'avons dit plus haut, l'enfant qu'on dit « insupportable » n'est dans certains cas qu'un enfant *insupporté*.

Ces troubles caractériels sont d'une grande diversité: colères plus ou moins clastiques; refus d'obéir; gestes de violence; encoprésie; vols; mensonges; fugues; rivalités fraternelles; gestes érotiques.

L'analyse de ces troubles devra d'abord porter sur leur fréquence, leur intensité, leurs conditions d'apparition, leurs rapports particuliers avec l'ambiance de la vie familiale, tous facteurs qui peuvent nous éclairer sur les causes. Il n'est pas rare qu'un simple entretien avec l'enfant nous livre la raison de son comportement anormal et nous révèle d'emblée les mesures psycho-pédagogiques qu'il convient de prendre.

Il semble donc qu'ici tout se passe au grand jour de la conscience, et qu'il suffise au psychologue de faire preuve de perspicacité pour résoudre le problème posé.

Et cependant il n'en est pas toujours ainsi. Souvent l'entretien avec l'enfant n'apporte rien d'autre qu'un timide: « Je ne sais pas ». L'analyse des actes caractériels ne nous éclaire pas non plus sur leur motivation directe. C'est qu'alors les manifestations pathologiques apparentes sont l'expression de pulsions refoulées, lesquelles ne sont parvenues à s'exprimer que sous un déguisement imposé par la défense du Moi. Voici par exemple un petit garçon très jaloux de sa petite sœur, mais n'osant, devant la grande sévérité de ses parents, le montrer ouvertement; or, à l'école, il blesse un jour d'un coup de canif une petite fille, acte substitutif dont la signification apparaît à l'analyse. Voici une fillette qui commet de fréquents larcins de friandises ou d'argent; or elle a été gravement frustrée par une mère rejetante, et ses vols sont une compensation à ces frustrations. Voici un grand garçon qui fait des fugues de plusieurs jours, ce qui mobilise toute sa famille à sa recherche; aucune motivation apparente à ces fugues, mais on finit par deviner que le garçon reproche à son père, récemment remarié, de le délaisser et il veut, par ses fugues, le contraindre à s'occuper de lui; il y parvient d'ailleurs, puisque pendant quelques jours il est au centre des préoccupations, et que son père, l'ayant retrouvé, le rosse copieusement, traitement que le garçon préfère de beaucoup à l'indifférence. Voici encore le cas de la rivalité fraternelle, manifestation des plus banales, comme l'on sait; or il arrive qu'elle soit l'expression indirecte, par déplacement, d'une forte jalousie œdipienne qui n'ose s'affirmer ouvertement.

Le psychologue devra dans tous ces cas faire une exploration en profondeur pour dépister, derrière les troubles caractériels manifestes, la tendance inconsciente qui est à l'origine de ceux-ci. L'indication se pose donc d'un test de personnalité.

III. LES CONFLITS

Les troubles caractériels, se traduisant par une extériorisation des pulsions agressives ou sexuelles en un comportement plus ou moins antisocial, mettent l'enfant en conflit ouvert avec son entourage. Et cependant, on l'a vu, dans un certain nombre de cas, il est nécessaire de rechercher les motivations profondes de ces troubles en appliquant un test de personnalité.

Mais cette recherche s'impose *dans tous les cas* où le conflit s'intériorise, le heurt des pulsions et de la défense du Moi engendrant des situations névrotiques dont la symptomatologie beaucoup plus complexe oblige le psychologue à de difficiles investigations en profondeur.

Le tableau clinique se compose ici tantôt de symptômes exprimant la défense du Moi, tantôt de symptômes exprimant la tendance objet de cette défense, mais sous une forme travestie qui ne la laisse pas facilement reconnaître. On sait que, chez l'adulte, l'établissement d'une organisation défensive constante détermine un système névrotique fixe qu'on caractérise par un nom particulier. Par contre chez l'enfant, tout est en devenir, et le psychologue n'aura pas dans la plupart des cas à porter un diagnostic de névrose constituée, mais à analyser la situation en termes de *dynamique conflictuelle,* en s'efforçant d'apprécier la valeur des forces en présence, le Soi, le Moi, le Surmoi. Cette attitude, remarquons-le, débouche directement sur la préoccupation thérapeutique et pédagogique, car à la rigidité des névroses constituées, obstacle souvent majeur à une action psychothérapique, il faut opposer la mobilité dynamique des conflits de l'âme enfantine, facteur de bon pronostic en général.

Nous allons examiner ci-après les principaux conflits inconscients, que le psychologue devra explorer par une analyse projective.

1. *Le conflit dépendance-indépendance*

C'est le conflit de base, celui qui se manifeste le premier, dès que l'enfant sort de l'état de dépendance passive de ses premiers mois pour accéder à un début d'autonomie, l'autonomie du « moi tout seul ». Nous avons montré par le symbolisme des cercles (fig. 1) que l'expansion vitale est à la source d'une recherche croissante d'indépendance, l'enfant désirant élargir de plus en plus le cercle de ses conquêtes et se soustraire par-là même à la dépendance de ses nourriciers. Mais chaque fois que son expansion l'expose à quelque danger, l'intervention des forces de conservation le ramène en arrière vers un cercle plus étroit de protection. Le conflit dépendante — indépendance est donc immanent à la vie elle-même, et par-là, il est dans une très large mesure une situation normale.

Il ne devient pathologique que par son excès, quand le jeu alterné de l'expansion — conservation, au lieu de s'effectuer avec souplesse en accord avec les nécessités de l'adaptation, devient rigide de par l'excès anormal d'une des deux tendances.

Il est de règle en pareil cas que la tendance excessive suscite par réaction une défense du Moi elle-même excessive, et se trouve refoulée dans l'inconscient, surcompensée alors dans la conduite consciente par la tendance contraire. Par exemple certains enfants, dont les désirs d'indépendance sont frappés d'interdit (le plus souvent par l'action censurante de parents phobiques introjectée en Surmoi), les refoulent et leur substituent dans le conscient une acceptation docile de la dépendance, allant jusqu'à un véritable « collage » aux parents. Chez les garçons, une telle situation équivaut à un interdit sur la virilité et s'exprime souvent dans les tests projectifs par une identification féminine régressive (avec un âge de bébé); mais le besoin d'autonomie de ces garçons-filles, bien que refoulé, n'en demeure pas moins très actif dans l'inconscient et peut s'immiscer dans la conduite en actes soudains d'indépendance dont la caractéristique est d'être mal adaptés (par exemple les conduites pseudo-agressives). Chez les filles, la tendance à l'autonomie qui s'affirme surtout au moment de l'Œdipe, sous la forme d'un affranchissement de la tutelle de la mère, comporte fréquemment une note fortement agressive qui entraîne un interdit; le refoulement de la tendance aboutit alors à un comportement de docilité tendre à l'égard de la mère, au premier abord contraire à ce qu'on serait en droit d'escompter, surtout à l'âge de la puberté; mais la tendance à se soustraire à la tutelle maternelle persiste dans l'inconscient et peut se manifester, tantôt par de brusques résurgences agressives contre la mère, tantôt par des craintes obsédantes qu'il n'arrive malheur à celle-ci, craintes qui sont elles-mêmes le négatif d'un désir secret.

Chez d'autres enfants, c'est, en sens inverse, le besoin de dépendance qui est refoulé, et l'esprit d'indépendance se développe alors, en tant que formation réactionnelle, avec un caractère compulsif qui signe sa nature pathologique. Le sujet n'accepte jamais d'aide de personne; mais il lui arrive parfois, de par la résurgence de la tendance refoulée, de céder inconsciemment à un besoin morbide de protection. Ainsi un homme qui, dans son enfance, a lutté énergiquement contre un attachement passif à sa mère, lequel comportait une forte charge de culpabilité, pourra vouloir vivre en célibataire indépendant, qui ne veut rien attendre de personne; mais il sera peut-être exposé à subir un jour la domination d'une femme de type maternel, choisie non pas tant par affinité élective que par l'influence inconsciente de la dépendance des premières années.

Autre exemple: voici le cas d'un garçon de 14 ans, Paul, qui s'est fait renvoyer de l'école pour indiscipline et qui joue au caïd dans le groupe de ses camarades. Activité débordante? Non, car en réalité le jeune Paul déteste l'effort et attend tout de l'aide d'autrui. Dans son *dessin de famille*, il s'identifie à la fois à une fille de forte stature, du type de sa mère, et à un petit garçon gâté par ladite mère. Dans son *T.A.T.*, la plupart des thèmes décrivent un couple mari-femme en voie de désunion, mais c'est toujours l'homme qui se conduit mal, est fainéant, buveur ou même criminel; à l'image 3, où Paul voit un meurtrier en prison, il est dit à la fin: « Il a honte de ce qu'il a fait. Il pense qu'on aurait dû lui couper les mains avant... qu'il sera toujours un pauvre type ». Il est remarquable que ni dans son *dessin de famille*, ni dans son *T.A.T.*, nous ne voyons paraître l'*identification au caïd* qui est si manifeste dans sa conduite habituelle. Cela nous montre que cette identification n'est pas profonde, qu'elle est une formation réactionnelle, une *conduite de bravade* pour tenter de montrer aux autres et de se persuader à lui-même qu'il n'est ni une fille, ni un gamin, mais qu'il est vraiment un homme, qu'il est capable d'un rôle actif et créateur. C'est dire aussi combien cette attitude réactionnelle est fragile, et que la véritable personnalité de ce garçon, nous la trouvons, non dans cette attitude, mais dans la révélation que nous apportent les tests.

A l'exemple de ce cas, beaucoup de comportements mal adaptés, soit de dépendance, soit d'indépendance, nous apparaissent comme inauthentiques. Et la véritable nature du sujet, nous la découvrons alors dans ses tendances refoulées, que les tests de personnalité nous révèlent, nous éclairant par-là même le caractère pathologique de la situation et nous le faisant comprendre.

2. *Les conflits de rivalité fraternelle*

Les conflits entre frères et sœurs, quand l'agressivité y est étroitement associée à l'affection (« ils se disputent sans cesse, mais ne peuvent se passer l'un de l'autre » disent les parents), appartiennent à l'état normal et ont pour la personnalité des enfants une valeur à la fois dynamisante et maturante; ils s'expriment alors dans les tests de personnalité de la même façon que dans la vie réelle.

Les conflits pathologiques sont tantôt extérieurs, tantôt intérieurs. Dans le premier cas, il s'agit en général d'une rivalité anormale par son intensité et s'assouvissant d'une manière sauvage en actes agressifs. Plusieurs facteurs peuvent ici entrer en jeu: la constitution du sujet, quand elle comporte une charge d'agressivité particulière inscrite dans sa physionomie (en particulier une très forte mandibule de modelé sthénique); les frustrations familiales ayant exaspéré une agressivité qui n'était pas spécialement intense au départ. En pareil cas, les tests de personnalité peuvent nous révéler l'importance des frustrations et la manière dont l'enfant y a réagi.

Quand le conflit est intérieur, c'est-à-dire quand il y a eu refoulement de la rivalité par la défense du Moi, on ne constate pas cliniquement de rivalité fraternelle, mais on est consulté, ou bien pour un retard scolaire, ou bien pour des troubles affectifs de type soit dépressif, soit régressif. Dans quelques cas, une anamnèse attentive pourra nous révéler que les troubles ont fait suite à la naissance d'un petit frère. Mais c'est l'analyse projective qui nous permettra de détecter la forte charge agressive inhibée, en même temps qu'elle mettra en évidence le mécanisme de défense du Moi qui a empêché l'agressivité de se manifester cliniquement.

Le mécanisme du *retournement contre soi* de la tendance agressive détermine un état de dépression, s'exprimant cliniquement par une humeur triste ou grincheuse, une dévalorisation de soi, une névrose d'échec. C'est un mécanisme particulièrement fréquent chez les filles; nous en avons donné un bon exemple dans le cas de la fillette au thème obsédant de « La fée a foutu Pattenoire à la porte » (ch. 2 § III). Dans la *fable de l'agneau,* ce retournement contre soi aboutit à un thème de soumission qui est très fréquent, puisqu'il s'observe, comme nous l'avons montré dans une étude antérieure, dans 50 % des cas.

Le mécanisme de *régression* détermine un comportement enfantin, cause d'immaturité et de retard scolaire. Cette régression est fréquemment associée à une *identification au rival* dernier-né, que les tests objectivent bien; c'est ainsi que dans le *dessin de famille,* l'identification à un bébé, que celui-ci existe en vrai ou soit imaginaire, s'observe très souvent, soit dans 20 % des cas (cf. l'observation de la figure 55). Dans la *fable de l'agneau,* l'identification au tout petit privilégié est très fréquente, s'observant dans 53 % des cas (49 % chez les garçons et 57 % chez les filles), contre 35 % d'identifications au grand agneau.

L'intérêt particulier des tests projectifs, c'est que, dans l'atmosphère libératrice de la projection, on voit souvent la pulsion refoulée se manifester d'une manière tout à fait inattendue. Cela se produit surtout quand on pratique la méthode des Préférences-Identifications; on en a vu un exemple remarquable dans le cas de Madeleine, cette fillette de 10 ans, aînée de famille nombreuse, qui stagnait à l'école et dont on nous disait qu'elle n'avait jamais manifesté de jalousie à l'égard de ses frères et sœurs; les tests nous montraient sa tendance régressive; mais dans le *Test PN,* après des thèmes peu significatifs, parce que marqués par une forte inhibition, aux P-I, à propos de l'image PORTÉE, on voyait soudain exploser de très violentes pulsions agressives contre la fratrie (ch. 2, IV, 7).

3. Les conflits œdipiens

Ici encore, il faut opposer les conflits ouverts et les conflits masqués.

Quand les sentiments œdipiens d'amour et d'agressivité s'extériorisent librement, l'enfant entre en conflit avec ses parents, mais sauf le cas où le conflit revêt une grande violence, il n'y a là rien que de normal.

L'Œdipe, nous l'avons vu, doit être dépassé par la transformation du désir érotique en tendresse et par celle de la pulsion agressive en émulation avec identification. Tel est le mécanisme dit de *sublimation,* qui permet la maturation de la personnalité affective et l'accès à la pensée objective ainsi qu'aux réalisations.

Quand cette sublimation n'est pas possible, et que le Moi entre en lutte avec les pulsions œdipiennes pour les refouler, ce qui est fréquent, il y a conflit intérieur, conflit qui a de nombreuses incidences sur le comportement affectif de l'enfant et sur son expansion intellectuelle.

Il est des cas où les tendances œdipiennes refoulées

s'extériorisent librement dans la projection. Ainsi Michèle, fillette de 8 ans, amenée pour un travail scolaire défectueux et une humeur constamment dépressive, fait un *dessin de famille* (fig. 56) qui manifeste son intense désir d'être la préférée de son père en prenant la place

Figure 56

de sa mère; il apparaît qu'elle cherche à éliminer sa mère et son petit frère, sans toutefois oser le faire complètement. Nous avons une excellente convergence d'indices dans la *fable de l'anniversaire,* où l'on demande pourquoi la petite fille a quitté la salle où se fêtait l'anniversaire de mariage de ses parents; Michèle a en effet répondu: « La petite fille est sortie dans le jardin parce qu'elle était malheureuse, parce qu'elle ne voudrait pas que sa maman se marie. Elle ne veut pas prendre la place de sa maman parce qu'elle est trop petite. Quand elle sera grande, le papa voudra bien qu'elle prenne la place de sa maman. Ils se marieront ». Ce qui nous est encore confirmé par un *psychodrame,* soulignant ce que nous avons dit de la valeur diagnostique des thèmes psychodramatiques; Michèle donne comme thème: « Mariage avec Papa », et le soir venu, elle dit: « Je vais me mettre à côté de toi », plaçant la marionnette qui représente la petite fille dans les bras de la marionnette-papa; puis elle ajoute: « Si la maman vient, la petite fille lui dira — J'étais couchée avec mon mari. Non! je ne veux pas te le rendre! Tu n'as qu'à te marier avec un autre ».

Dans beaucoup de cas, toutefois, l'Œdipe est plus fortement refoulé, et les défenses du Moi en empêchent la libre expression dans les tests projectifs. Les deux tests qui révèlent le mieux cette inhibition de l'Œdipe sont le *gribouillis* et le *test PN.* En particulier, dans ce dernier test, 4 images sont en rapport avec l'Œdipe; BAISER — NUIT — RÊVE M. — RÊVE P.; il est fréquent, en cas de refoulement, de les voir rejetées, non aimées et non assumées.

Le refoulement, on l'a vu, n'empêche pas les pulsions d'être actives dans l'inconscient et de chercher, en dépit de l'interdit, un moyen détourné pour s'exprimer.

Le *déplacement* est un de ces moyens, la tendance s'assouvissant par le truchement de personnages d'emprunt, ce qui supprime la culpabilité de la relation œdipienne. Tantôt l'enfant, identifié au héros, fait assumer ses pulsions érotiques et agressives par un autre, ce qui s'observe souvent dans le *dessin de famille,* le *test du village,* le *test PN* et les *psychodrames;* il n'est pas rare même que, pour mieux détourner l'attention de la censure, la projection se fasse sur un animal; on en a vu un exemple remarquable chez la petite Viviane (fig. 43). Tantôt le déplacement concerne les parents, auxquels on substitue, soit des frères et sœurs, soit des personnes étrangères à la famille; par exemple, dans le *test PN,* il est assez fréquent que les images œdipiennes soient fidèlement décrites, à cela près qu'il n'est fait mention ni du père ni de la mère, remplacés par d'autres. La défense du Moi est encore plus marquée quand le déplacement concerne à la fois le sujet et les parents; on en a vu un cas dans l'exemple de ce jeune homme (ch. 2, IV, 1) qui projetait ses pulsions agressives sur un bandit, lequel s'attaquait au châtelain, personnage symbolique du père.

Un deuxième mécanisme de défense est la *régression pré-œdipienne,* le sujet se reportant tout entier à une phase antérieure de son développement, échappant en quelque sorte à son problème conflictuel par une fuite en arrière. On a vu que, dans ce cas, le sujet régresse de préférence à un point de fixation antérieur, c'est-à-dire à un stade de son développement investi d'une forte charge affective. Cependant il faut remarquer que l'Œdipe persiste, refoulé, dans l'inconscient, ce qui confère à la régression une teinte érotique particulière. Autrement dit les sentiments œdipiens censurés sont vécus en termes d'oralité ou de sadisme-anal. Il est par exemple fréquent dans le *test PN* que, les images œdipiennes étant refusées, les images exprimant l'oralité ou le sadisme-anal soient au contraire mises au premier plan; on doit alors considérer qu'elles expriment sur un mode régressif les pulsions œdipiennes refoulées. C'est ainsi que lorsqu'un garçon décrit en premier JEUX SALES avec un thème où le héros s'attaque à sa mère, encore que la note agressive soit certaine, elle doit souvent être interprétée comme une relation érotique. C'est ainsi encore que les sujets de sexe féminin voient fréquemment dans ce test le père comme nourricier à la place de la mère, et il n'est pas rare alors qu'une discrète note érotique vienne nous montrer qu'il ne s'agit pas vraiment d'oralité, mais de substitut œdipien.

Ce qui le prouve au surplus, c'est que la culpabilité inhérente à l'Œdipe peut suivre la régression, l'interdit frappant à leur tour les thèmes régressifs. Si cela paraît assez naturel en ce qui concerne le sadisme anal, vu son côté répugnant et agressif, par contre on comprendrait difficilement, en dehors de notre conception, qu'il puisse y avoir une angoisse de culpabilité dans les thèmes d'oralité, au point de voir l'enfant refuser de s'identifier au héros dans les images au premier abord tout à fait anodines.

En pareil cas, il arrive que la défense par régression se double d'un nouveau refoulement avec *retournement en contraire* et *formations réactionnelles*. L'avidité orale se retourne alors en *anorexie* et le sadisme-anal en *manies obsédantes de propreté*. Ces formations réactionnelles sont dans le conscient et par conséquent au premier plan du tableau clinique. Mais dans l'inconscient persistent très vivaces les pulsions orales et sadiques-anales refoulées, et la projection peut les ramener au grand jour.

La régression orale nous explique en particulier les cas de *dysphagie anxieuse,* dont nous avons déjà parlé, qui s'observent chez des filles à la puberté. La relation sexuelle est ici pensée en termes d'incorporation orale du germe fécondant, incorporation qui est à la fois désirée et redoutée, et l'interdit œdipien se transforme alors en crainte anxieuse de déglutir.

Un troisième mécanisme de défense, celui-ci plus élaboré, est la *relation à distance,* particulièrement nette dans le *dessin de famille* et le *village*, s'exprimant par le fait que le personnage auquel l'enfant s'identifie est figuré éloigné des parents. Il faut souligner à ce propos que l'agressivité aussi bien que la sexualité impliquent un contact physique intime, de sorte que tout interdit sur ces instincts tend à s'exprimer par une rupture de contact. La relation à distance peut aller jusqu'à l'élimination complète des personnages parentaux (ainsi dans le *dessin de famille* ou dans le *test PN*). Il advient qu'en sens inverse, c'est le sujet lui-même qui prenne de la distance en s'éliminant; nous avons vu par exemple que dans le *test du village*, l'anxiété suscitée par les pulsions qui s'expriment plus ou moins ouvertement pouvait aller jusqu'à faire dire au sujet qu'il ne voulait pas habiter ce village-là; rappelons à ce propos le cas de ce jeune homme qui déguisait derrière un tel refus la culpabilité que lui causaient ses très fortes pulsions œdipiennes (ch. 2).

Dans beaucoup de cas, les parents ne sont pas éliminés, mais ils sont placés à distance du sujet, comme si celui-ci craignait une proximité trop intime génératrice d'angoisse. Voici par exemple une des phases du *dessin de famille* d'une fillette unique de 12 ans, Catherine, qui se dessine en premier, figurant ensute le couple parental à distance (fig. 57). Convergence d'indices importante: dans son test PN, le conflit œdipien est résolu par un renoncement à toute compétition avec la mère, remplacée par une régression avec désir de retrouver l'âge d'or de la petite enfance. Ces thèmes projectifs nous éclairent l'étiologie d'un important fléchissement scolaire de la fillette depuis un an; c'est que la famille ayant dû changer de ville et n'ayant pu se loger que dans une pièce unique, la fillette a dû faire chambre commune avec ses parents, ce qui l'a d'autant plus gravement perturbée qu'elle est en début de puberté.

Un quatrième mécanisme de défense est celui qui aboutit à l'*inversion de l'Œdipe*: au lieu des sentiments

Figure 57

œdipiens habituels, on observe les sentiments contraires, les garçons se comportant alors comme s'ils étaient des filles, et les filles comme si elles étaient des garçons. C'est-à-dire que les garçons entrent en rivalité avec leur mère et cherchent un rapprochement tendre avec leur père; que les filles deviennent sinon hostiles du moins indifférentes à leur père et montrent pour leur mère une affection exclusive. Il s'agit bien réellement d'une *inversion*, c'est-à-dire d'un processus dynamique par lequel les sentiments initiaux se trouvent *retournés en leurs contraires*. Il faut comprendre ici que l'*œdipe inversé* se trouve dans le conscient, comme formation réactionnelle du Moi, mais que l'*Œdipe normal*, refoulé, est dans l'inconscient et pourra se révéler à nous au cours de la projection. Par exemple, chez les filles, derrière la prise de distance à l'égard du père se démasquera un fort attrait œdipien; et derrière l'affection tendre pour la mère une rivalité agressive très chargée de culpabilité: on en a vu un exemple remarquable au ch. 2 dans le cas de cette fillette qui ne trouvait dans le *test du village* aucun santon assez beau pour représenter le père, et finissait par choisir à la place un arbre de formes élancées.

Il convient de souligner que plusieurs de ces mécanismes de défense peuvent s'associer. Nous venons de voir que la régression peut par exemple se doubler d'un retournement au contraire avec formation réactionnelle. De même l'inversion de l'Œdipe peut s'accompagner d'une régression, le garçon identifié à une fille se reportant à l'âge où il était un bébé en relation tendre avec le parent nourricier, père aussi bien que mère, renonçant ainsi doublement à sa virilité dangereuse.

Le *test du gribouillis* nous offre un exemple remarquable de cette association de plusieurs mécanismes de défense. C'est ce type de tracé que nous avons déjà mentionné comme se limitant au-dessous du nom, dans la zone dite de protection maternelle, la zone du père, sus-jacente au nom, étant frappée d'interdit. Un tel gribouillis indique une *régression,* mais par surcroît, son tracé est fréquemment de *formation réactionnelle,* avec *isolation,* sous forme de lignes qui ne se croisent pas et qui ne recouvrent pas le nom (fig. 46). Nous avons déjà mentionné qu'un tel tracé est le signe certain d'un interdit œdipien et d'une immaturité par non-dépassement de l'Œdipe, et qu'il s'observe couramment dans la névrose de scrupule et la névrose obsessionnelle.

4. *Les névroses*

Quand les conflits dont nous venons de parler *s'intériorisent,* opposant alors le Moi avec ses mécanismes de défense aux pulsions instinctives, il s'établit des situations conflictuelles plus durables qu'on appelle des *névroses.*

Chaque type de névrose est caractérisée surtout par un mode déterminé de la défense du Moi contre les pulsions, et l'étude psychanalytique éclaire d'une lumière remarquable les symptômes cliniques. Ceux-ci peuvent en effet être rangés dans deux catégories suivant qu'ils expriment les tendances objets de censure ou la défense du Moi; une troisième catégorie plus complexe exprime un compromis de tendance et de défense.

Chez l'adulte, on observe des névroses constituées, avec une symptomatologie qui est toujours la même dans ses grandes lignes pour chaque type de névrose, et l'on en a depuis longtemps décrit les principales formes: névrose d'angoisse, névrose obsessionnelle, névrose asthénique, névrose hystérique.

Les névroses de l'enfant n'ont pas en général une structure aussi bien définie que celles de l'adulte. Comme nous l'avons dit, chez l'enfant tout est en devenir: les névroses s'ébauchent dans leurs traits essentiels, se transforment, s'améliorent ou s'aggravent, sous l'influence du grand mouvement d'expansion vitale qui imprime sa marque à toute la croissance physique et psychique.

Une série de conséquences découlent de ce fait essentiel. En premier lieu, comme nous l'a enseigné la psychanalyse, les névroses de l'adulte tirant leur origine de l'enfance, on peut, dans les premiers stades du conflit intérieur, assister à la formation même du processus névrotique, le saisir *in statu nascendi*. Alors que, plus tard, la défense du Moi, s'étant organisée, occupera le premier plan de la scène clinique, refoulant dans la coulisse les tendances interdites, dans l'enfance il est souvent possible de noter les manifestations premières de la tendance avant que celle-ci ne soit l'objet d'une censure refoulante.

En second lieu, il y a dans ces stades premiers de la névrose une beaucoup plus grande mobilité du processus dynamique qui oppose le Moi et les pulsions. L'organisation névrotique n'a pas encore la rigidité qu'elle acquerra plus tard, et elle est de ce fait beaucoup plus accessible aux interventions thérapeutiques. D'ailleurs, du fait même du mouvement en avant de la vie, on voit se produire d'importantes transformations et souvent des guérisons.

En troisième lieu, si le psychologue doit connaître les principaux types de névrose et être bien entraîné à en faire le diagnostic, il est bien plus important encore qu'il soit capable d'interpréter la *psycho-dynamique conflictuelle* du processus névrotique. Et comme nous l'avons déjà souligné, il lui importe moins d'évaluer la force des tendances que d'établir quels types de défense le Moi leur a opposés, et ce qu'il en résulte. Tout se ramène en définitive à apprécier la force du Moi. Dans cette perspective, nous avons précédemment opposé la *rigidité du Moi névrotique* qui, contraint d'employer toute sa force dans la lutte contre les pulsions et amené à faire usage dans quelque situation que ce soit de mécanismes de défense toujours les mêmes, n'est plus disponible pour d'autres tâches — et la *souplesse du Moi autonome* qui est capable de s'adapter à la diversité des situations à l'aide d'un jeu très varié de défenses, et se montre par-là apte à *sublimer*, c'est-à-dire à utiliser à des fins sociales l'énergie propulsive des instincts.

Névroses et complexe d'Œdipe. Freud a établi que la grande majorité des névroses naissent chez l'enfant à la phase œdipienne, par suite du conflit entre les pulsions amoureuses et agressives à l'égard des parents et la censure du Moi.

Si nous prenons par exemple le cas du garçon (il en serait de même *mutatis mutandis* pour la fille), celui-ci, qui voudrait ravir sa mère à son père, doit renoncer à ce désir, le transformer en sentiment de pure tendresse, et remplacer son désir agressif d'élimination du père par de l'admiration, de l'émulation et une identification. Ce qui est important, par conséquent, c'est de pouvoir *dépasser la situation œdipienne.* Dans tous les cas où ce dépassement est impossible parce qu'il y a blocage des pulsions par refoulement, l'accession de l'enfant à l'âge adulte est empêchée, et son Moi reste immature, c'est-à-dire incapable d'un juste sentiment de la réalité des choses. De plus, le maintien de la défense du Moi dans une tension constante contre les pulsions œdipiennes frappées d'interdit fait vivre l'enfant dans une situation conflictuelle permanente, qui ne lui laisse aucune force disponible pour l'épanouissement de sa personnalité intellectuelle et affective.

Comme nous l'avons dit plus haut, on peut appeler *situation œdipienne* la condition normale de l'enfant qui vit ses sentiments œdipiens et va les dépasser. Il faut réserver le nom de *complexe d'Œdipe* aux cas où les sentiments œdipiens sont refoulés et, bloqués dans l'inconscient, exercent leur action d'une manière souterraine. Une grande partie de la pathologie des névroses dépend de ce complexe d'Œdipe.

Clinique des névroses. Il arrive, chez l'enfant comme chez l'adulte, qu'on soit consulté directement pour les manifestations de la névrose, les symptômes de celle-ci étant au premier plan du tableau clinique. Comme on l'a vu, ce sont tantôt les signes de la défense du Moi, tantôt les manifestations pulsionnelles, le plus souvent exprimées sous un travesti qui les fait difficilement reconnaître.

Mais il faut tenir compte des remarques que nous avons faites au début de cet ouvrage concernant le fait que les motifs de consultation ne sont pas nécessairement les symptômes majeurs de la maladie, mais les symptômes les plus gênants pour les familles. Voici par exemple un petit garçon atteint de névrose dépressive avec asthénie, humeur grincheuse, maux de tête, liée à la censure intérieure d'une forte rivalité fraternelle; de temps à autre, la tendance réprimée fait une percée, et le garçon entre dans une colère violente au cours de laquelle il frappe la petite sœur rivale; c'est en général pour ces accès de colère qu'on consultera.

La remarque est assez générale, et les cas sont très nombreux dans l'enfance où la névrose passe inaperçue au premier abord, l'attention de la famille et du pédiatre étant surtout attirée par les conséquences secondaires du conflit névrotique. Notamment, comme la névrose apporte une entrave constante au développement psychique, on concevra sans peine qu'elle produise *un retard scolaire* et que ce soit pour ce retard, non pour sa cause, que l'on consulte. C'est ainsi que le psychologue découvrira souvent soit une *inhibition,* marquée par une lenteur anormale dans le travail ou une absence d'intérêt pour les études; soit les continuelles distractions du *distrait-absorbé* dont la pensée se détourne du réel pour se plonger dans des problèmes intérieurs; soit l'état de passivité du sujet en régression; soit la méticulosité et le perfectionnisme morbide de la *pensée obsessionnelle.*

Il faudra dans tous ces cas une anamnèse très attentive pour découvrir, à l'arrière-plan, les symptômes névrotiques qui sont à l'origine des troubles constatés.

Exploration projective. Il arrive assez souvent que le diagnostic de névrose n'est que soupçonné et qu'il faut une analyse projective pour l'affirmer. Il est par exemple très fréquent que l'on ne dépiste pas d'emblée les causes névrotiques d'une pseudo-débilité mentale.

L'intérêt de la méthode projective d'exploration de la personnalité est ici double. En premier lieu les tests mettent pleinement en évidence, par la structure formelle des protocoles, les caractéristiques majeures de la névrose, par exemple l'anxiété de la névrose d'angoisse, la tendance obsessionnelle et l'ambivalence de la névrose obsessionnelle. En second lieu, et ceci est leur apport le plus précieux, la projection des tendances refoulées suscitée par les stimuli des tests les amène au jour et, par l'interprétation analytique, permet au psychologue de découvrir l'origine de la névrose.

Alors que, dans la conduite consciente du sujet, sont

en général au premier plan le Moi et ses mécanismes de défense, dans les protocoles de tests, on voit plus clairement les deux termes du conflit, la tendance et la défense. De plus, en suivant l'évolution dynamique de ces deux termes, on projette souvent une vive lumière sur la nature même du conflit. C'est ainsi que, comme nous l'avons montré, la méthode des Préférences-Identifications amène fréquemment l'enfant à exprimer la contrepartie de ce qu'il avait dit dans les thèmes, soit qu'à l'expression ouverte des tendances fasse suite l'entrée en jeu des défenses, soit qu'à l'inverse la censure du Moi, dominante dans les thèmes, se relâche ensuite et laisse les pulsions se libérer.

C'est ainsi encore que, d'un test projectif à l'autre, l'équilibre des forces en conflit peut se modifier, certaines situations projectives mettant en jeu plutôt les tendances, et d'autres plutôt les défenses. Rappelons à titre d'exemple le cas du jeune Christian, qui refusait anxieusement de s'identifier à Pattenoire, « parce que le loup va le manger », disait-il et qui, dans ses psychodrames, s'identifiait à ce loup et en assumait l'intense agressivité. La comparaison des deux situations mettait en évidence les fortes pulsions agressives d'une part, et d'autre part la défense du Moi retournant ces pulsions contre le sujet lui-même.

On comprend par-là que toute tentative pour valider un test projectif par un autre soit vouée à l'échec si elle ne tient pas compte du point de vue dynamique. Ainsi quand SUDRE a tenté de valider le *test du gribouillage,* dans les tracés que MEURISSE, son promoteur, considérait comme significatifs d'agressivité, par une comparaison avec les résultats du test de *frustration de Rosenzweig,* il n'a obtenu que des corrélations négligeables, d'où il a conclu à la non-validité du gribouillage. Mais cette conclusion ne vaut rien, car du premier au second test on change de plan projectif, la défense du Moi étant en général beaucoup plus importante dans un test comme le ROSENZWEIG, qui fait appel au conscient.

Ce qui paraît plaider ici contre la validité des test projectifs est ce qui selon nous en fait la grande valeur: la possibilité de saisir le dynamisme conflictuel en action, et par-là, de pénétrer en profondeur les mécanismes névrotiques.

Névrose d'angoisse. On doit admettre ici que le refoulement est incomplet et que, les pulsions coupables étant sans cesse sur le point de se manifester, la cloche d'alarme de l'angoisse doit sonner constamment, suscitant le plus souvent des réactions phobiques d'évitement. Ces réactions écartent momentanément le danger, mais il apparaît que l'anxieux est incapable de mettre en œuvre d'autres mécanismes de défense.

Dans les tests, cette défense se traduit par un refus des tendances génératrices d'angoisse, et l'on peut, en localisant les « zones blanches » déterminer quelles sont les zones conflictuelles. Il se manifeste aussi des signes importants de culpabilité dès que les pulsions refoulées cherchent à s'exprimer et, en conséquence, un refus d'assumer se traduisant par de fréquentes identifications à Personne ou par des identifications à un personnage sécurisant.

Il arrive toutefois que, dans l'atmosphère permissive de la projection, se produise quelque *percée* significative de la tendance refoulée, mais il y a toujours un choc en retour de culpabilité avec souvent application du talion.

Névrose obsessionnelle. Dans un premier temps, cette névrose comporte un *refoulement des pulsions œdipiennes,* se traduisant dans les tests, non seulement par une suppression des relations affectives avec les parents (par exemple dans le *test PN* un rejet des images correspondantes), mais encore par une absence générale de sentiments affectifs, les thèmes étant énoncés d'une manière froidement intellectuelle.

Dans un deuxième temps, il y a *régression au stade sadique-anal* avec cette conséquence que les tendances érotiques et agressives sont alors exprimées en actes et en termes orduriers; c'est ainsi que, dans le *test PN,* les tendances œdipiennes étant muettes, on peut voir par contre mises au premier plan les images sadiques-anales; quand par exemple à JEUX SALES un garçon couvre sa mère de saleté, cela indique à coup sûr que sa relation avec elle est marquée d'agressivité, mais il convient de souligner que cette agressivité a le caractère d'une relation érotique.

Dans un troisième temps, se produit le *retournement en contraire* des pulsions sadiques-anales, le Moi se révoltant contre leur caractère choquant et développant dans le conscient les formations réactionnelles de propreté et de refus de contact qui sont à l'origine d'une bonne part des rituels de cette névrose. Il est particulièrement significatif à ce point de vue que, devant l'image JEUX SALES du *PN,* les enfants prennent en général un vif plaisir aux ébats des petits cochons dans le purin, mais qu'au moment d'assumer, ils s'identifient au petit blanc, celui qui ne participe pas à l'action, avec l'attendu que c'est parce qu'il n'aime pas se salir. Il est remarquable aussi que beaucoup d'enfants qui ont été encoprésiques ou énurétiques acquièrent ensuite des manies de propreté et ont un gribouillis de formation réactionnelle très éloigné du tracé sadique-anal qu'on serait en droit d'escompter.

Le conflit obsessionnel réside précisément dans l'antagonisme constant des pulsions refoulées et des formations réactionnelles contraires. C'est le type même du conflit d'ambivalence, et cette ambivalence s'exprime souvent dans les tests par un style particulier où figurent les « ou bien... ou bien », les « peut-être ».

Les obsessionnels ne nient pas comme les anxieux la réalité pénible. Leur Moi plus fort et leur intelligence très avisée les obligent à assumer cette réalité, ce qui se traduit par le fait qu'ils ne refusent aucun des stimuli des tests. Pour chaque situation évoquée, ils racontent une histoire qui dans ses grandes lignes est exacte. Mais cette histoire est froide, sans qu'il y soit exprimé de sentiment affectif. D'autre part, la scène centrale, celle où se concentrent l'action et la vie des héros, est souvent esquivée, tandis que par contre il est donné une importance excessive à de petits détails sans rapport avec le principal. Enfin, le sujet cherche à isoler les unes des autres les diverses parties du stimulus et, qui plus est, pour renforcer cet isolement, il découpe sa description en phrases que séparent des pauses; c'est là le mécanisme de l'*isolation,* qui exprime l'interdit du Moi sur toutes les pulsions tendant au contact érotique ou agressif. Dans le *dessin de famille,* cette isolation s'exprime très nettement par le fait que les personnages ne se touchent pas, et d'autre part, on peut situer la zone conflictuelle par la distance qui sépare deux personnages, par exemple la distance qui existe entre le sujet et ses parents (cf. fig. 57). Dans le *gribouillis,* l'isolation s'exprime avec netteté dans le tracé de lignes qui ne se coupent pas, et aussi dans le fait que le tracé ne recouvre pas le nom. Dans le *test du village* aussi l'isolation est parfois manifeste, constatable dès la construction par le soin particulier que met l'enfant à séparer les uns des autres certains éléments de son village.

Névrose de doute et de scrupule. Cette névrose, étroitement apparentée à la névrose obsessionnelle, résulte de l'*ambivalence* des sentiments du sujet, lequel est tiraillé entre ses pulsions refoulées et ses formations réactionnelles. C'est ici qu'on observe surtout les alternances dynamiques dont nous avons parlé, le sujet passant d'un moment à l'autre de l'expression de ses tendances à l'expression de ses défenses. Dans les thèmes projectifs, le doute et l'hésitation s'expriment sous la forme de fréquents « peut-être », et de « ou bien... ou bien » qui trahissent le conflit sans en donner la solution.

Par exemple, dans l'image PORTÉE du test *PN*, un garçon de 15 ans nous dit, en parlant de Pattenoire et des deux petits blancs qui regardent les nouveau-nés: « Ou bien ils sont contents d'avoir des petits frères, ou bien ils sont jaloux ». En pareil cas, le psychologue peut tenter de rétablir une projection plus authentique en questionnant: « Toi, tu dis cela, mais Pattenoire, lui, qu'est-ce qu'il pense? »; dans le cas ci-dessus, il nous a été répondu, avec un élan d'expansion: « Oh! lui, il est jaloux! »; percée bien significative de la tendance initialement refoulée.

Névrose hystérique. Dans cette névrose, il y a aussi un premier temps de *refoulement*; mais ce n'est pas le refoulement électif de la névrose obsessionnelle; c'est un refoulement massif, déterminant une scotomisation complète. Comme dans la névrose d'angoisse, on a donc un refus des stimuli trop perturbants, refus qui nous renseigne sur la zone conflictuelle principale. Dans un second temps, il y a *régression,* cette fois *au stade oral,* de sorte que les pulsions œdipiennes sont vécues et exprimées en termes d'oralité; on est donc fondé à penser au mécanisme de défense hystérique quand les thèmes oraux sont prédominants dans un test, et plus encore quand les relations entre personnages de sexes différents sont exprimées en termes d'oralité.

Dans un troisième temps, il se produit une *conversion psychosomatique,* par laquelle le conflit psychique s'exprime en symptômes corporels, et l'importance de ce mécanisme a fait désigner cette névrose sous le nom d'hystérie de conversion. Hystérique l'enfant qui ne voit plus clair ou ne peut plus parler parce qu'il a dû refouler d'intenses pulsions de voyeurisme ou de paroles obscènes. Hystérique aussi le tiqueur dont les tics expriment d'une manière symbolique le conflit intérieur. Hystériques, comme on l'a vu, ces jeunes filles atteintes de dysphagie anxieuse à la puberté, tout corps étranger qu'on avale devenant pour leur inconscient symbolique de l'acte fécondant interdit, ce qui explique l'intense anxiété de culpabilité qui accompagne chez elles toute déglutition et bien entendu l'entrave.

En général, la conversion psycho-somatique supprime l'angoisse du conflit intérieur. Il est cependant des cas où la culpabilité inhérente aux pulsions refoulées suit les pulsions converties et se manifeste dans le tableau clinique par une angoisse plus ou moins vive, bien que non rattachée au conflit initial. Nous venons d'en voir un exemple dans la dysphagie spasmodique.

C'est dans la névrose hystérique que les tests projectifs nous offrent les plus larges « zones blanches » par la scotomisation de secteurs importants de la réalité. C'est ainsi par exemple que, dans le *test PN*, toutes les images œdipiennes sont rejetées, entièrement passées sous silence, alors que les images orales prennent une importance de premier plan.

5. *Les psychoses*

S'il est d'une sage prudence de ne pas porter trop vite chez l'enfant un diagnostic de névrose constituée, cette règle devient impérative quand on est amené à soupçonner une *psychose,* c'est-à-dire ce trouble pathologique beaucoup plus profond qui met en question la structure même de la personnalité.

Dans la névrose, souvent le Moi se montre faible, mais il tend cependant à l'autonomie et se délimite plus ou moins nettement du Non-Moi extérieur et du Soi intérieur. Dans la psychose, cette délimitation n'existe plus : d'une part le Moi est envahi par les pulsions ; d'autre part il se confond avec le Non-Moi.

En un sens, on peut dire que le petit enfant est par le fait même de son immaturité dans une « situation psychotique » et qu'il n'en émerge que peu à peu. C'est donc une question d'âge, et il faut être ici très prudent avant d'affirmer une psychose constituée, étant donné que, bien souvent, l'expansion vitale de la croissance donne aux processus psychiques une mobilité particulière, avec cette conséquence qu'un tableau clinique d'allure psychotique peut très bien se modifier dans un sens favorable au cours du développement.

La même règle de prudence s'impose dans l'interprétation des tests projectifs. Il est admis que, dans les protocoles d'adultes, il est un certain nombre de signes qui sont révélateurs de psychose: thèmes sauvages ou crus, thèmes de détérioration corporelle, thèmes extravagants, identification projective et références autobiographiques.

Il convient de souligner ici avec force qu'aucun de ces signes n'a de valeur probante chez l'enfant, car ils s'observent communément chez des sujets qui ne sont ni ne deviennent psychotiques.

Ce qui est par contre bien plus significatif, c'est la confusion du Moi et du Non-Moi, entraînant un trouble profond dans les relations objectales. Ainsi par exemple, lorsque dans un protocole les pulsions agressives diffusent dans toutes les directions, sans qu'on puisse savoir qui est l'attaquant et qui est l'attaqué (souvent même ils ne sont pas nommés pas leur nom), c'est un signe probable de psychose. Encore faut-il faire remarquer que cette signification pathologique n'est certaine que si l'enfant a dépassé 7 ou 8 ans, car au-dessous de cet âge, on peut observer la confusion sus-dite comme un reliquat d'immaturité, certes fâcheux, mais ne permettant pas de conclure à une désorganisation psychotique.

C'est ainsi par exemple que, dans les psychodrames avec marionnettes, nous avons observé assez souvent *le thème du talion immédiat,* l'agresseur tombant mort au même moment que sa victime. Or ce thème, fréquemment décrit comme révélateur d'une psychose chez l'adulte, n'a pas une signification aussi grave chez l'enfant, et nous l'avons vu s'effacer pour faire place à des relations objectales normales à mesure que progressait la psychothérapie [1].

Dans un ordre d'idées voisin, on sait que la confusion du Moi et du Non-Moi favorise l'introjection (comme la projection d'ailleurs). C'est ainsi en particulier que, dans la psychose mélancolique, l'on est fondé à rapporter la dépression à l'introjection d'une imago maternelle frustrante, exerçant dès lors du dedans sa tyrannie sur le Moi. Ce processus pourra aboutir à une surprenante identification à la mère — mauvais objet. Par exemple, dans une observation publiée par nous, un garçon de 11 ans, atteint de mélancolie anxieuse délirante, a donné dans le *test PN* 9 identifications à la Mère, et la nature agressive de sa relation avec cette mère se prouvait par le fait que dans ses souhaits à la Fée, le héros exprimait le désir d'être transformé en chèvre pour pouvoir tuer la mère en lui enfonçant ses cornes dans le ventre [2].

---

[1] Le thème du talion immédiat dans les psychodrames, L. CORMAN et F. BRELET-FOULARD, Revue de Neuro-Psychiatrie de l'Ouest, 2-67.

[2] Interprétation projective par le test PN d'un cas de mélancolie chez l'enfant, L. CORMAN et A. DEFEVER, Revue de Psych. appliquée, 1-66.

Chapitre IV

EN GUISE DE CONCLUSION

COMMENT RÉDIGER
UN EXAMEN PSYCHOLOGIQUE

Il y a deux manières de rédiger le compte rendu d'un examen psychologique. La première est *analytique*, consistant à énoncer séparément les résultats des diverses enquêtes sur l'intelligence et la personnalité de l'enfant, sans en tirer de conclusions d'ensemble. La seconde est *synthétique*, s'efforçant à une appréhension globale de la personnalité de l'enfant examiné, dans le dessein de découvrir les motivations de sa conduite pathologique. L'analyse est un premier temps de la rédaction; mais la synthèse doit toujours suivre, car seule elle peut nous apporter la solution du problème posé.

1. En premier lieu, le psychologue doit faire une telle synthèse pour lui-même, afin de voir clair dans le cas soumis à son étude. La meilleure méthode pour y parvenir est à coup sûr de dégager à chacun des temps de l'examen les éléments les plus importants, ceux qui apparaissent comme ayant eu une influence déterminante. Par exemple, dans un cas de retard scolaire par pseudo-débilité mentale, le premier temps de l'examen pourra faire noter une contradiction entre l'insuccès scolaire de l'enfant d'une part, et la régularité de son

développement psycho-moteur dans ses premières années ou bien un excellent débrouillage pratique d'autre part; il se peut aussi que l'anamnèse mette en évidence des perturbations affectives susceptibles d'avoir eu une influence inhibante.

Quelques certitudes se dessinent ainsi dès le début, mais beaucoup de points restent problématiques. C'est à partir de là que le psychologue énoncera des hypothèses que les examens ultérieurs devront vérifier ou infirmer. A chaque épreuve, la synthèse initiale se complète, soit que les éléments retenus au début se confirment, soit qu'il s'en ajoute de nouveaux, points de départs possibles de nouvelles investigations. Ainsi la marge de probabilité se réduit de plus en plus, et l'on peut parvenir à des conclusions.

Rappelons ici que la démarche synthétique de la pensée utilise constamment ce que nous avons appelé les *convergences d'indices.* Que par exemple, dans le cas susdit, la tendance de l'enfant, bien qu'intelligent, à se comporter en bébé, à rechercher la compagnie des plus petits que lui, aille avec une tendance naïve dans les épreuves de niveau, avec une réponse régressive dans le test de l'âge d'or, avec l'investissement privilégié de l'image d'un bébé dans le dessin de famille; voilà un ensemble de convergences qui nous permettent d'expliquer la déficience scolaire par une régression.

Soulignons que la *référence à la clinique,* toujours nécessaire pour quelque test que ce soit, est une forme particulière des convergences d'indices.

2. En second lieu, il y a le compte rendu destiné à un médecin, à un pédagogue ou à un psychologue, c'est-à-dire à des collègues au courant des techniques psychologiques employées et capables par conséquent d'en interpréter correctement les résultats à une lecture directe. Un tel rapport se distingue peu de la rédaction que le psychologue a faite pour lui-même.

Il convient toutefois de souligner ici que le psychologue

doit se refuser à ce qu'on le considère comme un simple faiseur de tests et que, sauf exception, il ne doit pas accepter de faire des analyses aveugles, car celles-ci seraient affectées d'un coefficient d'erreur beaucoup trop important. Par exemple, dans le cas visé de pseudo-débilité mentale, le psychologue qui accepterait de se borner à un simple test de niveau, sanctionné par un Q I, courrait grand risque de ne pas saisir la situation clinique dans son ensemble et par conséquent de se tromper.

Encore supposons-nous que l'interlocuteur du psychologue soit en mesure de se placer au même point de vue que lui. Mais il est fréquent que ce ne soit pas le cas, que par exemple le médecin, habitué à formuler un diagnostic de maladie, soit mal préparé à comprendre que l'examen psychologique se situe sur un autre plan, le plan de la psycho-dynamique de la personnalité, susceptible certes d'éclairer la genèse de la maladie, mais non d'identifier celle-ci de façon certaine. Nous devons ici dénoncer une erreur encore très répandue qui fait proposer par exemple dans les examens de licence aux candidats des protocoles de Rorschach ou de T.A.T. en leur demandant d'en déduire un diagnostic.

3. En troisième lieu, il y a le compte rendu destiné à des non-psychologues, par exemple dans le cas le plus habituel aux parents de l'enfant ou à ses maîtres, ou même parfois au sujet lui-même.

On a coutume de dire qu'il faut rédiger de manière à être bien compris. Cette proposition va toutefois plus loin qu'on ne le pense d'ordinaire. Il ne suffit pas en effet d'exposer les choses clairement, car ce qui est clair pour le psychologue peut fort bien ne pas l'être pour les parents ou pour les maîtres, d'une part faute chez eux de connaissances psychologiques adéquates, d'autre part en raison de ce qu'ils sont personnellement impliqués dans le problème et n'ont pas de ce fait l'objectivité qu'il faudrait. Compte tenu de ces deux remarques, le problème est donc pour le psychologue de s'exprimer dans un langage qui puisse être entendu par ceux auxquels il s'adresse. Il est certes banal de dire qu'on ne devra pas user de mots trop savants, dont le sens pourrait être mal compris, mais de mots simples; encore faudra-t-il souvent les expliquer par un commentaire verbal.

Quant à l'implication des personnes de l'entourage dans le problème, elle conduit le psychologue à faire un choix parmi les éléments recueillis au cours de son investigation; tout ce qu'il apprend d'un enfant ne doit pas être dit aux parents ou aux maîtres; en particulier certaines révélations qui lui sont faites dans l'intimité d'un entretien confidentiel doivent rester couvertes par le secret professionnel.

D'autre part, le psychologue devra transposer certains éléments subjectifs dans une perspective plus objective. Par exemple l'image qu'un enfant se fait et donne de ses parents peut ne pas correspondre exactement à leur image réelle, mais à une image déformée par une sensibilité maladive; ce qui nous importe pour comprendre la personnalité de l'enfant, ce n'est pas tant la déformation qu'il fait subir aux imagos parentales, que la cause de cette déformation, cause qui résidera par exemple dans une sensibilité intolérante aux frustrations.

Il n'est donc pas possible au psychologue, dans un compte rendu de ce genre, de prétendre se maintenir sur un plan strictement scientifique. La psychologie est une science *humaine,* au sens le plus fort de ce mot; c'est-à-dire qu'elle doit concilier la stricte objectivité des faits avec ce que lui dicte le souci thérapeutique et pédagogique. Cette attitude, soulignons-le, est conforme aux exigences de la doctrine de l'expansion vitale, suivant laquelle un enfant ne réalise le meilleur de ce qu'il a en lui que si l'on favorise au maximum son expansion, dans quelque direction qu'elle se porte. Par exemple, si le psychologue expose les résultats d'un test de niveau, il doit surtout mettre en valeur les aptitudes parti-culières de l'enfant, ce par quoi il vaut, et ne pas trop souligner ses inaptitudes, sauf à les exprimer en termes de difficultés spéciales à réaliser telle ou telle chose, ce qui nous conduira à lui donner une aide éducative adéquate.

Autre exemple, si le psychologue se trouve en présence d'un fort complexe d'Œdipe, il lui est le plus souvent impossible de l'exposer tel quel aux parents. Il lui faut transcrire le problème œdipien dans le langage plus superficiel des relations socio-affectives; par exemple, s'il s'agit d'un garçon, il peut souligner que le temps d'une protection maternelle constante est révolu et qu'il convient désormais que le père se substitue à la mère pour une bonne part des influences éducatives, qu'il s'occupe de son garçon, sorte avec lui, l'aide à rivaliser avec lui-même, c'est-à-dire en fin de compte se montre pour lui un objet désirable d'identification.

Autre exemple encore: dans tous les cas de névrose, la question essentielle, on l'a vu, est d'évaluer la part d'expansion libre qui subsiste, échappant au conflit inhibiteur. Il sera bon que le psychologue, ayant déterminé le secteur privilégié où cette expansion libre se manifeste, le souligne dans son rapport, sans trop s'appesantir par contre sur les symptômes mêmes de la névrose. Ainsi, dans une pseudo-débilité mentale par névrose, tout en indiquant les mécanismes conflictuels qui ont empêché l'intelligence de donner sa pleine mesure, le psychologue devra s'efforcer d'établir si l'enfant fait montre, dans certaines activités privilégiées d'une efficience créatrice intacte, élément de pronostic favorable, bien entendu. D'ailleurs on sait que, réciproquement, quand la névrose détermine un blocage complet, l'indication se trouve aussitôt posée d'une psychothérapie qui puisse lever l'inhibition.

Autre exemple encore: lorsque l'examen psychologique décèle des signes de psychose menaçante, il est évidemment lourd de conséquences de l'affirmer noir sur blanc; scientifiquement, le diagnostic peut n'être pas certain, car on sait la fréquence des remaniements psychiques par la seule évolution de la croissance; pédagogiquement, il peut être dangereux de mettre sur un enfant une étiquette pathologique que l'entourage aura tendance à considérer comme définitive avec tout ce que cela implique de désarroi et de défaitisme. Ici encore, la compréhension psycho-dynamique des troubles doit prendre le pas sur l'étiquetage diagnostique.

Si nous devions donner une conclusion à cet ouvrage, ce serait celle-ci: la psychologie est une science des relations humaines, et le psychologue ne saurait oublier qu'il est lui-même en relation humaine avec l'enfant qu'il étudie, avec les parents qu'il informe, qu'en conséquence toute analyse psychologique doit, si elle veut rester en contact avec la vie, déboucher sur la thérapeutique et la pédagogie, c'est-à-dire sur les moyens à mettre en œuvre pour permettre à l'enfant de se développer au mieux, dans le sens de son expansion dominante.

BIBLIOGRAPHIE

La bibliographie donnée ici a été intentionnellement réduite à quelques titres, que nous considérons comme les plus essentiels pour l'examen psychologique d'un enfant. Ces titres ont été groupés de manière à correspondre aux différentes parties de l'ouvrage. Ajoutons que nous nous sommes volontairement limité aux ouvrages de langue française ou traduits en français.

INFORMATION GÉNÉRALE

D. Anzieu, *Les méthodes projectives* (1 vol. aux P.U.F., 1960).

Ed. Claparède, *Comment diagnostiquer les aptitudes chez les écoliers* (1 vol. chez Flammarion, 1924).

R. Meili, *Manuel de diagnostic psychologique* (1 vol. aux P.U.F., trad. franç. de 1964 sur la 4ᵉ édit. allemande de 1937).

L. Michaux, *Les troubles du caractère* (1 vol. chez Hachette, 1964).

L. Moor, 1) *La pratique des tests mentaux en neuro-psychiatrie infantile* (1 vol. chez Masson, 1957); 2) *Monographies de psychologie médicale appliquée à la neuro-*

psychiatrie infantile. (1 vol. chez Expansion scient. franç., 1962).

P. Osterrieth, *Introduction à la psychologie de l'enfant* (1 vol. aux P.U.F., 1962).

P. Pichot, *Les tests mentaux en psychiatrie* (1 vol. aux P.U.F., 1949).

A. Rey, *Connaissance de l'individu par les tests* (1 vol. chez Dessart, Bruxelles 1963).

R. Zazzo, *Manuel pour l'examen psychologique de l'enfant* (1 vol. chez Delachaux et Niestlé, 1960).

MORPHOLOGIE

L. Corman, *Connaissance des tempéraments* (1 vol. chez Oliven, 1953).
Nouveau Manuel de Morpho-psychologie (1 vol. chez Stock avec 200 figures, 1966).

TESTS DE NIVEAU INTELLECTUEL

A. Binet et Simon, *La mesure du développement de l'intelligence chez les jeunes enfants,* 1ʳᵉ éd. 1917 (1 vol. de 120 p. chez Colin-Bourrelier). — Matériel du test: gravures, feuilles d'interrogatoire et de niveau aux Etablissements d'Applications Psychotechniques à Clamart (Seine).

Borel-Maisonny, *Langage oral et écrit,* 2ᵉ tome (Delachaux et Niestlé 1960). — Matériel aux Etablissements d'Applications Psychotechniques.

Brunet et Lézine, *Le développement psychologique de la 1ʳᵉ enfance* (1 vol. aux P.U.F., 1951). — Matériel aux Etablissements d'Applications Psychotechniques à Clamart (Seine).

F. Cesselin, *Comment évaluer le niveau intellectuel par le test Terman-Merril* (1 vol. de 144 p. chez Colin-Bourrelier). — Matériel du test Terman-Merril comprenant cartes illustrées, feuilles d'interrogatoire et feuilles de niveau pour les deux formes L et M aux Etablissements d'Applications Psychotechniques à Clamart (Seine).

A. Ferré, *Les tests à l'école* (1 vol. chez Colin-Bourrelier).

Gesell, *Le jeune enfant dans la civilisation moderne.* — *L'enfant de 5 à 10 ans* (traduction P.U.F., 2 vol. 1949). — Matériel: inventaire de développement de Gesell au Centre de Psychologie Appliquée à Paris.

P. Jampolsky, *Les tests et le pronostic scolaire* (Rev. de Neuropsychiatrie inf. 1957 n° 3-4).

D. Wechsler, *La mesure de l'intelligence de l'adulte* (1 vol. aux P.U.F. trad. 1956). — Matériel du test au Centre de Psychologie Appliquée — *Wisc pour enfants.*

R. Zazzo, *Nouvelle échelle métrique de l'intelligence* (2 vol. chez Colin, 1966). — Matériel comprenant feuilles de niveau et feuilles de réponse (même éditeur).

TESTS DE PERSONNALITÉ

1. — Test du dessin de famille.

M. Borelli-Vincent, *L'expression des conflits dans le dessin de famille* (Rev. de Neuro-Psychiatrie infantile 1-65, numéro entièrement consacré au Dessin chez l'enfant).

L. Corman, *Le test du dessin de famille dans la pratique médico-pédagogique* (1 vol. de 235 p. avec 103 figures), (P.U.F., 1961).

M. Porot, *Le dessin de famille* Pédiatrie 1952, p. 359-381). *Le dessin de la famille* (Rev. Psych. appliquée, 1965, n° 3).

D. Widlocher, *L'interprétation des dessins d'enfants* (1 vol. de 286 p. chez Dessart à Bruxelles, 1965).

2. — Test du gribouillis.

L. Corman, *Le gribouillis, Un test de personnalité profonde* (P.U.F., un vol. de 200 pages avec 97 figures).

R. Meurisse, *Le test du gribouillage,* (Psyché déc. 48 et déc. 49, Connaissance de l'homme, Nov. 56).

3. — Fables de L. Düss.

L. Düss, *La méthode des fables en psychanalyse infantile.* (1 vol. aux éd. de l'Arche, 1950).

4. — Test du village.

H. Arthus, *Le village, test d'activité créatrice* (1 vol. chez Hartmann, 1949). — Matériel à la Maison Dufour à Paris.

H. Faure, *Un procédé de transcription du test du village. La méthode des tampons* (L'évolution psychiatrique, 1955, n°4).

P. Mabille, *La technique du test du village* (1 vol. Paris, 1950). Les Cahiers du groupement d'études du test du village (méthode du Dr. P. Mabille) publient en ronéotypie depuis 1954 les Communications faites à ce groupement. Depuis 1965, cette publication est assumée par les Cahiers du Rorschach et des techniques projectives. — Le Matériel du test de Mabille se trouve à la Maison Dufour à Paris (ainsi que les tampons du Dr Faure).

R. Mucchielli, *Le jeu du monde et le test du village imaginaire* (1 vol. aux P.U.F., 1960).

5. — Le test PN.

L. Corman, *Le test PN. Manuel t. 1* (Un vol. 265 pages avec dépliant aux P.U.F., 1961). — *Une technique nouvelle des tests de projection: la méthode des Préférences-Identifications* (Rev. de Psych. Appliquée, 1960, n° 1. — *L'interprétation du test projectif PN à la lumière des données statistiques de 400 cas.* (Rev. de Psych. Appliquée 1963, n° 1. — *Les Cahiers du test PN (6 cahiers).* (Centre de Psychologie Appliquée). — *La technique du rêve projeté, appoint à l'interprétation projective dans le test PN.* (Revue de Psych. Appl. 1967, n° 4). — Matériel du test: Dix-huit planches en encart, feuilles de dépouillement, feuilles « le Rêve de Pattenoire », et les six Cahiers se trouvent au Centre de Psychologie Appliquée.

6. — Le Psychodrame diagnostique.

D. Anzieu, *Le psychodrame analytique chez l'enfant* (1 vol. aux P.U.F., 1956).

M. Rambert, *La vie affective et morale de l'enfant (contenant un exposé complet de la technique psychodramatique par les marionnettes* (1 vol. chez Delachaux et Niestlé, 1949).

D. Widlocher, *Le psychodrame chez l'enfant* (1 vol. aux P.U.F., 1962; notamment Ch. 4: le psychodrame diagnostique).

TABLE DES MATIÈRES

PSYCHOLOGIE ET SCIENCES HUMAINES

collection publiée sous la direction de MARC RICHELLE